西南联大名师

国家出版基金项目

创造物理教育奇迹的大师

沈克琦◎编著

云南出版集团公司
云南教育出版社

图书在版编目（CIP）数据

创造物理教育奇迹的大师 / 沈克琦编著. —— 昆明：
云南教育出版社，2011.10
（西南联大名师）
ISBN 978-7-5415-5786-6

Ⅰ.①创… Ⅱ.①沈… Ⅲ.①物理学家 - 生平事
迹 - 中国 - 现代 Ⅳ.①K826.11

中国版本图书馆CIP数据核字（2011）第211633号

西南联大名师

创造物理教育奇迹的大师

沈克琦◎编著

出 版 人	李安泰
组 稿 人	杨云宝
顾　　问	沈克琦
	马建钧
责任编辑	杨顺枫
整体设计	高　伟
责任印制	张　旸
	赵宏斌

出版　云南出版集团公司 云南教育出版社
发行　云南教育出版社
社址　昆明市环城西路609号
网站　www.yneph.com
印刷　云南新华印刷实业总公司一厂
开本　787毫米×1092毫米 1/16
印张　14
字数　250 000
版次　2012年5月第1版
印次　2012年5月第1次印刷
书号　ISBN 978-7-5415-5786-6
定价　26.00元

总　序

　　历史赋予大学的任务是：传承人类千百年来积累的优秀文化遗产，创造新思想、新成果，培养出一代又一代能为国家乃至世界物质文明和精神文明的发展作贡献的人才。就国家范围看，各个高等学校的定位不同，类型、层次各异，承担的任务也不同，但在各自的领域中都能培养人才，推出成果。研究性大学承担着产生新思想、引领社会发展的重任，要做到这一点，必奉独立的精神、自由的思想为圭臬。

　　一所好的大学应拥有一批学术造诣深厚、富于创新和奉献精神的大师，通过他们的言传身教，形成学校优良的学术传统与学风。这种传统与学风的形成不但需要经过几代人的努力，同时还需要有一个良好的外部环境。这些外部环境包括：一套有利于学校自主发展的规章制度，一个宽松的学术环境。除此而外，学校主管领导服膺教育和科学发展的规律，按规律办事，不搞瞎指挥、追政绩、胡批判。只有如此，才能产生活跃的思想，才能聚拢一批敬业求真、严谨求实、相互尊重、和谐共事的同仁，为着一个共同的目标努力工作。由此可见，办好一所大学，外部环境与内部因素缺一不可。

　　国立西南联合大学是我国高等教育史上一颗璀璨的明珠。她的成就为我国学术界所公认，国际学术界也不乏赞誉之声。虽然西南联大仅存在了九个学年，且处于十分艰苦的战时条件下，能取得出色的成绩实有赖于北京大学、清华大学、南开大学三校的优良传统与学风，以及一批优良学风的传承者——优秀的教育家和大师。

　　西南联大在培育人才和科学研究方面成绩十分突出。据统计，西南联大的本科生、研究生和教师中，后来获得诺贝尔物理奖者有2人（杨振宁、李政道）；获得国家最高科技奖者有4人（黄昆、刘东生、叶笃正、吴征镒）；获得"两弹一星"功勋奖章者有8人（郭永怀、陈芳允、屠守锷、朱光亚、王希季、邓稼先，以及赵九章教授、杨嘉墀助教）；被评为中国科学院、中国工程院院士者有107人，另有4人被迁台的中央研究院评为院士（王宪钟、朱汝瑾、王瑞骃、刘广京）。1955年以后中国科学院停止了哲学、社会科学部学部委员的评选，否则出自西南联大文学院、法商学院的许多优秀人才也会进入这个行列。在科学研究方面，虽然受战时条件的限制，但文、理、法、工各科研究未曾中断，发表、出版论文著作数百篇（种），华罗庚、周培源、吴大猷、陈寅恪、汤用彤、冯友兰等人的研究曾在教育部学术评议活动中获一等奖。科学研究既包括传统学科的基础理论研究，也包括应用研究。工科的研究能结合战时的需要，生物、地质、社会等学科还就地开展资源和人文的调查研究，对云南省的开发与建设作出了重要贡献。

优良传统与学风的形成与三校的历史息息相关。北京大学的前身是1898年戊戌变法时成立的京师大学堂，这是我国第一所现代教育意义上的大学。我国文、理、法三方面的大部分学科是北京大学首先建立的。1917年蔡元培接任校长后，扫除旧风旧习，创新风、新制、新学，提倡学术自由，兼容并包，使学风丕变，引领全国。蔡元培到校后组织教授会、评议会，实行民主办学、教授治校，始终不辍。哥伦比亚大学博士蒋梦麟先生襄助蔡校长，后又接任校长，"蔡规蒋随"使北大的优良传统和校风得以赓续。

清华大学的前身是1911年成立的清华学堂，源于美国减赔退回部分庚子赔款之举。1907年清政府与美国达成协议，减少赔款，本利合计减赔款额2792万美元。双方商定此款项自1908年起按计划逐年（至1939年为止）由中方先付给美方，再由美方签退，专款专用，由共设的委员会管理，用于派学生赴美留学。1908年、1909年派送两批后，为使学生赴美能顺利就学，于1911年设立清华学堂（1912年更名为清华学校），对拟派出的学生先培训，再派出。毕业生抵美后经审查甄别可直接插班入大学学习。清华学校的性质决定了其教学应与美国大学衔接。1925年清华学校设大学部，培养四年制本科生。后清华留美预备教育逐步取消，庚款留美学生在全国范围内举行考试选拔。大学部成立后，不少留学生学成归来任教清华，使得清华很快就位于国内高校前列。梅贻琦两度赴美，先后获学士、硕士学位。他曾任清华大学教务长（1926年）、清华留美学生监督（1928年），1931年任校长。他洞悉美国教育及留学生情况，延聘良师，亦取教授治校的方针，组织评议会、教授会。清华有专项经费的保证，有派遣留学生之便利，优秀中学生争相报考，蒸蒸日上之势为国内所少见。

南开大学是教育家张伯苓创办的一所私立大学。他首先创办敬业中学堂（南开中学前身），梅贻琦就是敬业中学堂首届毕业生。张伯苓创办南开中学十分成功。创办前访日考察教育，后又为办大学两次赴美考察。1919年南开大学成立，张伯苓任校长。1928年张伯苓第三次访美考察高等教育并募款。他为办好南开大学殚精竭虑，成绩斐然。1937年南开大学已成为拥有文、理、商、经4个学院，15个系，学生500余人的一所具有特色的私立大学。

1937年7月7日"卢沟桥事变"后，7月底平、津先后陷落。8月28日教育部决定由三校联合组成长沙临时大学，并指定三位校长任长沙临大筹委会常务委员。梅贻琦立即赴湘落实建校任务，11月1日即开学上课。由于战火逼近武汉，1938年2月长沙临时大学决定西迁昆明。4月教育部电令，长沙临大更名为国立西南联合大学。因昆明校舍不敷应用，文学院、法商学院在蒙自分校上课一学期。1938年8月增设师范学院。1940年因日寇占安南（现越南），昆明吃紧，为防万一，于四川叙永设分校，一年级新生和先修班学生在叙永上课两学期。1941年后全校师生始稳居昆明。1946年西南联大宣布结束，三校北返。自1937年起学校几度播迁，师生艰辛备尝，均赖"刚毅坚卓"（校训）的精神顺利克服。

联大迁昆后全校校务主要由梅贻琦常委主持，蒋梦麟、张伯苓两位常委因在渝另有任务，遂派代表参加常委会。当时学校的一切重大事项均由常委会决定，遇有需向当局请示之事，蒋、张二人在渝折冲。

三校原来就有密切的合作关系，有共同的教育理念，三校校长都是深谙高等教育规律的教育家，在本校均有很高的威望。因此，三校的联合可谓珠联璧合，相得益彰。三位常委相互信任，合作无间，与联大师生一起继承和发扬三校的优良传统和学风，共同谱写了我国高等教育史上的光辉篇章。

西南联大全校共设5个学院，26个系。

文学院：中国文学系、外国语文学系、历史学系、哲学心理学系。

理学院：算学系、物理学系、化学系、生物学系、地质地理气象学系。

法商学院：政治学系、经济学系、法律学系、商学系、社会学系。

工学院：土木工程学系、机械工程学系、电机工程学系、航空工程学系、化学工程学系。

师范学院：国文学系、英语学系、数学系、理化学系、史地学系、公民训育系、教育学系。

西南联大继续秉承"民主办学、教授治校"的方针，《教务会议致常委会文》和《训导处工作大纲》充分体现了教授们的办学思想。

1939年教育部连下训令三件，对大学应设课程、成绩考核均作详细规定，并要求教材呈部核示。联大教授对此颇不以为然,给常委会发文,请转呈教育部。大意摘录如下:第一,"夫大学为最高学府,包罗万象,要当同归而殊途,一致而百虑,岂可以刻板文章,勒令从同。世界各著名大学之课程表,未有千篇一律者,即同一课程各大学所授之内容亦未有一成不变者。惟其如是,所以能推陈出新,而学术乃可日臻进步也。如牛津、剑桥大学,在同一大学之中,其各学院之内容亦各不相同,彼岂不能令其整齐划一,知其不可亦不必也"。第二,"教育部为最高教育行政机关,大学为最高教育学术机关,教育部可视大学教学研究之成绩,以为赏罚殿最,但如何研究教学,则宜予大学以回旋之自由"。文中认为,教育部有权,大学有能,"权能分治,事乃以治","权能不分,责任不明"。第三,"当局时有进退,大学百年树人,政策宜常不宜变"。不能因部中当局之进退,朝令夕改。第四,"教育部今日之员司,多为昨日之教授,在学校则一筹不准其自展,在部中则忽然智周于万物,人非至圣,何能如此"。第五,全国公私立大学程度不齐,教育部欲树一标准,亦可共谅,但西南联大承三校之旧,均有成规,行之多年,"纵不敢谓极有成绩,亦可谓当无流弊,似不必轻易更张"。呈文送上后,教育部未下文批评,只表示收到此文,默认西南联大可照旧行事。实际上西南联大一门课程可由几位教授讲授,内容不一,百家争鸣,优点十分突出。

在育人方面,西南联大亦有独特之处,抵制党化教育,采取教书育人、启发引导之法。1939年11月7日《训导处工作大纲》中规定:"本校训导方法,注重积极的引导,行动的实践;对于学生之训练与管理,注重自治的启发与同情的处理,以期实现严整的生活,造成纯朴的风气。""目标是:其一,力求北大、清华、南开三校校风之优点在联大有表现机会;其二,就学生日常团体生活,培养互助为公之团体精神;其三,促进学生对于时代的觉悟,与对于青年责任之认识,以增强其参加抗战建国工作之志向与努力。"大纲还强调"注重学校事务之教育价值",大学教务、训育、总务等各个部门都应担负育人之责。基于以上原则,学校对学生的管理侧重引导、培养,而不是"管"和"罚",提倡自治,提倡开展社团活动(学生组织学术性、政论性、文艺性的壁报社,组织体育会、歌咏队、剧艺社、诗社等等,只要学生提出事情,且聘请一位教授任导师,训导处一律予以批准)。因此,校园气氛十分活跃,学生的德、智、体、群各方面得到全面的培养。

传承和发扬三校优良传统和学风的主体是教授。曾在西南联大各系担任过教授职务的有269人。三校教授汇聚一堂，加上抗战时期从国外学成归来的青年学者，形成了一个老中青结合、人才济济的群体。在他们之中有学富五车的国学大师，有在国外留学多年、学术造诣深厚的学者，有我国近代科学和高等教育的奠基人及各学科的带头人，有掌握国外科学前沿知识、学成归国的青年教授。这样一批人登上西南联大的讲坛，联大学子在他们的言传身教下耳濡目染，加上本人的勤奋努力，人才辈出是顺理成章之事。

云南教育出版社组织出版"西南联大名师"，以学科为单位扼要介绍各位教授的生平、学术成就、育人贡献及道德风范，我认为是一项很有意义的事。近年来，社会上赞扬西南联大，倡导学习西南联大者甚众，这一书系为此提供了具体生动的教材。鉴于西南联大的教授在校时间差异很大，成就大小亦不相同，有些原始资料收集难度很大，因此，书系中未能收录所有教授。在入选的教授中，各篇文章的篇幅并未强求一致，只要言之有物、符合史实即可，这也是秉承西南联大的一贯作风。

沈克琦

西南联大北京校友会会长

原北京大学副校长

西南联大物理系1943届毕业生

2011年1月6日

饶毓泰　吴有训　叶企孙　朱物华　赵忠尧　周培源　霍秉权
郑华炽　孟昭英　吴大猷　张文裕　王竹溪　马仕俊

目　录

前　言 / 1

南开物理创建者　北大物理掌门人：光谱学家饶毓泰 / 7
一、创办南开大学物理系 / 8
二、北大物理系的杰出掌门人 / 9
三、抗战时期教学科研坚持不懈 / 11
四、在科研方面的成就 / 12
五、奖掖后学，关心青年教师的成长 / 13
六、追求真理，刚直不阿 / 15

赞襄康普顿名扬世界　献身科教界领导有方：物理学家吴有训 / 17
一、全面验证康普顿效应并发展其理论 / 19
二、竭力培育实验、理论兼优的物理人才 / 21
三、我国科学事业的卓越领导人和组织者 / 21
四、在研究生教育方面的贡献 / 23
五、在行政领导岗位上所作的贡献 / 23

清华大学建校元勋　物理学系开山鼻祖：磁学家叶企孙 / 28
一、测定普朗克常数，获当时最佳数据 / 29
二、在高压磁学方面作出开创性的贡献 / 31
三、乐育英才逾半世纪，功勋卓著 / 31
四、为清华大学的发展作出卓越贡献 / 33
五、创建我国第一个培养磁学人才的专门组 / 35

六、我国科学事业的奠基人 / 36

七、满腔热血的爱国主义者 / 38

八、为人师表，风范长存 / 40

电子、水声杏坛元老　转辗南北教书育人：电子学家、水声学家朱物华 / 43

一、中国电子学科的奠基者 / 45

二、中国水声工程学科的先驱 / 47

三、治学严谨，一代师范 / 49

观测电子对湮没现象第一人　华夏核物理实验奠基者：核物理学家赵忠尧 / 53

一、发现反常吸收和特殊辐射 / 55

二、创办国产工业 / 57

三、建立国内核物理实验基地 / 57

赵忠尧的回忆 / 64

一、中学和大学时期（1916～1925）/ 64

二、在美国留学时期（1927～1931年冬）/ 65

三、从清华大学到西南联大（1932～1945）/ 68

四、第二次去美国时期（1946～1950）/ 70

五、在中国科学院工作的时期（1950年11月以后）/ 73

一代宗师育桃李　近代力学奠基人：物理学家、力学家周培源 / 77

一、在广义相对论的研究中，他是一位"坐标有关论者" / 79

二、湍流模式理论的奠基人 / 81

三、辛勤耕耘六十余年的教育家 / 84

四、艰苦条件下的教学与研究 / 85

五、人民的社会活动家 / 88

六、严于律己，无私奉献 / 90

"双云室"设计者　创办郑大建功人：核物理学家霍秉权 / 94

一、改进"威尔逊云室"，提高云室功能 / 95

二、研制我国第一台"双云室"宇宙线探测器 / 95
三、参加创建郑州大学 / 97
四、为科研铺路，甘为孺子牛 / 98
五、子承父业 / 99

拉曼光谱出成果　高教事业献终生：光谱学家郑华炽 / 101
一、我国最早的光谱学家之一 / 103
二、为培养年轻一代科技人才呕心沥血 / 104

我国无线电电子学奠基人　半生坎坷矢志育英才：电子学家孟昭英 / 107
一、爱国家，爱科学，爱教育 / 111
二、重视实验室建设 / 112
三、潜心编译教材，重视师资培养 / 114
四、重视教学方法 / 115
五、助人为乐，德高望重 / 116
六、几项重大科研成果 / 116

治学广博著作等身　执教泽惠美欧中华：理论物理学家吴大猷 / 122
一、生性聪颖，学业超群 / 122
二、在美留学，初露锋芒 / 123
三、学成归国，建设北大 / 125
四、条件困难、成绩斐然的九年（1937～1946）/ 126
五、博大精深的物理学家、物理教育家 / 132
六、与阮冠世的一世情缘 / 134
七、为台湾省教育、科研事业的发展呕心沥血 / 135
八、促海峡两岸学术交流，为物理学界广泛推崇 / 137

巧妙设计云室发现 μ 原子　倾心建设高能实验基地：高能物理学家张文裕 / 148
一、坚持科学实验，取得累累硕果 / 151
二、发现 μ 介原子，拓宽物质结构的研究领域 / 152
三、尽心竭力，为发展我国高能物理事业奠定基础 / 153

四、精益求精，发展实验技术 / 155
　　五、重视队伍培养，关心青年成长 / 156

张文裕的回忆 / 162
　　一、燕京大学 / 163
　　二、英国剑桥大学 / 164
　　三、美国普林斯顿大学亨利物理实验室 / 167
　　四、两次回国的对比 / 171
　　五、教学和科研的体会 / 173
　　六、结束语 / 174

数学、物理、文字学兼攻　教学科研编字典严谨精通：理论物理学家王竹溪 / 176
　　一、家世与童年——打好旧学的基础 / 176
　　二、中学阶段——接触当代文化的开端 / 177
　　三、清华园——进入中国物理的主要圈子 / 179
　　四、留学剑桥——与世界物理接轨 / 182
　　五、西南联大——学者的象牙塔 / 184
　　六、指导研究——引杨振宁到相变问题 / 187
　　七、讲堂授课——传道、授业与解惑 / 189
　　八、为人师表——对青年的爱护 / 192
　　九、笔耕不辍——笔记、讲稿、教材和专著 / 194
　　十、服务学界——物理学会、学报与名词 / 197
　　十一、服务国家——鲜为人知的工作 / 199
　　十二、文化瑰宝——新部首大字典 / 201

量子场论硕果累累　执教澳洲英年早逝：理论物理学家马仕俊 / 208

饶毓泰　吴有训　叶企孙　朱物华　赵忠尧　周培源　霍秉权
郑华炽　孟昭英　吴大猷　张文裕　王竹溪　马仕俊

前　言

国立西南联合大学物理学系是我国高等教育史上一颗璀璨的明珠。它由国立北京大学物理学系、国立清华大学物理学系和私立南开大学物理学系联合组成，仅存在9个学年（包括更名为国立西南联合大学前的国立长沙临时大学），却取得了辉煌的业绩。

曾在西南联大物理系就读的学生，日后有许多成为学界栋梁之才，下述16人为其中的佼佼者。

1. 诺贝尔物理奖获得者：杨振宁、李政道。

杨振宁（右）、李政道 　　　　　黄昆

2. 国家最高科学技术奖获得者：黄昆。

郭永怀 　　　陈芳允 　　　朱光亚 　　　邓稼先

3. "两弹一星"功勋奖章获得者：郭永怀、陈芳允、朱光亚、邓稼先。

4. 中国科学院学部委员（院士）

数理学部：胡宁、黄昆、郭永怀、李整武、李荫远、萧健、戴传曾、邓稼先、朱光亚、徐叙瑢、黄祖洽、李德平。

技术科学部：陈芳允、张恩虬。

5. 中国工程院院士：朱光亚、高鼎三。

西南联大物理系之所以能够培育出如此之多的英才，首先应归功于三校物理系的优良学术传统，包括良好的学风、高尚的师德、高质量的教学和严谨创新的科学精神。三校物理系在战前就具有的相互合作的传统在西南联大也得到了充分的体现，来自三校的教授是这个传统的传承者。西南联大的学生在他们的熏陶下成长，在各个方面打下了扎实的基础，因此他们经过进一步的学习（包括在国外一流大学的深造）和长期的工作锻炼后成长为卓越的科学家和工程师。杨振宁本科阶段和研究院硕士阶段的学习都是在西南联大完成的（1942年本科毕业，1944年获硕士学位）。他对西南联大的教育是这样评价的："我在那里受到了良好的大学本科教育，也是在那里受到良好的研究生教育，直到1944年取得硕士学位……我对物理学的爱憎基本上是在昆明当学生时形成的……我的学士论文是跟吴（大猷）先生做的……我对对称原理发生兴趣起源于那年吴先生的引导……在王（竹溪）先生指导之下，我写了一篇论文，是关于统计力学的……以后40年间吴先生和王先生引导我走的两个方向，对称原理和统计力学，一直是我的主要研究方向。"[①]他和李政道获诺贝尔物理奖的关于宇称不守恒问题的研究就属于对称原理的范畴。

饮水思源，西南联大的学生深深怀念和感谢他们的老师。老师们不仅学术造诣深，他们高尚的品德也是学习的榜样。物理系教授的阵容十分强大，这体现在下述三个方面。

1. 教授们均毕业于欧美名校

下列名单中列出了教授们的生卒年份、在国外就读的学校以及取得博士学位的时间。

饶毓泰（1891～1968），普林斯顿大学，博士（1922）

吴有训（1897～1977），芝加哥大学，博士（1925）

叶企孙（1898～1977），哈佛大学，博士（1923）

---

① 《杨振宁演讲集》，南开大学出版社1989年版，第73、75、117、118页。

创造物理教育奇迹的大师

饶毓泰 吴有训 叶企孙 朱物华 赵忠尧 周培源 霍秉权
郑华炽 孟昭英 吴大猷 张文裕 王竹溪 马仕俊

朱物华（1902~1998），哈佛大学，博士（1926）
周培源（1902~1993），加州理工学院，博士（1927）
赵忠尧（1902~1998），加州理工学院，博士（1930）
郑华炽（1903~1990），（奥）格拉茨工业大学，博士（1934）
霍秉权（1903~1988），1930年至1934年，在剑桥大学做研究。
任之恭（1906~1995），哈佛大学，博士（1931）
孟昭英（1906~1995），加州理工学院，博士（1936）
吴大猷（1907~2000），密歇根大学，博士（1933）
张文裕（1910~1992），剑桥大学，博士（1938）
王竹溪（1911~1983），剑桥大学，博士（1938）
马仕俊（1913~1962），剑桥大学，博士（1941）

这些教授不仅出自名校，而且师从一流物理学家。他们的导师中有5位是诺贝尔奖获得者，分别是叶企孙的导师、高压物理学家P. W.布里奇曼（Bridgman，1882~1961，1946年获物理学奖），吴有训的导师A. H.康普顿（Compton，1892~1962，1927年获物理学奖），赵忠尧的导师R. A.密立根（Millikan，1868~1953，1923年获物理学奖），张文裕的导师E.卢瑟福（Rutherford，1871~1937，1908年获化学奖）。其他导师也都是所在领域的一流学者，所以他们是取得真经归来的。

2. 师资队伍由老、中、青三个层次组成

第一层次是20世纪20年代学成归来的一批学者，他们是我国近代物理学的奠基人。饶毓泰于1922年创办南开大学物理系，独立承担除"无线电原理"以外全部物理学理论课程的讲授，自1933年起一直主持北大物理系。1924年至1925年，叶企孙在胡刚复领导下的东南大学物理系执教，1925年东南大学首届本科毕业生曾受教于他。1925年，叶企孙在清华创办物理系，在建系的头三年中，系里全部物理学理论课程均由他独自讲授，直到1928年吴有训、萨本栋到校后才结束这种状况。在1925年至1934年期间，叶企孙还一直负责主持系务。1934年至1945年间，吴有训任清华物理系主任。他们三人对我国物理学的教育及科研工作的开展作出了重要贡献，得到了学界的公认。1987年，中国物理学会正式设立四种物理奖：胡刚复物理奖（实验技术），饶毓泰物理奖（光学、声学、原子和分子物理），叶企孙物理奖（凝聚态物理），吴有训物理奖（原子核和粒子物理）。设奖的宗旨是"为纪念我国四位老前辈在开创我国物理学事业和创建中国物理学会所作的贡献，鼓励为发展中国物理学事业、在科学和技术上作出突出贡献的中国物理学工作者。"属于这一层次的还有周培源和朱物华两位年龄相对年轻的教授。周培源于1929年到清华任教授，也加入到创建清华物理系的行列。朱物华于1927年回国，随即投身高等教育事业，是我国电子科学的奠基人之一。

第二层次是20世纪30年代抗战前回国的教授。他们是赵忠尧、任之恭、吴大猷、霍秉权和郑华炽，孟昭英是1937年才加入这个群体的。他们是一股中坚力量，同第一层次的教授们一起使北大、清华的研究生课程教学臻于完备，科研工作初步开展，实验室建设取得很大进步。虽然由于日寇的入侵，建设受挫，但优良的学风、高尚的师德、高质量的教学和严谨创新的科学精神等传统在西南联大得以继续，影响深远。

第三层次是抗战后不畏艰难困苦毅然回国的王竹溪、张文裕和马仕俊，当时他们都未满30岁。这些青年教授的到来使师资阵容进一步增强，王竹溪的统计物理、马仕俊的量子场论和张文裕的核物理正好是原来欠缺或比较薄弱的方向。清华大学金属所余瑞璜和无线电所范绪筠的到来则开辟了固体物理和晶体学研究的方向。

1937年，玻尔父子访华，与北平物理界和化学界名人合影。①N.玻尔，②玻尔夫人，③玻尔之子（A. Bohr），④北大校长蒋梦麟，⑤蒋梦麟夫人，⑥吴有训，⑦叶企孙，⑧吴大猷，⑨饶毓泰，⑩赵忠尧，⑪霍秉权，⑫郑华炽，⑬夏元瑮，⑭北大教务长樊际昌，⑮曾昭抡。蒋梦麟夫人的正后方是萨本栋

3. 在国内学术界居于领先地位

1948年，中央研究院评选首届院士，物理学方面入选8人，其中5人是西南联大的。他们分别是叶企孙、吴有训、饶毓泰、吴大猷和赵忠尧。另3人为中央研

究院的萨本栋、北平研究院的严济慈和李书华。

这么多造诣精深、学有所长的教授汇聚在一起，使物理系的课程丰富多彩，一门课程常常有几位教授开设，讲课各有特色。那时科研方面限于客观条件，未能深入展开。但由于大家积极努力，西南联大物理系师生在国内外期刊上发表的科学论文超过100篇，既有理论方面的，也有实验方面的。

在科研方面，由清华大学特种研究所委员会（叶企孙任主席）领导下的无线电研究所和金属研究所是两支比较活跃的队伍，分别由任之恭和吴有训任所长。无线电研究所的任之恭和孟昭英开始时兼授物理系及电机系的"无线电原理"和"实用无线电"等课程，后来物理系的课由朱物华讲授，但他们继续在电机系和无线电所兼职，两人在西南联大教职员名录中仍挂"名誉职"。任之恭的生平事迹已收入"西南联大名师"之《中国工科教育的开拓者》，故本书不再列入。金属所的余瑞璜是晶体学家、曼彻斯特大学博士（1937）、1915年诺贝尔物理奖得主W. L.布拉格（Bragg）的学生。无线电研究所的范绪筠是麻省理工学院博士（1937），在昆明时研究固体的电接触、热阴极发射等。他们在科研上颇有成绩，后均成为本学科领域著名学者，但他们在西南联大未担任教学任务，故未列入本书。

本书的编纂遵照"在符合史实的前提下，不强求一律"的原则。因各位教授具体情况差异很大，可用的资料多少不一，所以篇幅差异也很大。作为一部人物介绍性的著作，只要内容符合事实，行文风格、讲述方式和详简程度都尊重作者本人的意见。在本书转载时，所有篇名均由本书编者添加，旨在突出传主的主要学术贡献。本书除每位传主的传略外，还收录了赵忠尧和张文裕自己写的或口述的回忆文章，讲述他们的认识和亲身感受，娓娓道来，真实感人，这些第一手资料对读者了解他们会有所裨益。

本书中有8篇文章转载自中国科学技术协会所编的《中国科学技术专家传略》物理学卷Ⅰ和电子、通信、计算机卷Ⅰ，转载时作者和编者曾作少量修改。两篇回忆文章选自科学出版社出版的《赵忠尧论文选集》和《张文裕论文选集》。为此，谨对有关单位表示衷心感谢。这几本书均已出版超过十年，所有文章均已征得作者或作者家属（已逝世者）的同意。

由于编者能力有限，书中定有错讹或不足之处，欢迎读者批评指正。

沈克琦
2010年12月

饶毓泰 吴有训 叶企孙 朱物华 赵忠尧 周培源 霍秉权
郑华炽 孟昭英 吴大猷 张文裕 王竹溪 马仕俊

南开物理创建者 北大物理掌门人：光谱学家饶毓泰

饶毓泰（1891～1968），物理学家、教育家，我国近代物理学奠基人之一。他在低压汞弧放电机理研究、倒斯塔克效应、分子光谱等方面取得了很有意义的研究成果。回国后，他创办南开大学物理系，长期担任北京大学物理系主任、西南联合大学物理系主任，1948年当选为中央研究院院士，1955年当选为中国科学院学部委员。他毕生致力于我国物理学教学和科研事业，培养出一批国内外知名物理学家，为我国物理学的发展作出了重要贡献。

饶毓泰

饶毓泰，字树人，1891年12月1日生于江西临川。父饶之麟，清举人，曾任户部主事，母余娥之。幼年饶毓泰随叔父和舅父学习四书和经史，8岁后，他先后在北京、上海就学。在上海中国公学上学时，1908年9月闹学潮，另成立中国新公学。与饶毓泰同龄的高班学生胡适兼任英语教师，曾教过饶毓泰、杨铨（杏佛）等，所以他们之间有师生之谊，私交甚好。1909年10月新公学解散，学生多数回旧公学上学。饶毓泰则转入南洋中学，于1911年毕业。1912年，饶毓泰曾在江西临汝任中学英语教师半年，旋即考取江西省"官费"，于1913年2月到美国留学。他先入加州大学，后转伊利诺伊大学，1913年6月16日在芝加哥大学注册，入暑季班（Summer Quarter），1917年12月获芝加哥大学物理系学士学位。1918年，他进入哈佛大学研究院，后转到耶鲁大学和普林斯顿大学，于1921年和1922年6月先后获得普林斯顿大学硕士学位和哲学博士学位。饶毓泰于1922年8月回国，创办南开大学物理系，任教授兼系主任，直至1929年8月。

1929年，饶毓泰获中华教育文化基金董事会奖助金，赴德国莱比锡大学波茨坦天文物理实验室从事原子光谱线的倒斯塔克效应的研究。

1932年饶毓泰回国，任北平研究院物理研究所研究员，一年后即到北京大学任物理系研究教授兼系主任，自1935年起兼任理学院院长。抗日战争爆发后，他辗转跋涉，历尽艰苦，任长沙临时大学、西南联合大学物理系主任。1944年，他休假到美国，与A. H. 尼尔森（Nielsen）等合作进行分子光谱研究。1947年初回国后，饶毓泰继续担任北京大学理学院院长和物理系主任等职务，并开设多门课程。

一、创办南开大学物理系

　　1922年，饶毓泰在美获博士学位回国时，国内设物理系的大学并不多。为了培养物理人才，他毅然在南开大学创办物理系，并任系主任，直至1929年。1922年他回国时，在美预订的实验仪器亦随之而至，南开乃有物理实验室。开始时，讲授大学物理课者仅饶毓泰一人，1923年，饶毓泰讲授普通物理、分析力学和初等光学，美国博士P. I.伍德（Wold）协助教学。1924年，伍德返美，陈礼教授到校。陈礼是学工程的，他负责讲授交流电和无线电原理，并和饶一起建设实验室。其他物理学课程均由饶毓泰亲自讲授，包括力学、电磁学、光学、近代物理等，各门课程均采用国外著名的教材。他采用启发式教学方法，课堂讲授引人入胜，讲课能抓住本质、突出重点，基本概念反复阐述，有时还讲一些科学史上很有启发性的事例，学生受益匪浅。当时南开大学数学、物理、化学等系的学生，很多人曾受教于饶毓泰，其中不少人后来成为知名学者，如吴大猷、吴大任、江泽涵、申又枨、陈省身、郑华炽等。饶毓泰与吴大猷关系尤为亲密，饶视吴为得意门生，吴视饶为恩师，师生之谊甚笃。吴大猷在《回忆》中说："在大学四年中随饶师所习之物理学课程有大学物理、电磁学、近代物理、高等力学、光学、气体运动论、高等电磁学等。在二年级选习的近代物理学课使我开了对物理的窍和兴趣，渐为饶师毓泰注意。"吴大猷与大村充合著的《散射量子理论》一书于1962年出版时，书上题有："献给饶毓泰教授和Randall教授。"（Randall是吴大猷在密歇根大学时的教授）

创造物理教育奇迹的大师

饶毓泰 吴有训 叶企孙 朱物华 赵忠尧 周培源 霍秉权
郑华炽 孟昭英 吴大猷 张文裕 王竹溪 马仕俊

二、北大物理系的杰出掌门人

北京大学是我国培养物理学人才最早的学校，1916年第一届本科生共五人毕业。先后担任北大物理系主任的有何育杰、张大椿、丁燮林、李书华、夏元瑮、颜任光、王守竞等。早期的几位系主任处于创始阶段，力量集中于本科课程和教学实验室的建设，有筚路蓝缕、开启山林之功。颜任光是芝加哥大学博士，王守竞是剑桥大学博士，他们在进一步提高教学质量的同时注意开始科研，进行一些零星的课题研究。由于北大是国立大学，受政局变动影响很大，一度因经费短缺，教授薪资只支付一半，在李书华等人的领导下苦渡难关。

饶毓泰是北大物理系的第八任系主任，也是物理系杰出的掌门人。他为物理系师资队伍建设、课程设置和实验室建设殚精竭虑，即使是在战争年代也竭尽全力。他首先抓师资队伍建设，同时注意跟踪物理学的前沿发展，注重高层次人才的培养。

他先后聘请了周同庆、吴大猷、郑华炽等光谱学专家来北大任教，并大力购置光谱学研究设备，使北大物理系在三四年的时间内就发展成为我国光谱学研究基地之一。与此同时，研究生课程的开设、实验室与图书期刊的建设同样被提到重要位置。周同庆在普林斯顿大学时就研究汞分子光谱，于1933年获博士学位后随即到北大任教。吴大猷是1933年密歇根大学的博士，他在原子、分子的结构和光谱方面有很深造诣，兼攻理论和实验。1934年，吴大猷应邀任教北大后，开设多门研究生课程，并与物理系其他教师及研究生一起开展科研，为北大物理系教学和科研工作的发展作出了卓越的贡献。

1933年，饶毓泰聘请朱物华任研究教授，朱在北大从事滤波器理论和实验研究，与助教张仲桂一起发表论文多篇。无线电研究是当时

左起：饶毓泰、郑华炽、吴大猷

物理学又一重要发展方向，朱物华的到来为北大物理系弥补了这方面的不足。

1936年，饶毓泰还聘请在德、奥留学并获博士学位的分子光谱学家郑华炽来北大任教，更加强了这个领域的力量。

1941年，饶毓泰又聘马仕俊为北大教授，马1935年毕业于北大，1941年获剑桥大学博士学位，是年轻有为的理论物理学家。

饶毓泰掌系后，北大物理系开始招收研究生，助教也可兼做研究生。饶毓泰、吴大猷、朱物华等教授开设范围很广的研究生课程，有数学物理、电光及磁光学、量子力学、电动力学（一）和（二）、气体导电（一）和（二）、原子与分子光谱、拉曼效应与分子构造、电网络理论等。这些课程的开设使北大物理系的教学上了一个新台阶，教学内容直抵当时物理学发展前沿，青年教师的水平也因之迅速提高。

1933年至1937年，物理系蒸蒸日上，毕业生中马仕俊、郭永怀、马大猷、虞福春等后来都成为国内外知名的物理学家。

饶毓泰在担任系主任的19年中，一直高瞻远瞩地筹划北大物理系的发展。在20世纪40年代，核物理、基本粒子物理和固体物理是物理学发展的主流。饶毓泰为此先后聘请或邀约高能物理学家张文裕、核物理学家吴健雄、虞福春和朱光亚，理论物理学家张宗燧（统计物理和粒子物理）、胡宁（粒子物理）和黄昆（固体理论）来北大任教，他们都欣然允诺。1945年至1948年，张宗燧在英、美任教，1948年回国即如约来北大任教授。黄昆原拟早日回来，因与M.玻恩合著《晶格动力学》要推迟回国，为此征求饶毓泰的意见。饶非常支持，回电说："Stay till book finished."黄昆急于回国，书稿基本完成后即于1951年回到北大，边教学边完成这本经典著作的扫尾工作。1950年，胡宁和朱光亚到北大，次年虞福春到北大。饶毓泰还于1946年从中央大学聘来研究电子与原子分子碰撞的实验物理学家赵广增。当时，吴大猷、马仕俊仍是北大教授，但请假在美国从事研究。物理系教授阵容至此焕然一新。由于情况变化，张文裕于1956年到中国科学院工作，吴健雄一直在哥伦比亚大学从事核物理研究，最终未能到北大。

抗战胜利后，饶毓泰曾计划在北大成立一个近代物理中心，开辟核物理实验研究等新方向。他通过胡适校长向中基会借到10万美元，委托当时在美国的吴大猷、吴健雄共商购置仪器。吴大猷曾委托在美攻读博士学位的虞福春与俄亥俄大学系主任H. H. 尼森（Nielsen）联系，为北大加工制造一台红外光谱仪。可惜此项计划因时局剧变而未能实现。

三、抗战时期教学科研坚持不懈

1937年，北大、清华和南开联合组成长沙临时大学，1938年迁昆明，更名为西南联合大学。此时，教授仍分别由三校聘请，但在联大任教者同时发给西南联大的聘书，联大师资阵容由于三校联合而空前强大。饶毓泰是北大物理系主任，掌管北大有关事务，同时也任西南联合大学物理系主任，直至1944年赴美访问为止。当时所有课程，包括研究生课程，由全系统一安排，由于教授多，每门课程常由几位教授轮流讲授，各有特点、异彩纷呈，听课者受益匪浅。研究生学籍分属三校，统一授课，科研工作由学籍所属学校的教授指导，硕士证书由所属学校颁发。

饶毓泰在西南联大讲授光学和光的电磁论，以他和吴大猷为首的研究集体积极开展研究工作，取得不少成果，并培养出一批优秀人才。仅北京大学编制的教师和北大学籍的研究生，就完成论文34篇。

在抗战期间特别艰苦的环境下开展科研，有两件事特别值得一提。其一是抗战开始后饶毓泰将施坦海尔（Steinheil）大型摄谱仪的光学元件装箱运至天津，并设法辗转运到昆明。1940年至1944年，饶毓泰、吴大猷为躲避日机轰炸疏散至昆明郊区岗头村，居住在北大所盖的简易宿舍内，宿舍是泥墙、泥地、草顶、纸窗的平房。他们请校方另拨一间宿舍做实验室，在一位助教的协助下，把从北平运来的光学元件放置在木架和砖墩上，拼装成一个摄谱仪，并请留美归来的马大猷教授带回一个低压汞弧灯作光源，然后在这个装置上进行拉曼效应的实验研究。在这么简陋的条件下，要取得科研成果，必须要花费比在正常条件下多几倍的心血与劳动。他们想出许多办法，克服重重困难，最终取得了一些成果，并且发表了论文。1943年，我和几位同学到岗头村拜访老师时曾亲眼见到这台仪器，大家深受感动，并将老师们的这种科学作风和敬业精神视为楷模。其二是为纪念北大40周年校庆，吴大猷撰写了专著《多原子分子的振动光谱及结构》（英文），由北京大学出版部出版。书上写明"为纪念北京大学四十周年而作"，在序中作者对饶毓泰多年的关怀提掖致诚恳的谢意。1939年，书稿完成，因内地没有印刷条件，饶毓泰赴沪探亲时将书稿带至上海付印，并亲自进行校对。饶毓泰怀着欣慰的心情说："我是阅读全书的第一人。"该书在1940年出版后深得国内外同行专家的好评。

四、在科研方面的成就

饶毓泰在气体导电和光谱学方面有较深造诣。20世纪20年代，他在普林斯顿大学学习时师从K. T. 康普顿，研究气体导电，这是当时物理学的前沿问题。他对低压汞弧的激发电压远小于汞的电离电势和电弧的维持电压又远小于激发电压这一现象的机理进行了深入细致的研究，获得了理论与实验相一致的明确结论，在《物理评论》上发表论文三篇。

1929年至1932年，饶毓泰在德国莱比锡大学波茨坦天文物理实验室研究铷和铯原子谱线的倒斯塔克效应，观察到这两个元素主线系的分裂和红移。当时这也属于科学前沿课题，用微扰论计算倒斯塔克效应是量子力学重要应用之一。这项工作丰富了这个领域的实验数据。

1944年，他再次赴美，已年过半百的饶毓泰先后到麻省理工学院、普林斯顿大学和俄亥俄州立大学访问。在俄大时，他从事分子红外光谱研究，用最小分辨波数为0.07 cm^{-1}的三棱镜-光栅分光光度计研究了$C^{12}O_2^{16}$和$C^{13}O_2^{16}$分子的振动转动光谱，把含不同碳同位素的两种CO_2分子的ω_3转动谱带同时清楚地记录下来（与A. H.尼森合作）。这为研究含同位素气体分子的振转光谱提供了新的方法。饶毓泰还用红外小阶梯光栅研究了丁二烯的吸收谱带。

在仪器设备建设方面，饶毓泰从德国购来分辨本领较高的施坦海尔大型摄谱仪。该摄谱仪有两套光学元件，玻璃元件用于可见光谱研究，石英元件用于紫外光谱研究，但只有一个底座和一套其他附属设备，因而两套元件不能同时使用。他让系金工车间加工复制了一个底座，配齐了其他附属设备，一台摄谱仪就变成了两台，充分发挥了进口仪器的效用。另外，他委托吴大猷在美国请约翰·霍普金斯大学R. W. 伍德教授专为北大制造了一个大型凹面金属光栅，光栅宽6英寸，每英寸刻线3万条，分辨本领高达18万，可用来研究光谱的精细结构。吴大猷还在密歇根大学定制了用于光谱研究的石英汞灯、氦辐射灯等光源。由于光栅使用时要求恒温而当时又没有恒温设备，他们就设计建造了层高较高、墙体较厚且有夹层的近乎恒温的光栅室，以减少用光栅做实验过程中温度变化的影响。研究室还装备了由交流电动机驱动的直流发电机和110伏蓄电池电源。这些设备为开展光谱学实验研究创造了条件。

抗日战争前，饶毓泰、吴大猷和助教沈寿春用拍摄拉曼光谱和测定谱线退偏振的方法研究了ClO_3^-、BrO_3^-和IO_3^-等卤酸根离子的结构，得出了"它们具有立体的金字塔形的结构，而不是某些文献所说的平面结构"这一重要结论，并测定了相应的结构参数。郑华炽、薛琴访和吴大猷合作进行苯的拉曼光谱及其同位素效应的研究，他们利用拉曼线的偏振度确定该线的对称性，并由之旁证该线旁的一条弱线系来自碳同位素C^{13}。得出此研究结果时，正值物理学大师N.玻尔到北大作学术讲演，他对于能在中国看到这样的工作感到有些意外。此外，周同庆和助教赵广增还进行了汞分子光谱和电子激发SO_2分子光谱的研究。遗憾的是，不久日寇侵占北平，实验研究被迫中止。在战前，吴大猷和他指导下的青年师生还进行原子和分子的结构及其光谱的理论研究。1933年至1938年，师生们在原子、分子的结构及其光谱方面共发表研究论文18篇，处在国内这一领域的领先地位。

饶毓泰陪同玻尔前往理学院大讲堂演讲

五、奖掖后学，关心青年教师的成长

饶毓泰十分关心年轻人的成长，对他们多方予以鼓励和帮助。在南开大学任理科主任时，正在读大学二年级的吴大任对现代物理兴趣极浓，写了一篇科学短文，登在学校理科学会的小报上。饶毓泰看到异常高兴，并重点培养他。饶毓泰对文科学生叶恭绍的帮助，更使人难以忘怀。叶恭绍青年时代就立志学医，1927年她考上燕京大学医预科不能去，饶毓泰亲自帮她转科，为她设计了选课方案，使她能按医预科的要求学习，实现了她学医的夙愿。叶恭绍说："没有他的帮助，就没有我的今天。"

饶毓泰在教学中注意培养学生学习上的主动精神。他曾让高年级学生与教师一起参加每周一次的茶叙，增加师生接触，使学生受到熏陶。他讲课时要言不繁，深入本质，学生听后印象十分深刻。他有时讲一些科学史上很有启发性的有趣事例。他亲自批改作业，在课堂上不但指出作业中存在的共同性错误，还对做法不同、独出心裁地解决问题的学生进行表扬，要他到黑板前讲解他的方法。他反对教书匠式的教学，强调启发式教学，他曾说过：如果一个教师讲完课后，学生什么问题都没有，那不是一个好教师。

在学生有困难的时候，饶毓泰总是给他们提供无私的援助。1936年，虞福春大学毕业后考上了北大的研究生。按当时的规定，需要先找单位工作一年后才能开始研究生阶段的学习，虞福春在南京天文台实习。1937年，抗战爆发，他从南京回到福建老家后因筹措不到路费而滞留故乡，无法返回北大物理系。饶先生得知后伸出援手，寄去路费，使他能到昆明西南联大任助教（当时研究生院暂停）。

1947年，为帮助青年教师提高业务，饶毓泰主动提出让年轻助教做兼职研究生。他得知美国扶轮社能够资助中国学生赴美留学，就建议青年助教去申请，并亲自安排推荐信等事宜。胡适校长和郑华炽教授分别写推荐信，朱光潜教授写英语水平证明信。后因被推荐者与对方代表面谈时，对方问："你对美国怎么看？"给出的回答是："美国人民对中国人民是友好的，但美国帮助蒋介石打内战。"结果申请未能成功，但此事充分体现了饶先生的一番心意。

1952年后，年逾花甲的饶毓泰不再担任行政职务，但仍关心物理系的发展，亲自参加光学专门化的建设。除指导研究生外，他还讲授原子光谱、光的电磁理论和气体导电等课程。他编写的部分讲义，为本校青年教师和外校进修教师讲授这些课程提供了很大的帮助。

20世纪60年代初，激光的问世是物理学发展中一件大事。饶毓泰当时已届古稀之年，且体弱多病，但对科学上的新生事物仍充满激情。为使中青年教师及时赶上这一新发展，他查阅文献，讲了专题课"光的相干性理论"和"光磁双共振"，以他深厚的学术造诣分析了文献中关于激光性质的论述，编写了讲义《光之相干性》，于1965年印出。这本讲义对相干性问题作了历史的、理论和实验结合的、经典理论与量子理论相比较的、全面深入的分析，为后人留下了宝贵的教材。讲义的第一句话是这样写的："我想和大家一起温习和讨论一下光之相干性这一概念和它的含义。"这体现了饶毓泰一贯的追求真知的科学精神和虚怀若谷的高尚品德。

六、追求真理，刚直不阿

饶毓泰是我国物理学界德高望重的前辈。他在青年时代抱着科学救国之志出国留学，在美时参加中国科学社的活动。回国后，他不遗余力地投身于祖国高等教育和科学事业，以求改变文化教育和科学技术的落后面貌。1949年后，他努力学习马列著作，阅读德文版《资本论》和英文版《联共党史》，吸收新思想，提高对新事物的认识。

他在担任全国政协常委期间，不顾体弱多病，只要有可能就坚持外出视察。每次视察归来或听过中央领导重要讲话后常常畅谈自己的感受。他为人一向正直，刚正不阿，在"文化大革命"期间仍能坚持正确意见，严肃地指出：许多学术问题不能一概否定。当时他受到不公正的待遇，于1968年10月16日在寓所含冤投环辞世。素来沉默寡言的饶毓泰在逝世前两天的教研室会议上语重心长地说："新中国成立前我们看到祖国落后，被外国人看不起，很难过。如何使中国富强起来呢？当时想的是科学救国的道路。新中国成立后学习了一些马列原著和毛主席著作，思想上受到很大教育，特别是毛主席关于全心全意为人民服务的思想，对自己教育最深刻。"最后他很难过地说："我们这样的人已经老了，没有用了，今后建设国家的担子落在你们年轻人的身上。"

饶毓泰临终遗言总结了他走过的道路，同时对后辈提出了殷切的期望。他身上体现出强烈的爱国主义精神和始终如一的敬业精神，对科学的执着追求和对教育事业的满腔热忱，永远值得我们学习。物理学家钱临照曾把叶企孙和饶毓泰作过比较，他说："他们两人都很刚强，但饶先生像玻璃，虽然硬，却容易碎，而叶先生像一块钢，不仅硬，还有Plasticity（塑性）。"

（沈克琦）

饶毓泰主要著作：

1. K. T. Compton and Y. T. Yao: Effect of initial emission velocities of electrons on minimum arcing voltage in mercury vapor, *Phys. Rev.*, **20**

(1922) 106.

2. Y. T. Yao: The effect of liquid surface upon the arcing voltage in mercury vapor, *Phys. Rev.*, **20** (1922) 106.

3. Y. T. Yao: Studies of the low-arcing vapor and its relation to fluorescence, *Phys. Rev.*, **21** (1923) 1.

4. Y. T. Yao: Über den inverzen Starkeffekt bei den zweiten Gliedern der Hauptserien von Rubidium und Cäsium, *Zeit. f. Phys.*, **77** (1932) 307.

5. A. H. Nielsen and Y. T. Yao: Some new measurements on ω_3 of $C^{12}O_2^{16}$ and $C^{13}O_2^{16}$, *Phys. Rev.*, **68** (1945) 99.

6. A. H. Nielsen and Y. T. Yao: The analysis of the vibration-rotation band for $C^{12}O_2^{16}$ and $C^{13}O_2^{16}$, *Phys. Rev.*, **68** (1945) 173.

7. Y. T. Yao: Absorption bands in the spectrum of butadiene, *Phys. Rev.*, **68** (1945) 99.

8. S. T. Shen, Y. T. Yao and T. Y. Wu: Depolarisation of Raman lines and structure of chlorate, bromate and iodate ions, *Phys. Rev.*, **51** (1937) 235.

饶毓泰 **吴有训** 叶企孙 朱物华 赵忠尧 周培源 霍秉权
郑华炽 孟昭英 吴大猷 张文裕 王竹溪 马仕俊

赞襄康普顿名扬世界 献身科教界领导有方：
物理学家吴有训

吴有训（1897～1977），物理学家、教育家，我国近代物理学奠基人之一。他以系统、精湛的实验为康普顿效应的确立作出了重要贡献。他曾先后在多所高等学校任教，培养了几代科学人才。他是我国科学事业的杰出领导人和组织者，对我国科学事业特别是新学科的建立和发展起了积极的推动作用。1948年当选为中央研究院院士，1955年当选为中国科学院学部委员。

吴有训，字正之，1897年4月26日出生于江西省高安县石溪吴村的商人家庭。他自幼在私塾读书，于1912年进高安县瑞州中学，后随学校并入江西省南昌第二中学。1916年，他以优异的成绩毕业，同年考入南京高等师范学校数理化部，受教于刚从美国哈佛大学归国的胡刚复。胡刚复曾从事X射线研究，熟悉国际上物理学发展动态。吴有训在胡刚复的指导下，对X射线有了基本了解，为后来的发展打下了良好基础。吴有训重视实验，勤于动手，同时对学习锲而不舍，有顽强的钻研精神。1920年，他从南京高等师范学校毕业，回江西南昌第二中学任教，后又到上海中国公学担任短期的物理教员。在胡刚复的指点下，他以优异成绩考取了江西"官费"留学，1922年1月赴美入芝加哥大学。

吴有训进入芝加哥大学的第二年，A. H.康普顿（Compton）由圣路易的华盛顿大学转到芝加哥大学执教。这时，康普顿刚刚发现以他的名字命名的康普顿效应。所谓康普顿效应，就是波长极短的电磁波（例如γ射线或X射线）经散射物散射后波长变长的现象。这一现象的发现，对波粒二象性的认识和量子理论的发展有重要意义。在康普顿做出这一重大发现之后吴有训有机会接受他的指导，参与这项研究工作，成了康普顿得力的助手和主要合作者。在康普顿的指导下，吴有训完成了题为

吴有训

"康普顿效应"的博士论文，1925年通过答辩，获得芝加哥大学哲学博士学位。

1926年，吴有训回国后，先回到江西参与江西大学的筹备工作，后因政局动荡，建校难成，乃转而投奔恩师胡刚复。1927年8月，他受南京第四中山大学（后改名为中央大学）之聘任物理系副教授，兼系主任。翌年，清华大学理学院院长叶企孙得知吴有训回国，通过胡刚复邀请他到清华大学任物理学教授。以后数年，吴有训在清华大学充分施展了自己的才华。他一方面认真讲授近代物理学，一方面积极倡导、组织并参加近代物理学的科研工作，并创建了国内第一所近代物理实验室。10年内，他从理论上探讨X射线的气体散射，先后在国内外发表了10余篇论文。他的工作被严济慈誉为"开了我国物理学研究的先河"。

吴有训和夫人王立芬及子女摄于清华园

1934年，吴有训接替叶企孙任清华大学物理系主任，1937年又接替叶企孙任清华大学理学院院长。在这些领导工作中，他始终把教学质量放在第一位，同时坚持教师不脱离科学研究；他广揽名师，聘请学高诣深的学者到校任教；他对学生的学业严格要求，本着宁缺毋滥的原则选拔学生；他注意发扬民主，尊重每一位教职员工。在叶企孙和吴有训的主持下，清华大学物理系成了闻名中外的培养物理学人才和开展科学研究的基地。

1937年，清华大学迁往长沙，同北京大学和南开大学组成长沙临时大学（1938年由长沙迁往昆明，更名为西南联合大学），吴有训出任理学院院长，兼任新成立的清华大学金属研究所所长。

1945年，吴有训任中央大学校长。他从爱护青年出发，对国民党当局迫害青年进行了坚决的抵制。他厌恶官僚统治，1947年借出国参加国际会议之机，摆脱了中央大学校长职务。1948年，先后在美国哈佛大学和麻省理工学院等校进行短期访问，从事科研工作。

中华人民共和国建立后，吴有训出任华东军政委员会委员，兼教育部长，同时担任上海交通大学校务委员会主任。1950年，赴北京任中国科学院近代物理研究所所长。同年12月，中央人民政府任命吴有训为中国科学院副院长。1955年，当选为中国科学院数理化学部委员兼学部主任。

1949年，吴有训作为无党派民主人士的代表出席第一届中国人民政治协商会议，以后又被选为第二届中国人民政治协商会议全国委员会委员，第三届中国人民政治协商会议常务委员，第一、二、三、四届全国人民代表大会代表，第二、三、四届全国人民代表大会常务委员会委员。

一、全面验证康普顿效应并发展其理论

吴有训对近代物理学的重要贡献，主要是全面地验证了康普顿效应。康普顿最初发表的论文只涉及一种散射物质（石墨），尽管已经获得明确的数据，但终究只限于某一特殊条件，难以令人信服。为了证明这一效应的普遍性，吴有训在康普顿的指导下，做了7种物质的X射线散射曲线，证明只要散射角相同，不同物质散射的效果都一样，变线和不变线的偏离与物质成分无关。他们在1924年联名发表《经轻元素散射后的钼K_α射线的波长》一文，论文刊登于《美国科学院院刊》（ Proc. Nat. Acad. Sci.）第10卷上。文中写道："这些实验无可置疑地证明了散射量子理论所预言的光谱位移的真实性。"

但是这篇论文还不足以否定反对者的论据。著名X射线研究者、美国哈佛大学的W.杜安（Duane）教授宣称：在他的实验室里没有观测到康普顿预计的峰值，康普顿的峰值可能是由于实验装置放在包有铅皮的木箱中，X射线打到木箱激发起某种新的射线。为此，吴有训特意把X射线管和各种散射物质放在不含木材的铅室中，广泛地进行了X射线散射实验。1925年，他在《康普顿效应与三次X辐射》一文中，再次证明康普顿效应的客观存在。

接着，吴有训对康普顿效应作了进一步研究。他测定了X射线散射中变线和不变线之间的强度比随散射物原子序数变化的关系，由此证实并发展了康普顿的量子散射理论。

康普顿在1923年的论文中曾对不变线的起因作出解释，提出了两种不同的假设。一个假设是在散射过程中分给电子的能量不足以把电子从原子释放时，就会出现不变线。光子跟这些束缚电子碰撞，实际上就是跟整个原子碰撞，因此，原子的原子序数越高，不变线的强度越大。另一个假设是入射光子被原子核散射造成不变线。这两个假设哪一个对，只有通过实验才能检验。

吴有训认识到这个问题对研究康普顿效应的机理具有重要意义，就花了很大力气系统地测量变线和不变线的强度比，以判明两种假设孰是孰非。1925年10月，他写成了《康普顿效应中变线与不变线间的能量分布》一文，发表在1926年的《物理评论》（*Physical Rev.*）上。他用康普顿改进过的X射线管和电离分光计，对5种物质分别进行测量，作出各自的散射曲线，再用平面仪把代表谱线的曲线面积积分。由于他所用准直管相当精细，研究的波长范围极窄，因而在很近似的程度内获得了每种光谱的相对能量。从数据可以看出：对于给定元素，强度比随散射角的增大而增大；对于给定角度，强度比随原子序数的增大而减小。石蜡最大，因为它含的氢比木材多。由此，吴有训作出推论：锂是最轻的金属，用锂作散射物，应能得到最大的强度比。

早在1924年5月，康普顿和吴有训就做过锂的实验，不变线虽很微弱，但仍确实可辨。别人也做过类似实验，结果都没有完全消除不变线。为了确证锂散射的效果，吴有训独具匠心，巧妙地设计了实验方案。他把锂辐射物放在充有氢的铅室中，铅室上安有两扇云母窗，分别让原始的X射线进入和散射的二次射线射出。实验做得非常细致，结果是在金属锂散射的二次射线中康普顿效应的不变线消失了。

锂散射中不变线强度为零，证明康普顿提出的第一个假设，即"不变线是由于散射过程中电子获得的能量不足以使它脱离原子所引起"是正确的，另一个关于光子与原子核碰撞的假设是不对的。这样，就把康普顿效应的理论向前推进了一步。

吴有训以雄辩的事实，无可置疑地证实了康普顿效应，发展和丰富了康普顿的工作，使康普顿效应的怀疑者放弃了原有观点。接着，康普顿于1927年荣获诺贝尔物理学奖。

康普顿和S. K. 阿里逊（Allison）在他们合著的《X射线的理论与实验》（*X-rays in theory and experiment*）一书中，对吴有训的工作给予了很高评价，全书共有19处引用了吴有训的成果。特别是吴有训的一张15种元素散射的X射线光谱图，康普顿将其与自己于1923年得到的石墨散射的X射线光谱图并列,作为当时证明其理论的主要依据。吴有训这张X射线光谱图在后来的几十年中被人们广泛引用。

二、竭力培育实验、理论兼优的物理人才

吴有训在科学研究和教学工作中,十分注重实验,总是亲手制作仪器。在清华大学工作期间,学生们常常看见这位知名教授身着粗布工服,时而用锯、斧加工木材,为X光装置制作栏杆,时而用煤气和氧气的火焰拔制石英丝,安装康普顿静电计。1935年,他开设"实验技术"选修课,手把手地教学生掌握烧玻璃的火候和吹玻璃技术的关键所在,并随时指出缺点。他鼓励学生要敢于动手,多做实验,这对学生有很深的教育意义。著名物理学家钱三强当年是他的学生,曾在他的指导下完成毕业论文《试验金属钠对改善真空程度的影响》,为此他亲自带领钱三强制作真空系统。钱三强由于在国内学过吹玻璃技术和选修过金工实习课,到法国作原子核研究时表现出非凡的才能。吴有训曾形象地说明如何锻炼动手的本领:"实验物理的学习要从使用螺丝刀开始。"他的谆谆教诲和身体力行,给学生留下了深刻印象。

吴有训很重视基础课教学,亲自讲授普通物理。他上课时声音洪亮,准备充分,选材精练扼要,科学性和逻辑性强,说理透彻明了,讲解生动形象,引人入胜。他在讲授近代物理学时,特别注重引进新鲜内容,介绍重要物理实验和所得结果的意义。他还经常讲述一些大科学家的生平事迹,用以启发和开导学生,鼓舞和激励他们踏上科学征途。吴有训从事教育工作50余年,学生遍布国内外,为我国培养了几代物理学工作者。

三、我国科学事业的卓越领导人和组织者

吴有训长期担任中国科学院副院长,并兼数理化学部主任。他是国务院科学规划委员会委员,1956年主持制订数理化等基础学科"十二年科学远景规划"。十二年远景规划提前完成后,1963年他又参与制订新的科技十年规划。

他一贯注重基础理论的研究，同时也关心一些新兴技术科学的发展，强调科学研究要为国民经济和国防建设服务。早在中华人民共和国建国初期，他就提出要及早在科学院建立计算机、半导体、电子学等研究所。1958年，他派出专家与苏联天文学工作者在海南岛共同观测日环食，利用这一机会，及时地为发展我国射电天文学打下了基础。1957年，吴有训注意到我国授时工作已有一定基础，当即组织由国家测量总局、上海天文台等有关单位参加的会议，号召大家采用我国自己的授时讯号，使我国授时工作走上了独立自主的道路。

吴有训作为中国科学院副院长，为发展我国科学事业竭尽心力。他在推动各项工作中有魄力，事业心强，具有远见卓识。他曾亲自主持人工合成胰岛素的鉴定会，认为根据合成物的晶体形状、生物活性和指纹图谱，完全可以理直气壮地向全世界宣布，中国人已人工合成了胰岛素。

吴有训是中国物理学会的创始人之一。1932年，中国物理学会在清华大学成立，吴有训当选为秘书，1936年在中国物理学会第五届年会上当选为会长，以后又多次当选为会长或理事长。1958年，中国科学技术协会成立，吴有训当选为副主席。

1988年，中国人民邮政发行《中国现代科学家》纪念邮票，物理学家吴有训入选

吴有训还多次率领中国科学院代表团出国访问，也经常出面接待各国来华访问的专家学者。他总是精神抖擞、举止雍容、不卑不亢、落落大方地与各国科学家进行交流，为中国科学界树立了良好的形象。他在晚年有更多机会跟外籍华人学者联系，总是亲自接待，热情地宣传中国人民的各项成就，常常博得客人们的钦佩和赞扬。

吴有训在繁忙的活动中，还担任《中国科学》和《科学通报》的主编，每一期都亲自逐篇审定，一丝不苟，表现出高度负责的精神。

吴有训的一生是光辉的一生，他为我国的科学事业和教育事业贡献了毕生精力，是永远值得后人景仰的科学先驱。

（郭奕玲）

四、在研究生教育方面的贡献

1930年，清华物理系开始招收研究生，仅陆学善一人被录取，由吴有训指导。1933年，陆学善毕业，毕业论文是《多原子气体所散射X射线之强度》。清华在战前毕业的研究生只有他一人。后来招收的研究生黄席棠和钱伟长原来也是吴有训指导的，分别研究液体对X射线之散射和晶体对X射线之散射，后因战争爆发而中断。清华的研究生课程是高质量的，在战前多数研究生因考取公费留学未能在清华取得硕士学位，但他们在国内得到的培养，使其出国后能很快进入科研，且业务表现突出。在西南联大时期，清华物理学部的研究生有10人，毕业的有谢毓章、黄授书、杨振宁、张守廉、应崇福和杨约翰6人。在战争时期十分艰苦的条件下，在人才培养方面能取得这样的成绩实属不易。

吴有训一贯主张自己动手创造实验条件。实验物理学家王淦昌深刻铭记吴先生对他的教育。他四年级时吴先生到校，指导他做毕业论文，研究清华园周围氡气的强度及每天的变化。实验装置要求学生自己设法制作，王淦昌很好地完成了任务，在此过程中得到了很好的培养和锻炼。在吴有训的指导下，助教余瑞璜试制盖革计数器也获得成功。这是探测放射性和X射线强度的仪器，过去国内没有试制过。

五、在行政领导岗位上所作的贡献

吴有训长期担任清华大学和西南联大的行政领导职务，对清华大学及西南联大的建设和发展均作出了重要的贡献。吴有训到清华后很快就成为叶企孙的得力助手，深得叶企孙的信任。1930年7月至1931年7月，叶企孙学术休假赴欧洲访问期间，即由吴有训代理物理系主任和理学院院长职务，并参加校务会议。当时，清华园有一场风波，校长罗家伦于1931年5月22日辞职，清华师生拒绝阎锡山指派的乔万选接任清华校长，取得成功。清华一贯秉承教授治校的原则管理校务，由校长、院长和教授会选出的教授代表有权参与学校重大事情的决策。如：各学院的院长是由教授会按1∶2的比例提出候选人名单后,由校长选定。1931年,新任校长吴南轩要打破这个传统,绕过教授会直接任命文、理、法三院院长,结果遭到教授们的一致反对,他们强烈要求维护原来"教授治校"的传统。吴有训不仅拒绝吴南轩要他担任院长的要求,还联络15名教授联名要求召开教授会讨论此事。教授会发表声明,并电呈兼任教育部部长的蒋介石说明理由。经与吴南轩几度较量后,推荐冯友兰、吴有训、张奚若三位赴南京面谒蒋介石。虽未得蒋当面允诺,但他也未拒绝。结果,7月3日新任教育部部长李书华任命翁文灏代理主持校务。9月,叶企孙返校,教育部又令叶企孙主持校务,直到12月梅贻琦到任。吴有训的行政能力在此过程中充分显现,1934年叶企孙就推荐他接任系主任,1937年1月又推荐他接任理学院院长,吴有训从此成为梅贻琦管理清华的得力助手。

抗战时期清华大学校领导。左起:工学院院长施嘉炀、教务长潘光旦、法学院院长陈岱孙、校长梅贻琦、理学院院长吴有训、文学院院长冯友兰、特种研究所委员会主席叶企孙。(1941年摄于迤西会馆)

在西南联大时,吴有训也在管理校务中发挥了很大作用。当时有两套行政系统,除统一的西南联大的行政系统外,三校还各有自己的一套行政系统。吴有训是西南联大的理学院院长,同时也是清华大学的理学院院长和物理系主任。饶毓泰是西南联大的物理系主任,同时也是北大的理学院院长和物理系主任。西南联大物理系的全部课程(包括本科生和研究生的课程)是统一开设的,教授由三校聘请,凡在联大授课者还有西南联大所发的聘书。研究生的学籍与科研指导由三校分别管

饶毓泰 **吴有训** 叶企孙 朱物华 赵忠尧 周培源 霍秉权
郑华炽 孟昭英 吴大猷 张文裕 王竹溪 马仕俊

理，毕业时分别按原属学校发放证书。因此，作为清华理学院院长和物理系主任，吴有训对教师的聘任和休假、留美考试以及研究生学籍的管理等均要亲自过问。此外，他还兼任清华金属研究所所长。作为联大理学院院长，他除参与联大重大问题的决策外，还参加许多专门委员会（如聘任、图书、理工设备、课程、校舍、国防工作介绍委员会等）的工作。教授参加委员会工作是"教授治校"制度的具体体现之一，吴有训在这些方面作出了许多重要贡献，下面以两个例子加以说明。

图书和仪器设备是办好大学必需的条件。三校仓促南迁，图书和仪器匮乏是可想而知的。1937年9月，常委会从"中英庚款"委员会筹得开办费20万元，用于购置图书4万元、理工教学设备12万元、其他设备4万元。1938年6月，常委会又向中华教育文化基金董事会筹得理工设备补助费10万元。清华大学也提供了外汇额度，以便订购国外设备和书刊。经费问题解决后，常委会于1937年9月第一次会议上决定：组成图书设计和理工设备设计两个委员会，分别由9名教授组成。学校做出西迁的决议后，决定利用经过广州和香港之机订购图书和仪器，并在1938年2月4日推定各系的负责人，物理系图书和仪器订购的负责人都是吴有训。当时，上海有出版影印书的龙门书局和生产科学仪器的工厂，订购国外期刊和仪器的渠道也是畅通的，吴有训高质量、高效率地完成了任务。1938年入校的学生未能赶上使用自购的书刊和仪器，他们回忆时常诉图书仪器之不足，1939年以后入学的学生则不然。据他们回忆，图书馆中的教科书虽复本不多，但基本能满足教学参考之需，期刊也能收到，只是时间滞后半年左右。加上清华于战前抢运出的数百箱书刊，以及与迁至后方的中央研究院各所和北平图书馆的合作，西南联大的科研并未终止。

在实验教学方面，物理系学生在四年学习过程中基本上每周都有实验课。二年级电学实验所用的标准电池、灵敏电流计和冲击电流器都是进口的。四年级除每周一次的无线电实验外，还有6个近代物理实验，十分难能可贵。在这方面，吴有训先生功不可没。

（沈克琦补充）

吴有训主要著作：

1. Woo Y. H.（吴有训）: ote on absorption measurements of the X-rays reflected from calcite crystal, *Proc. Nat. Acad. Sci.*, **10**（1924）145~148.

2. A. H. Compton, Woo Y. H.: The wave-length of molybdenum K_α rays when scattered by light elements, *Proc. Nat. Acad. Sci.*, **10** (1924) 271~273.
3. A. H. Compton, J. A. Bearden and Woo Y. H.: Tests of the effect of an enclosing box on the spectrum of scattered X-rays, *Phys. Rev.*, **25** (1925) 236.
4. Woo Y. H.: The Compton effect and the tertiary radiation, *Proc. Nat. Acad.Sci.*, **11** (1925) 123~125.
5. Woo Y. H.: The intensity of the scattering of X-rays by recoiling electrons, *Phys. Rev.*, **25** (1925) 444~451.
6. Woo Y. H.: The Compton effect, *Chicago Dissertation*, 1925.
7. Woo Y. H.: The distribution of energy between the modified and the unmodified rays in the Compton effect, *Phys. Rev.*, **27** (1926) 119~129.
8. Woo Y. H.: Ratio of intensities of modified and unmodified rays in the Compton effect, *Phys. Rev.*, **28** (1926) 426.
9. Woo Y. H.: The disappearance of the unmodified line in the Compton effect, *Phys. Rev.*, **28** (1926) 426.
10. Woo Y. H.: Intensity distribution in the K_α doublet of the fluorescent X-radiation, *Phys. Rev.*, **28** (1926) 427.
11. Woo Y. H.: Intensity distribution between the modified and the unmodified lines in the Compton effect, *Trans. Sci. Soc., China*, **7** (1928) 5.
12. Woo Y. H.: Intensity of total scattering of X-rays by monatomic gases, *Nature*, **126** (1930) 501~502.
13. Woo Y. H.: On the intensity of total scattering of X-rays by monatomic gases, *Proc. Nat. Acad. Sci.*, **16** (1930) 814~816.
14. Woo Y. H.: Scattering of X-rays by mercury vapour, *Nature*, **127** (1931) 556~557.
15. Woo Y. H.: On the intensity of total scattering of X-rays by monatomic gases, *Tsing Hua Univ. Sci. Reports*, **A1** (1931) 55~67.

16. Woo Y. H.: On the intensity of total scattering of X-rays by gases I, *Proc. Nat. Acad. Sci.*, **17** (1931) 467~470.

17. Woo Y. H.: On the intensity of total scattering of X-rays by gases II, *Proc. Nat. Acad. Sci.*, **17** (1931) 470~475.

18. Woo Y. H.: Temperature and diffuse scattering of X-rays from crystals, *Phys. Rev.*, **38** (1931) 6~14.

19. Woo Y. H.: The scattering of X-rays by polyatomic gases, *Phys. Rev.*, **39** (1932) 555~560.

20. Woo Y. H.: The scattering of X-rays by monatomic gases, *Tsing Hua Univ. Sci. Reports*, **A1** (1932) 135~143.

21. Woo Y. H.: The scattering of X-rays by gases and crystals, *Phys. Rev.*, **41** (1932) 21~23.

22. Woo Y. H.: Note on scattering of X-rays by diatomic gases, *Tsing Hua Univ. Sci. Reports*, **A1** (1932) 177~180.

23. Woo Y. H., Sun C.P.: Note on the X-ray scattering coefficients of gases, *Tsing Hua Univ. Sci. Reports*, **AIII** (1936) 549~553.

24. Woo Y. H., Hu Y.H.: On the absorption of X-rays II, *Sci. Record, Academia Sinica*, **I** (1945) 407~408.

25. Woo Y. H., C. E. Mandeville, M. V. Scherb and W. B. Keighton: The slow neutron induced activities of Germanium, *Bull. Am. Phys. Soc.*, **24** (1949) 13.

26. Woo Y. H., C. E. Mandeville and M. V. Scherb: Radiations from Ge77 and Ge71, *Phys. Rev.*, **75** (1949) 1528.

清华大学建校元勋　物理学系开山鼻祖：磁学家叶企孙

叶企孙（1898～1977），物理学家、教育家，我国近代物理学奠基人之一。他同合作者一起利用X射线短波限同加速电压的关系测定普朗克常数，获得当时该方法最精确的实验数据。他精确测量铁、镍、钴在静止液体高压强下的磁性，对高压磁学作出开创性的贡献。他创办清华大学物理系、北京大学磁学专门组，1948年当选中央研究院院士，1955年当选中国科学院学部委员。为我国高等教育事业和科学事业作出卓越贡献，培养出一大批著名科学家。

叶企孙

叶企孙，名鸿眷，以字行。1898年7月16日生于上海县唐家弄一书香门第。父叶景沄，字醴文，前清举人，国学造诣很深，藏书七八千册，对西洋现代科学及其应用亦多有涉猎。叶景沄曾著文宣扬沈括倡议的历法，能指出28宿位置及图形。他偕黄炎培等赴日考察教育约半年，1905年任上海县立敬业学校校长，兼养正学校校长。1914年，叶景沄受聘任清华学校国学教师。叶企孙在其父指导下阅读经史子集著名篇章和《九章算术》《海岛算经》《算法统宗》《畴人传》《梦溪笔谈》《谈天》《天演论》和《群学肄言》等著作，因而国学根基深厚，为研究中国自然科学史打下了扎实基础。

1918年，叶企孙在清华学校高等科毕业后赴美留学，10月1日插班入芝加哥大学。经审查，芝大对他在清华所学课程承认15学分（德文5分、数学4分、物理3分、化学3分），计入总学分内。叶企孙在芝大连续学习7个学季，又取得22个学分，并交出一篇出色的毕业论文。在美不到两年，即于1920年6月15日获芝加哥大学理学学士学位，1920年10月8日又获得优秀生（Honors in Physics）的荣誉（参见芝大学生学业登记表）。毕业后，他转入哈佛大学研究院，1923年6月获哈佛大学哲学博士学

饶毓泰　吴有训　**叶企孙**　朱物华　赵忠尧　周培源　霍秉权
郑华炽　孟昭英　吴大猷　张文裕　王竹溪　马仕俊

位。回国前，他访问了英、法、德、荷、比等国的大学及物理研究所约5个月。叶企孙通晓英语、法语和德语，通过这次访问对欧洲高等教育和科研情况有了较全面的了解，这对他回国后的工作大有裨益。

1924年3月，叶企孙回到国内，先后在东南大学、清华大学、西南联合大学和北京大学任教，历任副教授、教授，并担任过清华大学物理系主任、理学院院长、校评议员、校务委员、校务委员会主任委员、教研室主任等职务。在清华大学，他曾两次代理主持校务，帮助学校渡过难关。在校外，叶企孙曾任中央研究院评议员、院士、总干事，中国科学院数理化学部常务委员，应用物理研究所专门委员，近代物理研究所专门委员、自然科学史研究所研究员，中国物理学会副会长、会长、理事长等职。叶企孙将一生献给了我国高等教育事业和科学事业，功勋卓著。在"文化大革命"中他横遭诬陷，身心备受摧残，1977年1月13日病逝。

一、测定普朗克常数，获当时最佳数据

叶企孙在哈佛大学时，在W.杜安（Duane）教授指导下，与H. H.帕尔默（Palmer）合作，利用X射线连续谱短波限（λ_m）与电子加速电压（V_e）的关系式$V_e = hc/\lambda_m$测定普朗克常数（h）的值。他们用电位差计测V_e，用方解石谱仪测λ_m，采取一系列措施提高V_e和λ_m的测量精度和准确度，获得精度很高的V_e和短波限布拉格反射角的数据，其相对误差比标准电池电动势的相对误差还小。利用这些实验数据和国际上当时采用的电子电量（e）、光速（c）和方解石晶格常数（d）的数值，他们得出普朗克常数$h = (6.556 \pm 0.009) \times 10^{-27}$尔格·秒。这篇由三人署名的论文于1921年4月在美国物理学会年会上宣读，并在《美国光学学会月刊》及《美国科学院院刊》上发表。h这一基本常数的精确测定始终是物理学家十分关注的实验研究工作，叶企孙对此作出了重要贡献。1929年，专门研究基本常数的伯奇（Birge）用叶企孙等的实验数据和e、c、d的新数值算出$h = (6.559 \pm 0.008) \times 10^{-27}$尔格·秒，并说误差主要来自$e$值的误差。在长达十几年的时间，叶企孙等的实验数据一直是当时用X射线短波限法测h的最佳数据，由他们的实验数据和不断更新的e、c、d数值得出h的新数值。

叶企孙在美国芝加哥大学的学业登记表

二、在高压磁学方面作出开创性的贡献

1921年,叶企孙转向磁学研究,在高压物理学家P. W. 布里奇曼(Bridgman,1946年诺贝尔物理学奖得主)的实验室中研究液体静压强对磁导率的影响。前人研究时所用压强值仅达1000 kg/cm^2,加上在实验中考虑不周,认为有反常现象。叶企孙利用布里奇曼实验室中压强可达12000 kg/cm^{2}的高压设备对铁、镍、钴的高压磁性进行了系统的研究,得到磁感应强度变化百分比($\Delta B/B_0$)与压强、磁场强度(H)之间的定量关系。他发现:要获得正确的结果,必须使样品彻底退磁,前人所述"反常现象"是退磁不完全造成的,实际上并不存在反常现象。叶企孙还对高压磁性进行理论分析,结论与实验结果定性相符。此项研究由叶企孙独立进行,是高压磁学的重要进展,属开创性工作,他因此获博士学位。研究成果发表在1925年美国文理科学院院刊上。布里奇曼所著《高压物理学》(1931)中《压强对磁导率的影响》这一节的主要内容就是叶企孙的工作,书中指明后人在此基础上对铁镍合金进行了一系列的研究,并把叶企孙采用的实验方法称为Yeh's method。

三、乐育英才逾半世纪,功勋卓著

1924年3月,26岁的叶企孙应物理系主任胡刚复之聘到东南大学任副教授,讲授力学、电子论和近代物理等课程。1925年,东南大学物理系第一届本科生毕业,施汝为是物理系毕业生。赵忠尧是化学系毕业生,但他在1925年初即完成学业,利用半年的时间在物理实验室指导学生实验,同时旁听物理系课程。他们深得叶企孙的赏识,毕业后即随叶企孙到清华学校任教。

1925年9月,叶企孙任清华学校副教授,1926年即升任教授。清华学校原为留美预备学校,设中等科(中学水平)和高等科(大专水平),毕业生到美国插班入本科学习。随着学校师资水平和全国中学水平的不断提高,1925年清华学校设大学部,开始招收本科生,合格的高中毕业生有资格报考。本科生毕业后通过选拔考试

可进入研究院学习。1925年时教物理仅叶企孙、梅贻琦二人。梅贻琦学工程,是美国伍斯特工学院电机工程学士(1914)、芝加哥大学机械工程硕士(1922),在清华他教大一年级的物理。担任二年级以上物理学课程的教授仅叶企孙一人。1925年至1952年,叶企孙在清华大学和西南联合大学讲授过的课程有普通物理学、力学、电磁学、中级热学、热力学、分子运动论、统计力学、光学、物性论、光谱及原子构造等。他备课认真,对物理概念和原理的讲解深入透彻,富有启发性。他讲课虽略带口吃,但仍很有吸引力。

1926年,清华学校大学部物理系全体教工合影。一排左起:郑衍芬、梅贻琦(教务长)、叶企孙(系主任)、肖文玉。二排左起:施汝为、阎裕昌、王平安、赵忠尧、王霖泽

1926年,大学部读完一年级的学生将分系进入二年级,清华决定设10系,物理系是其中之一。4月29日,教授会议选举叶企孙出任系主任。这年梅贻琦任教务长,实际上在1926年至1928年期间,清华物理系由叶企孙一人负责。他负责所有物理学理论课程的讲授,同时精心擘划,具体组织,使物理系蒸蒸日上,迅速达到国内先进水平。

1929年,清华大学决定开办研究院(即现在的研究生院),研究院中的理科研究所由叶企孙任所长。1930年,理科研究所物理学部第一名研究生陆学善入学。1930年至1937年,物理学部共招收12名研究生,他们分别是陆学善、龚祖同、赵九章、傅承义、胡乾善、王竹溪、张宗燧、彭桓武、钱伟长、谢毓章、熊大缜和黄席棠。毕

业者仅陆学善一人，其他绝大多数考取公费留学。1937年，清华大学物理系已成为我国高水平物理学人才的培养基地和物理学研究基地。

在培养人才方面，叶企孙有明确的指导思想。

首先，他认为要建设一个高水平的物理系，必须有一批高水平的教授。为此，他千方百计延聘良师，毫无门户之见。曾拟聘请颜任光和温毓庆，未成。1928年至1937年，叶企孙先后聘请到吴有训（1928）、萨本栋（1928）、周培源（1929）、赵忠尧（1932）、任之恭（1934）、霍秉权（1935）、孟昭英（1937）等教授。他们在叶企孙的领导下团结奋斗，使清华大学物理系的教学和科研在国内名列前茅。

其次，他认为"高等学校除造就致用人才外，尚得树立一研究之中心，以求国家学术之独立"。他努力创造教授们从事研究的条件，特别是实验研究的条件。不仅从国外进口仪器设备，还想方设法创造自制仪器的条件。1931年，叶企孙在德国通过赵忠尧的介绍，聘请到哈勒（Halle）大学青年技工海因策（Heintze），他随叶企孙到清华制造仪器设备，直至抗战开始才转至协和医学院工作。叶企孙还将聪明好学的工友阎裕昌培养成技术水平很高的实验技术人员。1937年时，物理系的主要科研方向有周培源的相对论研究、吴有训主持的X射线吸收与散射研究、赵忠尧主持的伽马散射吸收与散射研究、萨本栋主持的电子管和电路研究。此外，叶企孙指导施汝为研究氯化铬及其六水化合物的磁导率，指导赵忠尧研究清华大礼堂的声学问题，开了我国磁学和建筑声学研究的先河。

第三，叶企孙主张"本系自最浅至最深之课程，均为注重于解决问题及实验工作，力戒现时高调及虚空之弊"，"科目之分配，理论与实验并重，重质而不重量"。他十分重视学生动手能力的训练，要求物理系学生学习木工、金工和机械制图等课程，自己动手制造实验设备，并完成毕业论文。当时，清华青年师生动手制作仪器蔚然成风，实赖叶企孙之创导。

四、为清华大学的发展作出卓越贡献

叶企孙的办学思想对理学院以至全校的发展都有重大影响。叶企孙是创建清华大学本科、研究院及特种研究所的元老之一，长期参与学校重大决策。1928年，罗家伦任校长后，正式确定了教授会和评议会的组成及任务。评议会由校长、秘书长、教务长和由教授会选出的评议员组成，全校重大事项均由评议会议决。叶企孙等4人当选为第一届评议员。罗家伦曾约叶企孙同赴南京，解决对清华大学发展至关重要的由外交部管理改为教育部管理的问题和清华基金管理体制的问题。1929年春，清华设文、理、法三院，院长人选由教授会推荐两倍以上候选人，然后由校长选定。叶企孙当选为理学院院长。当时，工科仅土木工程一个系，属理学院。由校长、秘书长、教务长和三院院长组成的校务会议负责领导学校的日常工作。1930年5月，罗家伦呈请辞职，并提出"一切校务概交校务会议负责处理"。5月24日至7月10日，叶企孙主持校务。在此期间，阎锡山非法任命乔万选接管清华大学校务，叶企孙依靠学生成功地拒乔于校门之外（6月25日）。9月，叶企孙休假赴欧进修。1931年4月3日，教育部任命吴南轩任校长。吴南轩到校后，遭到教授会和学生会的反对，吴曾电请叶企孙提前回国帮他处理校务，叶企孙电拒。5月30日，吴南轩提出辞职。7月3日，教育部长令翁文灏代理校长职务。9月，叶企孙回国后，翁文灏因事于15日晋京，致电教育部"清华校务交理学院院长暂代"，得教育部批准。9月16日起，叶企孙主持校务两个多月，至新校长梅贻琦于12月3日就职视事。1934年秋，叶企孙为集中精力办好理学院，辞去物理系主任职，推荐吴有训继任。1935年，华北局势紧张，清华大学决定筹建长沙分校，由叶企孙主持筹建事宜。1937年2月，叶企孙又推荐吴有训任理学院院长。为了开展应用研究，在叶企孙主持下，理学院下设农业研究所。1936年，叶企孙任清华大学特种研究事业筹划委员会主席，增设无线电研究所和航空研究所，抗战开始后又设国情普查研究所和金属研究所。1939年，直属校长领导的特种研究所委员会成立，下辖5所，叶企孙任委员会主席。当时，农业研究所所长暂缺，由叶企孙直接领导。1945年，吴有训调任中央大学校长，叶企孙任西南联大和清华大学理学院院长。8月，叶企孙任清华大学复校设计委员会主席，统筹策划复校建设与发展事宜。9月13日，叶企孙代因公离校的梅贻琦任西南联大常委会委员，并曾主持多次常委会会议。梅贻琦返校后，叶企孙仍参加常委会直至1946年7月3日。1949年5月至1952年9月，叶企孙任清华大学校务委员会主任委员，和副主任委员吴晗、周培源一起领导全校工作。

叶企孙在清华有极高的威望，对清华的建设和发展贡献极大。他能取得如此骄人的业绩，一是归功于他的高尚人格，二是得力于他的正确方针。

叶企孙的人格高尚是有口皆碑的。王大珩说："叶先生不仅教我学知识，更重要的、使我终身受益的是，我从这位老师身上学到爱国的、无私的人格。"王大珩举例说：1928年，叶企孙请吴有训到物理系任教时，把吴的工资定得比自己系主任的还高，以示尊重。正是叶企孙的无私举贤，使吴有训脱颖而出，成为后来的中央大学校长，新中国成立后又成为中国科学院的第一副院长。

这种无私的品格，保证了叶企孙能按正确的方针办好清华物理系。清华大学校长梅贻琦有句名言："所谓大学者，非谓有大楼之谓也，有大师之谓也。"这也是叶企孙的信条。无论在当物理系主任时，还是在做理学院院长时，他始终把聘任第一流学者到清华任教列为头等大事。有了"名师"，"高徒"就不断从清华理学院涌现，1955年中国科学院成立时，数理化学部委员48人中有22人是清华毕业的学生或清华教授。

1949年摄于清华图书馆门前。一排左起：叶企孙、张奚若、陈毅、吴晗。二排左起：潘光旦、张子高、周培源

五、创建我国第一个培养磁学人才的专门组

1952年，全国进行高等院校院系调整，清华成为多科性工业大学，物理系被取消，大部分教授调整至北京大学，叶企孙也被调入北京大学物理系。当时采用苏联教育体制，物理系内设物理学和气象学两专业，物理专业下设理论物理、固体物理、光学和电子学等专门组。叶企孙除讲授光学、普通物理等基础课外，还讲授固体物理课，并曾为气象专业讲授大气电学和大气光学课。

叶企孙与黄昆一起筹建固体物理专门组，该专门组下分半导体物理、金属物理和磁学三个方向。1956年起，三者分开独立成组，金属物理与磁学两专门组属金属物理及磁学教研室领导，叶企孙任室主任。1958年，金属物理和磁学分开，各自成立教研室，叶企孙任磁学教研室主任。在叶企孙领导下，磁学教研室在1958年即开出系统的专门组课程，这些课程在国内均属首次开设。理论课程开始时由叶企孙、施汝为、潘孝硕、向仁生联合开设，后来课程趋于成熟，每门课程由一位教授讲授，叶企孙曾讲授铁磁学和固体中的几个量子力学问题（专题）。教学实验室由胡国璋、廖莹、何文望等从头建设，开出电磁测量及磁学专门组实验近30个。

在进行课程建设的同时，叶企孙还指导本科生做毕业论文，招收研究生。1956年，固体物理专业磁学方向四年制学生毕业时都做了毕业论文，成为我国最早的磁学领域本科毕业生。1956年，第一届磁学研究生毕业。1958年，第一届磁学专门组五年制学生毕业，他们经过一年半磁学专门训练，学过比较系统的磁学课程，做过长达半年的论文，毕业后多数成为我国磁学领域的骨干力量。叶企孙在1952年后为培养磁学和金属物理人才作出了重大贡献，作为校务委员和系务委员，对北京大学和物理系的发展也作出了贡献。

六、我国科学事业的奠基人

1925年至1966年期间，叶企孙高瞻远瞩，在许多方面为我国科学技术的发展作出了卓越贡献，下述属其荦荦大者。

叶企孙是中国物理学会主要发起人之一。在1932年8月中国物理学会成立大会上，叶企孙作筹备工作报告，并被选为第一届副会长。叶企孙先后当选为副会长（1932~1936）、会长（1936~1937）、理事长（1946~1948）等领导职务。他精心策划创办《中国物理学报》，编译和审查物理学名词，举办学术年会和邀请国际著名物理学家P.朗之万（Langevin）、P. A. M.狄拉克（Dirac）和N.玻尔（Bohr）来华讲学等各项工作。他不仅发挥领导作用，还亲自动手。1947年9月，叶企孙曾亲笔致函国立编译馆，申请补助有关名词工作经费500万法币。1947年4月，他约请李书华、饶毓泰、周培源等10人商议促进中国物理学会北平分会成立之事。叶企孙毫无私心，作风正派，团结同仁，以大局为重，对中国物理学会的发展和团结、合作风气的建立贡献良多。

叶企孙曾参加我国最早的综合性科学工作者团体——中国科学社，担任该社理事和该社刊物《科学》月刊的编辑。他还参加中国天文学会，被选为理事。中华全国自然科学专门学会联合会成立时，叶企孙任常务委员兼计划委员会主任委员。

1928年，中央研究院成立，先后设立物理、化学、工程、天文、气象、地质、

创造物理教育奇迹的大师

饶毓泰 吴有训 **叶企孙** 朱物华 赵忠尧 周培源 霍秉权
郑华炽 孟昭英 吴大猷 张文裕 王竹溪 马仕俊

动植物、历史语言、社会调查等研究所。1933年，设评议会，其任务为审查各所研究计划、建设计划、高级研究人员的聘任和晋升、各项研究奖金的颁发以及全国学术研究机构同高等学校之间的联系和合作等问题。院长为评议会当然主席，各所所长为当然评议员，另推选院内外学术界人士约20人为评议员。叶企孙以其在学术界的威望当选为第一、二届评议员（每届5年）。物理学方面的评议员仅有北平研究院副院长李书华、中央研究院物理研究所所长丁燮林和叶企孙3人。1941年至1943年，叶企孙出任中央研究院总干事。当时，院长是朱家骅，没有副院长这一职位，实际上一切行政和学术领导由总干事负责。叶企孙总揽全局，对中央研究院以至全国科学事业的发展发挥了重要作用。1948年，中央研究院设院士，叶企孙当选。

叶企孙的贡献还突出地反映在培养我国许多学科的开创者和早期学术骨干上。清华大学负责利用美国退回的"庚款"每年考选公费留美生的工作，由校务委员会决定选派学科。叶企孙参与此项工作，根据我国科学事业发展需要提出建议。当时，我国有多种留学渠道，叶企孙对清华大学物理系毕业生和助教的留学进行指导。他既重视基础学科，又重视应用学科。正是由于他的指导，一些物理系高材生留学攻读应用学科，后来成为我国该学科的奠基人或主要的学科带头人，如气象学家赵九章、地球物理学家傅承义和翁文波、海洋物理学家赫崇本、冶金学家王遵明、应用光学家龚祖同、光学家王大珩、力学家钱伟长、金属物理学家余瑞璜和葛庭燧等。地震学家李善邦是叶企孙在东南大学时的学生，由叶企孙介绍到中央地质调查所工作。李善邦自学地震学理论和技术，于1932年在北平北安河建成我国第一个测震站。

叶企孙参加了中华教育文化基金董事会资助的两项工作：一是审查物理学方面研究补助金申请者的资格、成绩和研究计划；二是审批北京图书馆利用补助金（每年2万美元）的购书计划，包括学科间款额分配和购书单拟定。购书重点是成套科学期刊，如从17世纪开始的英国皇家学会会刊即在其内，该刊对科学史研究十分有益。

1947年，鉴于核物理学在物理学发展中的重要地位，叶企孙积极筹划在国内发展核物理研究。4月，他与梅贻琦商定，拟拨5万美元，由钱三强在国外为清华大学购置核物理研究设备。6月，他曾谋求与北京大学、北平研究院在这方面合作，后因各方意见不一未能成功。1948年，叶企孙促成了北平研究院原子学研究所的建立，该所是中国科学院近代物理研究所的前身。钱三强归国后，任教于清华大学，并兼任原子学研究所所长。1950年起，叶企孙兼任近代物理研究所专门委员和应用物理研究所专门委员。1953年起，他又兼任中国科学院中国科学技术史研究室研究员。

后来，叶企孙与竺可桢一起创办自然科学史的研究所，兼任研究员，指导天文学史和物理学史研究，培养了不少自然科学史人才。1955年，叶企孙当选为数理化学部委员、常委。

从1956年起，叶企孙参加我国历次科学技术长远规划的讨论与制订。《1956年至1967年科学技术发展远景规划》第56项（基础科学）中磁学学科的任务书，即由叶企孙主持编写。在1949年至1966年期间，叶企孙历任第一届中国人民政治协商会议代表和第一、二、三届全国人民代表大会代表。他始终关心整个国家科学事业的发展，在上述各机构的活动中作出了积极贡献。

七、满腔热血的爱国主义者

叶企孙目睹祖国遭列强蹂躏，抱着科学救国之志出国留学。学成归国后，他为祖国的教育和科学事业奉献一生。他不仅是一位卓越的科学家、教育家，且具有强烈的爱国主义精神和正义感。他支持爱国群众运动，并亲自参加抗日活动。1926年，"三·一八"惨案时，他激动地对王淦昌等学生说："你们明白自己的使命吗？弱肉强食是亘古不变的法则……只有科学才能拯救我们的民族！"说罢不禁泪下。1936年，傅作义百灵庙抗日大捷，物理系学生赴大青山劳军，叶企孙高兴地说："物理系参加同学不少，真想不到。"他询问详情，并要求学生补好所缺的课程。1935年11月，叶企孙与梅贻琦、陶孟和、胡适、张奚若联名通电全国，反对日本和汉奸搞"华北五省自治"分裂中国的阴谋。1935年，"一二·九"运动时，叶企孙为参加南下请愿团的物理系学生钱伟长等送行。嘱咐沿途小心，并出钱资助。1936年2月29日，军警包围清华，搜捕进步学生，列入黑名单的葛庭燧当夜避入叶企孙住宅。

"七七"事变后，清华大学决定南迁长沙，与北京大学、南开大学联合组建长沙临时大学，1938年4月又迁昆明，改称国立西南联合大学。叶企孙原定1937年夏学术休假出国，但他毅然决定留在清华大学，在助教熊大缜协助下，指挥抢运清华大学的一批图书和仪器南下，这批图书和仪器在西南联合大学发挥了极大作用。8月，叶企孙南下，到天津后因患副伤寒滞留，后又患膀胱炎。10月初，清华大学在英租界成立临时办事处，照料过津南下人员，请叶企孙主持，熊大缜协助。熊大缜1935

创造物理教育奇迹的大师

饶毓泰 吴有训 **叶企孙** 朱物华 赵忠尧 周培源 霍秉权
郑华炽 孟昭英 吴大猷 张文裕 王竹溪 马仕俊

年毕业于清华物理系，留校后住叶企孙家，师生情谊甚笃。1937年底，清华大学员工大部分已南下，叶企孙拟赴长沙，因闻长沙临时大学将迁昆明，决定继续留津，以后直接赴昆明。1938年春，八路军吕正操部派人到平津为冀中游击区物色人才。清华大学化学系毕业生孙鲁找到熊大缜，熊大缜欣然同意。叶企孙原已安排好熊大缜出国深造，因而对此举不甚赞成，但考虑到事关抗日，未加劝阻，并在熊大缜作出决定后给予大力支持。4月，熊大缜通过北平地下党关系进入冀中，任印刷所所长，7月升任军区供给部长，并成立技术研究社研制地雷、收发报机等军事器材。5月至10月，熊大缜本人或派人多次到津，请求叶企孙在物资、人员和经费方面给予帮助，叶企孙不顾环境恶劣挺身而出，为冀中抗日做了如下所述的大量工作，作出了不可磨灭的贡献。

（1）与熊大缜一起介绍一批大学毕业生和技术人员去冀中，其中有汪德熙（清华大学化学系）、胡达佛（清华大学机械系实验员）、阎裕昌（清华大学物理系实验员）、张瑞清（清华大学生物系实验员）、李广信（清华大学地学系）、祝懿德（清华大学经济系）、张方（燕京大学物理系）、葛庭燧（清华大学物理系）、何国华（清华大学物理系职员）等。为了这些人的安全，叶企孙亲自到北平找清华大学美籍教授温德，请他在必要时让他们去其家暂避。这批人员对冀中抗日作出

熊大缜赠叶企孙的照片。右侧附题词：企孙叶公惠存

了重大贡献，例如汪德熙等在冀中制成氯酸钾炸药（用5%TNT）、电引发雷管和地雷，多次炸翻日军列车，受到聂荣臻司令员的表扬。

（2）介绍熊大缜等与开滦矿务公司副经理、电机工程师、中国科学社社员王崇植联系，取得制造炸药所需的化学原料，想方设法购买制造雷管所需的化学原料、铜壳和铂丝以及控制电雷管的电动起爆器。

（3）通过王崇植找到原天津电报局局长王绶青，获得无线电器材，寻找到技术人员，在天津英租界内清华同学会装配无线电台，然后设法运入冀中。

（4）介绍燕京大学化学系毕业生、已考取清华大学研究院的林风在天津租界一工厂内制造黄色炸药（TNT），做成条皂状，运入冀中。

（5）为冀中采购医用药品，设法筹集枪支和子弹的设计图纸。

（6）动用清华大学备用公款万余元支付购买物资费用，给通过他介绍去冀中的人员和在津为冀中工作的人员发放安家费、生活费及工作费用。

1938年9月，西南联合大学校领导催叶企孙去昆明，且地下活动有所暴露，林风被工部局拘捕，叶企孙遂于10月5日离津南下。他虽离津，但不忘冀中，路过香港时曾设法筹款支援冀中。据蔡元培《杂记》手稿中载："企孙言平津理科大学生在天津制造炸药，轰炸敌军通过之桥梁，有成效。第一批经费，动用清华备用之公款万余元，已用罄，须别筹，拟往访孙夫人，嘱作函介绍，允之……致孙夫人函，由企孙携去。"叶企孙抵昆明后，与仍在冀中的祝懿德常通信联系，并以笔名（唐士）在1939年《今日评论》第一期上发表《河北省内的抗战状况》一文，文中号召有志知识青年前往参加抗日工作，并认为河北省主席鹿钟麟要求吕正操部让出所控制的游击区是不顾事实的不合理要求。此文充满了爱国知识分子的爱国热忱。

叶企孙先生高大的爱国主义者形象巍然耸立，其精神实堪敬佩，为后辈学习榜样。

八、为人师表，风范长存

叶企孙为人正直，襟怀坦荡。他对一切问题都持科学的、实事求是的态度，从不讲大话、空话。他对自己认为对的事就表示同意，对于尚未弄清楚的事绝不随声附和，绝不因个人利害关系讲违心的话，即使在身处逆境时也是如此。

叶企孙具有很强的敬业精神。他对工作深思熟虑，统筹安排，且常亲自处理以求落实。他不仅主持招生命题，有时还亲自监印试卷。他深知招生对学校保持高质量的重要性，每年都对录取情况进行分析。回国后，他的主要精力用于了解各学科发展情况和国家需要，并不断吸收新知识，力求跟上物理学的发展。1930年10月至1931年9月，他休假赴欧考察时，曾在德国哥廷根大学听海脱勒（Heitler）讲授的量子电动力学和玻恩讲授的热力学，向海脱勒请教有关分子结构和范德瓦耳斯力的问题；在柏林大学听薛定谔讲授的场物理，同伦登（London）讨论有关分子结构和交换力的问题，同柏林高工的贝克尔（Becker）讨论与高压磁性有关的磁致伸缩问题。正是由于广泛学习、不断积累，造就了叶企孙渊博的学识，他对我国教育、科学事业的发展曾提出过许多真知灼见。

叶企孙曾长期担任教育界、科学界的领导职务。他为人公正，任人唯贤，毫无门户之见，善于团结他人，深受物理学界的尊重与爱戴。他爱才惜才，知人善任，敢于不拘一格选拔和培养人才。1932年，仅初中毕业的华罗庚被熊庆来发现并聘为数学系助理。1933年，华罗庚在日本数学期刊上发表论文。叶企孙知道后，召开会议，破格提升华罗庚为讲师，让他讲授微积分课程。有人认为这将有损清华声誉，叶企孙说："清华出了个华罗庚是好事，我们不要被资格所限制。"1936年，华罗庚被推荐出国深造，终成知名数学家。叶企孙不顾成规，擢升工友阎裕昌为职员，并要求学生称他为阎先生。阎裕昌修理或制作仪器设备，贡献良多。1937年，日军闯进清华大学，阎裕昌为保护仪器挨打，他还偷运出当时国内稀有的放射源，交叶企孙转移到昆明。1938年，阎裕昌由叶企孙介绍去冀中研制军火，1942年被俘，英勇不屈，壮烈牺牲。

叶企孙明辨是非，在大是大非面前从不含糊，敢于坚持正义和真理。1945年，昆明"一二·一"惨案时，适值西南联合大学常委会主席梅贻琦出差重庆，叶企孙代理主席职务，他亲自主祭四烈士。为保护学生安全，他和云南大学校长熊庆来、西南联合大学训导长查良钊一起与当局交涉，要求"至万不得已时，允许学生抬棺游行"。他主持教授会会议，通过组织法律委员会以处理与惨案有关控诉事宜的决议，伸张正义。1950年夏，李约瑟博士来信，说联合国教科文组织拟聘叶企孙任自然科学方面的顾问，征求他的意见。叶企孙因联合国当时不承认中华人民共和国而未予考虑。1951年，他认为上级下达的院系调整方案不妥，拟订了一个清华大学调整方案，结果受到批判。

叶企孙平易近人、乐于助人、宽厚待人，有口皆碑。他经常邀请学生和青年教师到家茶叙或吃饭，了解情况，亲切交谈，给予熏陶。他常慨然给同事或学生以资助。阎裕昌患肺病时，叶企孙出资让他住院，战后又热心照顾其遗属，为其子治肺病，资助求学费用，并安排他的两个儿子到清华大学工作。同事们有困难时他总是伸出援助之手，许多青年师生曾长期寄居他家。钱三强学成回国时，因学校暂无合适住房，叶企孙主动向校长提出可暂住他家。

叶企孙终身未婚，为我国教育和科学事业的发展无私奉献了一生。他的高尚品德不愧为人师表，堪称后世楷模。中国物理学会为纪念他，特别设立叶企孙物理学奖，奖励在固体物理学研究方面作出重大贡献的物理学家。

（沈克琦）

叶企孙主要著作：

1. W. Duane, H. H. Palmer and Chi-Sun Yeh（叶企孙）: A remeasurement

of the radiation constant h by means of X-rays, *J. Opt. Soc. Am.*, **5**（1921）376~387.

2. W. Duane, H. H. Palmer and Chi-Sun Yeh: A remeasurement of the radiation constant h by means of X-rays, *Proc. Nat. Acad. Sci.*, **7**（1921）237~242.

3. Chi-Sun Yeh: The effect of hydrostatic pressure on the magnetic permeability of Iron, Cobalt and Nickel, *Proc. Am. Acad. Arts. and. Sci.*, **60**（1925）503~533.

4. 叶企孙：《清华学校大礼堂之听音困难及其校正》，《清华学报》，1927年第4卷第2期，第1423~1433页。

5. 叶企孙、郑衍芬：《初等物理实验》，清华大学，1929年。

6. 叶企孙：《萨本栋先生事略》，《中国物理学报》，1950年第7卷，第501~504页。

7. 叶企孙：《托里拆利的科学工作及其影响》，《科学史集刊》，1959年第14卷第2期。

饶毓泰 吴有训 叶企孙 **朱物华** 赵忠尧 周培源 霍秉权
郑华炽 孟昭英 吴大猷 张文裕 王竹溪 马仕俊

电子、水声杏坛元老 转辗南北教书育人：
电子学家、水声学家朱物华

朱物华（1902~1998），电子学家、教育家，中国科学院学部委员，我国电子学科与水声学科奠基人之一。他一生重视基础理论教学，重视实验研究，在人才培养、教材编著和某些前沿课题的研究探索上都作出了重要贡献。

朱物华，又名佩韦，原籍浙江绍兴，是朱自清的大弟弟。1902年1月3日，他出生于江苏扬州邵伯镇，1909年入扬州第一小学，毕业后又入私塾读书，兼到别的学校补习英文和数学。1915年，朱物华考进江苏省立第八中学（扬州中学前身）。此校师资队伍整齐，教学水平在当地堪称一流。一心向学的朱物华，学业成绩始终名列前茅。1919年，他中学毕业，报考南京高等师范和上海交通大学，均被录取。此时父亲失业，家计困难，幸得长兄朱自清的支持，遂进入了他向往已久的上海交通大学电机系就读。

在上海交通大学电机系的四年中，朱物华勤奋学习。1923年，他以第一名的最佳成绩获得了清华"庚款"公费赴美留学的名额。

1923年8月，朱物华与谢冰心等乘轮船离开祖国赴美留学。他进入了麻省理工学院电机系，选择当时尚未解决的难题"水银整流器的耗电计算"为研究课题，次年即获得硕士学位。1924年9月，朱物华考入哈佛大学。经过一年的学习研究，获哈佛大学电机系硕士学位，继而攻读博士学位，解决了滤波器的瞬流计算问题，1926年6月获哈佛大学博士学位。个人的已得荣誉，国外的优越条件，丝毫没有淡薄朱物华对祖国的思念和热爱，他谢绝友人的留美劝阻，决定回国。

回国前，朱物华进行了一年的考察访问。先后到英国、比利时、法国、瑞士、意大利、奥地利、德国、匈牙利、捷克9个国家，参观了一系列先进的实验室和工厂。其间，他还曾到德国柏林大学听课，到英国剑桥大学著名物理学家卢瑟福的实验室作短期研究。1927年8月，朱物华取道马赛回国。他先受聘于中山大学任物理系教授，1930年转到唐山交通大学任电工与物理学教授。

从年轻时代起，朱物华就具有强烈的爱国热情和正义感。1933年，一批汉奸在河北冀东地区搞所谓"自治运动"，建立伪政权，朱物华愤而离开唐山，就任北京大学物理系研究教授。

1937年7月7日，日本军国主义者燃起侵华战火，中国抗日战争爆发，北京大学被迫南迁，与清华大学和南开大学联合组成国立长沙临时大学，11月1日开学上课。朱物华讲授无线电课程（与任之恭、孟昭英合授）。1938年初，学校迁至昆明，更名为国立西南联合大学。他先在工学院电机系教电信网络、运算微积、电工原理和电力传输等课程。1941年秋，新回国的马大猷任工学院电机系教授，朱物华转到理学院物理系，授无线电原理、实用无线电等课程，还曾教过一学期的应用电学。1945年8月，抗日战争胜利后，朱物华应聘到上海交通大学电机系执教。

中华人民共和国成立后，朱物华先后被任命为交通大学工学院院长，交通大学副教务长。1955年，他服从国家需要，北上哈尔滨任哈尔滨工业大学教务长、副校长。同年，中国科学院选聘他为技术科学部学部委员（院士）。1956年，朱物华加入中国共产党。

1956年春，朱物华参加了"制订国家十二年（1956～1967）科学远景规划"会议，并受中国科学院委派，前往苏联参加"热工仪表自动控制"会议，赴南斯拉夫参加国际科学会议，还考察了苏联、民主德国、捷克斯洛伐克三国的高等院校、研究所和工厂。"文化大革命"中，朱物华被作为"反动学术权威"受到审查批判。但是他对真理坚信不疑，对事业执著追求，埋头翻译了国外最新科技论文300余篇，并亲赴水声专业工厂义务为工程技术人员讲授专业课程。

1978年，朱物华担任上海交通大学校长，在校党委的领导下，在全校范围内开展了以管理体制改革为中心内容的全面改革，激发了广大教职员工的奋发进取精神，促进了教学质量和科研水平的提高，揭开了上海交大发展史上的崭新一页。

朱物华任教期间，曾受聘担任国务院科学规划委员会委员，国家科学技术委员会电子专业组委员、声学专业组委员等职，并被选为第三届全国人民代表大会代表，第二、三、五、六届全国政协委员，九三学社中央委员会委员，中国电子学会副理事长，上海电子学会理事长，中国声学学会理事。

朱物华在退居二线前后，中国科学院、国家教委、中国物理学会、中国电机工程学会、中国电子学会、中国声学学会为了表彰他在教学和科学上的卓越贡献，曾分别授予他荣誉奖状和奖章或荣誉证书。

一、中国电子学科的奠基者

在我国，电子学作为一门独立的学科从物理学分离出来，大致始于20世纪20年代。当时及以后较长一段时期内，对电子学的教学与研究基本上是由少数从国外学成归来的学者开展的，朱物华是其中的一位佼佼者。

（一）善于抓住前沿课题，开展探索研究

1926年，朱物华以论文《广义网络瞬态及在电滤波器中的应用》（Transients of generalized networks with particular application to electric wave filters）获美国哈佛大学博士学位。在当时，这是电子学科领域中待解决的重要课题，研究内容引起了美国、日本科技界的重视。1928年，此论文曾在日本东京万国会议上被宣读。

20世纪30年代中期，朱物华在北京大学物理系和张仲桂一起针对E.韦伯（Weber）和M. J.迪托尔（Ditoro）等关于有限段终端无损耗低通滤波器瞬流计算的局限，首次提出了终端有损耗的T形低通与高通滤波器瞬流计算公式。在当时十分简陋的实验条件下，他们创造性地拍摄了直流与交流场合下的瞬流图，取得了理论计算与实验数据相符的好结果，并在《中国物理学报》上发表论文3篇。1938年，他们又就此课题在10月份的美国无线电工程师学会的学术期刊上发表1篇论文。

20世纪40年代中期，朱物华在国内大学任教时，指导研究生完成旨在解决阴极烧毁问题的课题"电子枪式磁控管分析与设计"，在理论上把电子源与Em作用空间分开，开辟了新方向。在20世纪50年代初，法国科学家才发表关于注入式磁控管的论文，而国际上的该类产品在20世纪50年代末才问世。

中华人民共和国成立后，朱物华根据电力线路上测试的噪声频谱密度数据，提出用相对功率谱密度和逐段积分的计算方法，得出了相关系数 ρ 与相差时间 τ 的关系曲线，揭示出了使电力线路传输较高频率的载波信号不致降低信噪比的内在关系。朱物华还提出了计及电感分布电容来选取电路参数和提高滤波器性能的新设计方法。这些都为我国电力工业的发展作出了贡献。

"文化大革命"拉大了我国电子科学技术与世界水平的差距。当时，发生在中东地区的战例，使朱物华深切感到要高度重视电子技术在现代战争中的地位和作用。他撰写的论文《电子战争》鲜明地提出：在电子对抗设备中，其电子观察设备除了对敌方活动进行预警外，还要执行探测和识别目标的任务；而电子干扰设备则用来降低敌方兵器的效能，提高己方兵器的生存率。他的这个见解受到有关方面的重视，多次应邀在有关会议上作报告，对发展我国电子对抗技术起了指导作用。

1979年，年逾古稀的朱物华参加了中国电子学会赴美回访团。他仔细考察了美国一些理工科大学、电子和计算机工厂。回国后，他提出的关于重视科学技术发展、重视培养人才、重视提高管理水平的建议，以及关于应为研究开发大规模集成电路创造条件、缩短我国计算机与世界水平的差距、改革高等学校电子教学结构、密切教育界与工业界的联系、加强国防科教界同行互访等见解，为缩短我国电子学科与世界水平的差距起了促进作用。

（二）编著我国第一套电子学科教科书

朱物华很早就开始重视我国电子学科的教材建设，他在充分利用国外优秀教材的同时注意中文教材的编写。早在20世纪30年代初期，朱物华编写了内容包括发电机和电动机原理、构造和设计方法的《应用电学》。1930年，他编著的《无线电原理》由于讲授传输线理论、放大和振荡电路原理、检波和调制电路、调频及噪声，以及电波特性等内容，在当时以取材新颖著称。他在西南联大任教时，编写的《电信网络》不仅内容充实，体系完整，还不断地把通过当时美国军邮获得的外国最新的理论与实践成果充实进去，使学生获得最新科学知识。当年在西南联大选修该课程的学生曾誉朱物华为开拓"电信网络"这门新分支学科的先驱，堪与当时的泰斗考尔（Cauer）、吉尔曼（Guillemin）等齐名。在这一时期，朱物华还依据当时所能收集到的国外最新书刊和资料，编写有关电视知识原理的教科书，并首次开设了电视学、电传真等课程。这是一个创举，因为在当时就是国外培养研究生的课程也未见此类的任何书面计划。

中华人民共和国成立之后，我国不少高等院校为了适应有计划地发展我国电子与通信工业生产和科学研究的需要，设置了许多关于无线电与电子学科方面的新专业。其所需的教材，在当时只能而且必须从翻译苏联版的教材入手。对工作极端负责的朱物华，虽此时已届知天命之年，但他仍率先从繁重的教学和领导工作中挤出时间，不避酷暑严寒，以惊人的毅力学习从未接触过的俄文，仅用两年时间就熟练地掌握了俄语，并先后翻译出版了我国电子学方面的第一套参考书，包括《动力系统自动化》《动力系统中的频率自动调整》《电力网络习题集》等。这些都曾对发展我国电力与电子学科的生产技术与教学起了促进作用。

朱物华在翻译出版急需的俄文教材的同时，一刻也不放松自编切合国情的教材。鉴于使电力线路兼能传输载波信号对于提高电力系统运行可靠性与经济性的重要意义，他编著了《电力系统中的高频技术》一书，并亲自在国内首次开设了这门课程。他还先后编著了《输配电工程》《电力系统中频率及有功功率自动调整及经济分配》《无线电技术基础》《微波技术》等教材。朱物华是我国电子学科高等教育的奠基者。

二、中国水声工程学科的先驱

中华人民共和国成立后，党中央和国务院十分重视科技在国家建设中的作用。1956年春，周恩来总理受党中央的委托，组织国内知名科技专家讨论并制订《1956～1967年科学技术发展远景规划》，朱物华也参加了这项工作。会上，发展我国水声学与水声工程被纳入了这个规划。

为了加速组建和发展水声科研力量，聂荣臻副总理和国防科学技术委员会确定哈尔滨军事工程学院等高等学校为基地，培养水声专业人才。1958年，上海交通大学无线电系成立了水声工程专业，同时招收了第一批学生。

1963年，第一次水声规划会议在北京召开，同时成立了国防科委水声专业组。与会的于笑虹、汪德昭、朱物华等一批专家教授，讨论了我国开展水声理论和新技术的研究规划，并就建设研究所、工厂的规模和在有关高校培养急需人才等问题提出了相应的建议。

1961年，朱物华服从国家需要，担负起了上海交通大学副校长的重任。为了加速该校已建立的水声专业的建设与成长，他毅然兼任集水声工程教学与科学研究于一体的繁重的组织领导工作。一方面，他组织参加过哈尔滨军事工程学院水声专业培训或参加过南海中苏水声考察的教师和基础理论知识较强的教师，广泛收集科技资料，分头编写教材。为求集思广益，他鼓励逐章试讲，力求精益求精，从而编写出了诸如《水声接收设备》《水声发送设备》《水声信号传播及抗干扰》等专业课程讲义。朱物华还亲自编著了《信息论》,并主讲当时尚属前沿的这门课程。这些工作的目标在于为上海交大建立一支师资队伍和及时为当时已进入专业课学习阶段的学生开设新课程。另一方面,他积极抓紧水声实验室的建设。该实验室当初拥有的重要设备,如噪声定向站、回音定位站、水声通信站、测深仪等,都是经过他的努力,由中国海军部队无偿支援的。此后,又相继建立了供基础研究用的诸种声学实验室。几年后,上海交大新设的水声专业为科研单位、工厂和部队输送了大量合格的本科毕业生。1964年,朱物华在全国率先招收水声学科硕士研究生,此后又开始培养博士研究生。如今,上海交大这个专业的毕业生分布在全国水声行业的各个领域,其中的大部分已成为国内有关部门的技术骨干力量。

1955年,上海交大校领导赴西安考察新校址,左一为朱物华

朱物华在任上海交大副校长、校长及顾问期间,对建设和发展我国水声学科的贡献,还在于他对重要水声设备基础研究的重视。1965年,他代表学校与其他单位一起承接的一项水声设备研制任务,是当时某项国家重点工程的组成部分。在同有关研究所和工厂的联合试制攻关下,经过三年的努力,所研制的样机通过了海上试验,该成果获得了1978年的首届全国科学大会奖。1970年10月,他又率领有关教师协同有关研究所与工厂,一起研制一种综合声呐,制成的样机的战术技术性能优于当时的类似仿制品,且功能齐全,综合性强,达到20世纪70年代初期的国际水平,获得了国防工业办公室授予的科技进步奖。

在水声学科的基础研究上,朱物华也在其中作出了不少有创新意义的贡献。例如,20世纪80年代前期,在开展对船舶螺旋桨空化噪声预报研究中,通过对相似律理论的实验研究,指导研究生推导出了基于能量观点的原型螺旋桨空化噪声基本预报公式,提出了经过空气含量修正的螺旋桨空化噪声预报公式。经实验验证,这些公式能得出较精确的结果。20世纪80年代中期,朱物华与助手一起,指导研究生进行"浸水轴对称弹性薄壳的耦合振动与声辐射研究",提出了处理声场计算中特征频率下的非唯一性问题和奇异积分问题的一般方法,给出了化薄壳振动常微分方程组为积分方程组、处理壳体封闭端的自然边界条件及确定封闭端的传递矩阵,发展了用于计算任意形状壳体的振动和外部声场计算的数值方法,依适用于半空间的新的Green函数推导了半空间声辐射的边界积分方程,提出了改进的Chiff法处理特征频率问题,克服了原法补充方程中内点选择不当可能失效的缺点。对高次单元出现的二次奇异积分,从理论上证明了用适当的数学变换可消去奇异性,并提出了一种处理高阶奇异值的方法。此外,他和助手指导研究生提出的用多重节点法处理结构表面存在不连续点时的声辐射计算,和据以编制的完整地求解全空间、半空间中任意形状结构的辐射声场的程序包,得到了计算精度更高的工程效果。

三、治学严谨,一代师范

"春深老树雯芳菲,一代宗师世所稀,教泽流长遍中外,无言桃李自成蹊。"这是朱物华的学生们在北京等地工作的25位专家、教授于1992年联名庆贺他们的恩师朱物华教授执教65周年纪念会的颂诗。

朱物华自1927年学成回国后,数十年如一日,呕心沥血,辛勤耕耘在大学教学第一线。先后在中山大学、唐山交通大学、北京大学、西南联合大学、上海交通大学和哈尔滨工业大学6所著名院校任教。他为这些学校开设并主讲的课程有高等物理、应用电学、电信网络、无线电原理、电工学、电力系统自动化、输配电工程、电视学、电力系统中高频技术、电力系统中频率及有功功率自动调整及经济分配、无线电技术基础、微波技术、飞行器中变速恒频电气设备、飞行器中电源设备可靠度的概率顺序分析、天线、自动控制理论、电力系统的自动装置、电力系统远控技术、电力系统自动监视和控制、声全息、水声工程原理、信息论等,不仅跨越了众多学科,而且有许多是开当时国内先河的前沿课程。

1933年,朱物华在北京大学任物理学教授,他自编的教材内容新颖充实,条理清晰，重点突出，深受校内外学生与教师的欢迎。20世纪50年代，他在开设的"天线"课程中，依据火箭技术和厘米波、毫米波技术的发展，融入了当时出现不久的超高频天线的特点和发展趋势等内容。20世纪60年代初期，声全息技术的优点开始为人们了解，世界各国相继对声全息技术进行研究。朱物华根据国际上发展的新动态，讲授声全息系统、声全息技术的用途与可能的发展方向等新颖知识。

朱物华认为大多数高新技术的起源、超前研究的开始、创新思想的萌发都来源于基础科学的重大成就，他说："从事基础和应用基础研究，没有扎实的基础理论是不行的。"他讲授的"天线"课程不仅介绍各种天线的结构与应用及其参数的计算方法，还重点介绍电磁能量辐射理论的基本方程、天线回波技术的理论。我国信息论的研究工作基本上是从1956年制订"十二年科学远景规划"以后才开始开展的，朱物华在他开设的"信息论"课程中，重视讲授信息论的基本理论，包括信息源与干扰的统计特性、理想信道的极限传输能力及最佳接收的极限抗干扰能力，指出改进现有通信系统及设计新的通信系统的主要方向，强调要根据信息论的观点及统计决策观点研究最佳接收。

朱物华在教学中十分重视理论与实验的有机结合。早在20世纪30年代前期，他就强调实验课在传授理论知识中的重要地位和作用，认为这是使学生巩固所学知识和接受科学研究方法的重要环节。1934年，他在北京大学讲授"应用电学"和"无线电原理"期间，每周的实验课总是亲自安排，让学生通过实验，学习相应的测量技术、操作技巧和演算方法，使他们从验证实验结果数据与理论计算的符合程度中思考问题，加深对有关原理的理解。对于偏重工程技术的学科，朱物华更是把建设适应教学与科研需要的实验室当做大事去抓。前面所述，于20世纪60年代前期他为上海交通大学建成水声工程实验室和声学实验室这两件事实足以说明这一点。

朱物华治学严谨。20世纪70年代，他为研究生开设的"水声工程原理"课程，教材中的声压单位原先用的是微巴（μbar），而当时国际上最新资料中，声学单位已采用帕（Pa）（$1 Pa = 10 \mu bar$）。为使教材中有关的物理表述符合国际标准，朱物华不厌其烦地把10多万字的教材仔细检查，修改了105处，重新计算了11个例子，增加了7个图表，使教材更加准确完善。他在对研究生的日常教学中尽力为学生解惑的精神，更是屡屡为人所称道。有一次，同学们对书上的计算有点疑问，朱物华晚饭不吃，立即验算，把来龙去脉写成补充讲义，印发给学生。思及当时的朱物华已是一位年逾古稀的老翁，不由得令人肃然起敬。

多年来，朱物华以严谨的治学精神、生动而深刻的课堂教育、颇具特色的教材和理

饶毓泰　吴有训　叶企孙　**朱物华**　赵忠尧　周培源　霍秉权
郑华炽　孟昭英　吴大猷　张文裕　王竹溪　马仕俊

论联系实际的科学作风，精心培养了一代又一代的科学技术人才。他的许多学生，如刘恢先、马大猷、严恺等都是国内外知名的专家、学者和栋梁之才。在我国的声学发展中，朱物华不顾年事已高，率先招收水声学科研究生。

1992年，在朱物华执教65年庆贺会上，中共中央总书记江泽民专函赞扬朱老："为我国的教育事业，辛勤耕耘几十年如一日，为科学事业的发展作出了卓越的贡献。"中共中央政治局委员兼国家教委主任李铁映题词称赞朱物华："严谨治学，桃李芬芳。"国家教委的贺电称赞他："严谨治学，辛勤育人，不愧为一代师范。"1998年3月11日朱物华去世，享年96岁。

1997年，中共中央总书记江泽民向他的老师、95岁高龄的朱物华院士问候安康

（汪鸿振）

朱物华主要著作：

1. Wentworth Chu: Transients of generalized networks with particular application to electric wave filters, 博士毕业论文, 1926年5月1日。
2. Wentworth Chu, Chung-kwei Chang: Transients of resistance-terminated dissipative low-pass and high-pass electric wave filters, *Proc. Ins. Rad. Eng.*, **10**（1938）1266~1277。
3. 朱物华：《电子显微镜之原理》，《电工》，1947年第16卷第1期，第1~5页。
4. 朱物华：《电力网络习题集》，龙门联合书局，1953年。
5. 朱物华：《动力系统自动化》，电力出版社，1954年。
6. 朱物华：《动力系统中的频率自动调整》，燃料工业出版社，1955年。
7. 朱物华：《电气自动学》，电力工业出版社，1957年。

8. 朱物华、江庚和、马国强:《电力线路上使用的阻滞滤波器式宽频带阻波器设计中的电气参数选择的商榷》,《哈尔滨工业大学学报》,1958年第4期,第1~16页。

9. 朱物华:《无线电技术基础》,哈尔滨工业大学出版,1960年。

10. 朱物华:《信息论》,上海交通大学出版,1963年。

11. 朱物华:《电力线路上载波通道中噪声的相关分析》,《电子学报》,1965年第4期,第333~352页。

12. 朱物华:《水声工程原理》,上海交通大学出版社,1971年。

13. 朱物华:《声全息技术》,《电子技术》,1979年第1期,第1~4页。

14. 朱物华:《电子战争》,《电子技术》,1979年第2期,2~11页。

15. Zhu Wuhua, Wang Hongzhen, Ye Weichun: Measurement of tunnel wall effect in the cavitation noise tests, *Proceedings of the 18th ITTC*, (1981) 238~240.

16. Zhu Wuhua, Wang Hongzhen, Zhu Shidi: Application of date processing in the measurement and analysis of model propeller cavitation noise, *Proceedings of the 2nd OMAE*, (1983) 765~770.

17. Zhu Wuhua, Wang Hongzhen, Zhu Beili: Determination of sound power underwater through the measurement of the sound intensity with a two-hydrophone system, *Proceedings of the 3th OMAE*, (1984) 84~91.

18. Zhu Wuhua, Wang Hongzhen: Preliminary results on the prediction of ship propeller cavitation noise power spectra from the measurement of its model in a cavitation tunnel, *Chinese J. of Acoustics*, **3** (1984) 193~199.

19. Zhu Wuhua, Wang Hongzhen: Measurement and analysis of model propeller cavitation noise spectra, *Selected Scientific Papers Book One*, (1985) 57~68.

20. Zhao Jian, Wang Hongzhen, Zhu Wuhua: Boundary element method for calculating acoustic radiation from closed surface with prescribed velocity distribution, *Chinese J. of Acoustics*, **2** (1989) 111~120.

21. Zhao Jian, Wang Hongzhen, Zhu Wuhua: An improved multi-segmental transfer matrix method for closed axis symmetric shells, *Proceedings of the 8th OMAE*, (1989) 713~718.

创造物理教育奇迹的大师
饶毓泰　吴有训　叶企孙　朱物华　**赵忠尧**　周培源　霍秉权
郑华炽　孟昭英　吴大猷　张文裕　王竹溪　马仕俊

观测电子对湮没现象第一人　华夏核物理实验奠基者：
核物理学家赵忠尧

赵忠尧（1902~1998），物理学家、教育家，我国核物理、加速器、宇宙线研究的先驱者和奠基人之一。他发现了硬γ射线的反常吸收以及伴随出现的"特殊辐射"，最早观察到正负电子对产生和湮没的现象，对正电子的发现和物理学家接受量子电动力学理论起了重要作用。他主持建成了我国第一、二台静电加速器，为在国内建立核物理实验基地作出了重要贡献。他先后在东南大学、清华大学、西南联合大学、中央大学和中国科学技术大学等多所学校任教，培养了几代物理人才。1948年当选中央研究院院士，1955年当选中国科学院学部委员。

赵忠尧

赵忠尧，1902年6月27日出生于浙江省诸暨县农村一个衰落的大家庭中。父亲以行医为生，常想为国出力，又感知识不足，力不从心，希望子女能多读些书，将来为国为民出力。赵忠尧自幼听从父训，刻苦学习，打好基础，以备日后做一个有益于社会的人。

1916年，赵忠尧进入诸暨县立中学读书。他学习兴趣广泛，文理科并重，国文老师常给他额外布置些古文阅读，使他受益不少。但数理化等科目中的科学道理，更能吸引他的求知欲望。

1920年秋，赵忠尧中学毕业。按照他父亲的意愿和他本人的兴趣，赵忠尧选择报考了完全免费的南京高等师范学校，并被录取进入数理化部。从此，他把精力全部集中在专业方面。后来，南京高等师范学校发展为东南大学。分系时，他选择了理科的化学系，但在学习中，一直对数学、物理课程同样认真，为日后转入物理界打下了基础。

1924年春，他提前半年修完高等师范（专修科）所需的学分。当时因其父去世，家境困难，决定先就业，同时争取进修机会，完成本科学业。他担任了东南大学物理系的实验教学，一边教学，一边听课、考试，并进入暑期学校学习，次年便补足了高等师范与大学本科所需学分的差额，取得东南大学化学系本科毕业的资格。

1924年冬，物理学界的前辈叶企孙教授从国外归来，在东南大学讲授近代物理，赵忠尧担任助教，准备一些物理实验。叶企孙对工作踏实的赵忠尧甚为满意。1925年夏，赵忠尧随他前往清华学校，任助教、教员。这期间赵忠尧自学了大学物理系的一些必修课程，还学习了德文和法文。

赵忠尧看到国内水平与国外的差距，决定自费出国留学。他依靠积蓄、师友借助和清华生活半费补助金（每月40美元），于1927年夏到了美国，进入美国加州理工学院研究生部，师从诺贝尔物理奖获得者R. A. 密立根（Millikan）教授。密立根是加州理工学院的院长，加上年事已高，没有时间对学生多作具体指导，可他对物理研究的进展非常关注，故指导学生的研究题目常属物理研究的前沿。

赵忠尧第一年学习基础课，第二年顺利通过预试，开始研究工作。由于导师密立根根据预试成绩向中华教育文化基金董事会的有力推荐，从1928年秋季开始，赵忠尧连续3年得到每年1000美元的奖助金。1931年，赵忠尧获博士学位。1931年至1932年，他在德国哈勒（Halle）大学从事研究工作。

1932年，赵忠尧回国，到清华大学任教。1937年"七七"事变后，赵忠尧全家辗转南下到昆明，利用清华大学的休假在云南大学物理系任教一年。第二年，清华大学、北京大学和南开大学三校迁昆明，组成西南联合大学，他便在西南联合大学任教，直到1945年。在此期间，除教学外，他还与张文裕教授合作进行宇宙线方面的研究工作。

1945年冬，中央大学的吴有训校长请他到暂迁重庆的中央大学担任物理系主任。半年后，被中央研究院总干事萨本栋推荐去参观美国在比基尼岛的原子弹实验，并委托他为中央研究院购置核物理实验设备。原定参观三个月，但赵忠尧为了进一步了解核物理实验技术的新进展，并购置核物理实验器材决定继续留在美国。他先在麻省理工学院电机系的静电加速器实验室里工作了半年，1947年春转到华盛顿的卡内基地磁研究所，半年后又回到麻省理工学院。

赵忠尧原定在1948年结束制造静电加速器的准备工作和其他器材的订购工作后立即回国。当他得知中华人民共和国就要成立时，便决定暂不回国，等待中华人民共和国建立之后再返回。

1949年春，他来到当初求学的加州理工学院，在核反应实验室进行短期的核物理研究工作。

中华人民共和国成立后，赵忠尧冲破种种封锁，于1950年11月15日取道香港返回祖国大陆。回国后，他积极为发展中国的科学事业努力工作。1955年，赵忠尧当选为中国科学院数理化学部委员。他从1930年起一直担任中国物理学会理事，1982年起担任名誉理事，他还是中国核学会的名誉理事长。

从1954年第一届全国人民代表大会以来，赵忠尧多次被选为全国人民代表大会代表。从1964年起，他当选为第三、四、五、六届全国人民代表大会常务委员会委员。1998年5月28日，赵忠尧在北京逝世。

赵忠尧的一生经历过许多坎坷，他唯一的希望就是祖国科学发达，繁荣昌盛，并为之作出了载入史册的贡献。

一、发现反常吸收和特殊辐射

1927年，赵忠尧到加州理工学院攻读学位，做硬γ射线吸收系数的测量工作。当时，人们认为γ射线通过物质时的吸收主要是由自由电子的康普顿散射引起的。用于计算吸收系数的克莱因-仁科(Klein-Nishina)公式当时刚刚问世，密立根让赵忠尧通过实践验证这一公式的正确性。

赵忠尧用放射性元素钍衰变的中间产物ThC"（即铊208）作辐射源，它能辐射出能量为2.65 MeV的γ射线。测量这种硬γ射线在几种物质中的吸收系数之后，赵忠尧意外地发现，射线只在通过轻元素时吸收的情况才与公式相符，当通过重元素时，出现了反常现象，实际吸收量远大于公式给出的量。例如，在铅元素中，测得的数值比公式计算结果大了约40%。1929年底，赵忠尧将结果整理成论文，但由于实验结果与密立根教授预期的不相符，密立根不甚相信。文章交给密立根之后两三个月仍无回音，幸而替密立根代管研究生工作的 I. S.鲍文（Bowen）教授十分了解该实验从仪器设计到结果分析的全过程，他向密立根教授保证了实验结果的可靠性，文章才得以于1930年5月在《美国国家科学院院刊》上发表。

当赵忠尧在加州做硬γ射线吸收系数测量时，英、德两国几位物理学家也在进行这一测量。三处同时分别发现了硬γ射线在重元素上的这种反常吸收，并都认为可能是由原子核的作用所引起的。

第一个实验刚完成，为了探索这种反常吸收的机制，赵忠尧设计了新的实验，进一步研究 γ 射线与物质的相互作用。他决定进行散射的 γ 射线的测量，以证实与康普顿效应预言的现象有什么不同。他在上一个实验中测量的吸收系数很准，因而对于测量散射充满了信心。

1930年春天，他开始用高气压电离室和真空静电计进行测量。他发现，γ 射线被铅散射时，除康普顿散射外，伴随着前述的反常吸收有一种特殊的光辐射出现。当时赵忠尧测出这种特殊辐射的强度是大致各向同性的，并且每个光子的能量与一个电子质量的相当能量很接近。这一结果表明，γ 射线在重元素中的反常吸收不是由康普顿效应引起的，它揭示了一种新的反应机制。赵忠尧将这个实验结果写成第二篇论文《硬 γ 射线的散射》，并于1930年10月在美国《物理评论》上发表。后来，密立根教授在他1946年出版的专著《电子、质子、光子、中子、介子和宇宙线》中，多处引述了赵忠尧论文中的结果。

1932年，C. D. 安德逊（Anderson）用云室做宇宙线的实验，在照片中发现了一条与电子径迹相似，但在磁场中弯曲方向相反的径迹，从而发现了正电子，但是从云室的照片上却看不出正电子是如何消失的。1933年，物理学家们在讨论正电子的性质，寻找正电子产生和消失过程的实验证据时，重新想起了三个研究组观察到的重原子核对 γ 射线的反常吸收，以及赵忠尧首先观察到的伴随着这种反常吸收而出现的特殊辐射现象。P. M. S. 布莱克特（Blackett）和欧查里尼（Occhialini）指出，硬 γ 射线的反常吸收是由于 γ 射线和原子核发生作用而产生了一对正-负电子，而特殊辐射则是正电子和负电子重新结合并转化为两个光子的湮灭辐射。这种机制被以后的许多实验所证实。

赵忠尧的两项实验结果对于确立人们对于量子电动力学的认识起了很大作用。1983年，正电子的发现者安德逊在一篇文章中特别指出，赵忠尧的发现促进了他的工作。1989年，杨振宁教授专门撰文，指出赵忠尧1930年的两个实验对物理学界接受量子电动力学理论的贡献，并称赞这两项工作"具有朴素、可靠的经典之美，经得起时间的考验"。

二、创办国产工业

在20世纪30年代，爱国人士中工业救国的思想十分普遍，赵忠尧也很想在这方面做一些工作。他拿出自己工资的节余，又在朋友中间征集了一些股金，筹办起一个小小的铅笔工厂。当时我国的工业十分落后，简单的商品也需从国外购入半成品，然后在国内加工为成品。赵忠尧力争全部生产过程都在国内完成，不以盈利为目的，小则为发展实用科学，大则创办国产工业，以此作为从事实际生产、为国出力的起点。赵忠尧与几位技工进行削木头、制铅芯等必需的工艺实验，先后经历了不少困难。

工厂的厂址原计划设在北平，但因日本侵华活动日益猖獗，华北局势动荡，于是改在上海建厂。生产的铅笔取名为"长城牌"，因为长城是中华民族的象征，厂名也就定为"长城铅笔厂"。由于资金薄弱，缺乏管理经验，加上政局动荡，工厂几经盛衰起落，渡过抗战时期，坚持到胜利，实为不易。中华人民共和国建立后，这个厂改建成"中国铅笔厂"。20世纪50年代，"长城牌"铅笔改名为"中华牌"，工厂也得到很大发展。

三、建立国内核物理实验基地

赵忠尧1932年回清华大学物理系任教授时，中国的核物理研究还是空白。他积极组织建设核物理实验室，在极为简陋的条件下进行了一系列研究工作。他和物理系的同事一起，用盖革计数器进行γ射线、人工放射性和中子物理的研究工作，研究结果发表在国内外期刊上，共6篇。其中3篇刊载于英国杂志《自然》（Nature）上，分别与留校毕业生龚祖同、傅承义和王大珩合作。与龚祖同合作的《硬γ射线与原子核的相互作用》以致编者函的形式发表，文中采用核蜕变的说法。著名物理学家卢瑟福在文后加按语，全文如下：

It is obvious from a letter to me which accompanied the above communication that Prof. Chao and Mr. Kung have not yet heard of the recent work concerning the positive electron, and in particular the creation of a pair of electrons, a negative and a positive, by the conversion of a γ-ray of high energy in the strong electric field of a nucleus. The experiments they describe provide valuable additional evidence of this phenomenon, and would doubtless have been interpreted by them in this way rather than as a nuclear disintegration. It is interesting to note that the magnitude of the effect is about the same as is found in other experiments.

Rutherford

这一实验的详细报告于1934年1月寄给《中国物理学报》，发表在第一卷第一期上。赵忠尧在此文章中说明，在论文的准备过程中，安德逊、查德威克（Chadwick）、布莱克特、欧查里尼和居里（Curie）等人的文章发表，他们用云室观察到正电子和正负电子对，并对实验结果作了正确的解释，否定了核蜕变的假说。由该按语可看出，卢瑟福很了解当时中国国内不能及时得到国外科研信息的情况，他指出，实验为正负电子对湮灭提供了有价值的新证据，实验数据与其他实验相符合。

赵忠尧有4篇论文是关于中子共振吸收的，其中包括与傅承义合作的《银核的中子吸收能级》和与王大珩合作的《Ag、Rh、Br核的中子共振能级的间距》（这两篇文章均于1937年发表在英国杂志《自然》上）。另两篇于1936年发表在《清华理科科学报告》和《中国物理学报》上。西南联大时期，赵忠尧继续进行中子共振能级间距的研究，在《清华理科科学报告》上发表论文1篇。

赵忠尧从切身体验深感要在国内开展核物理研究，首先要有一台加速器。1945年去美国时，他接受委托在美购置核物理实验设备，并打算利用这笔专款添置一台加速器。但因经费实在太少，不可能购买完整的设备。经与友人多次商讨，他决心自己设计一台规模较小但结构比较先进的高气压型静电加速器。由于经费拮据，在美国他只购置国内买不到的器材、加工国内无法加工的部件，然后运回国配套组装。

这时有人劝他，加速器非他本行，何不趁在美国的机会多做些研究工作。赵忠尧认为，一个人在国外做出成绩，只能给自己带来荣誉，对于提高中华民族的科学文化水平，对于国家的富强，作用并不大。他希望在国内建立起核科学的实验基地，开展研究工作，培养人才。为此，他认为个人做出牺牲是值得的。

当时，麻省理工学院物理系正在安装一架高气压型的质子静电加速器，赵忠尧就向该系要求实习，以便自行设计主要部件。1947年春，他到华盛顿的卡内基地磁研究所学习离子源技术，并请电子学家毕德显（1944年获美国加州理工学院博士）帮助他继续设计静电加速器。半年后，赵忠尧又回到麻省理工学院。他还落实了加速器运转部分、绝缘柱和电极的加工单位，学习了无线电方面的知识，订制了一台多板云室及其配套的照相设备。

1949年春天，赵忠尧来到当初求学的加州理工学院，在核反应实验室进行短期的核物理研究工作，发表论文3篇，其中一篇［与T.劳里森（Lauritsen）和V. K.拉斯马森（Rasmussen）合作］是关于核反应Be^9+D^2的，另两篇［一篇与A. V.托尔斯特拉普（Tollestrup）和W. A.福勒（Fowler）等人合作，一篇是他个人完成］是研究质子轰击F^{19}产生α粒子的。这类问题正是当时核反应研究的前沿。

中华人民共和国成立后，赵忠尧就立即着手准备回国。首先是将加工好的静电加速器部件和几年来采购的核物理实验器材发运回国。

回国后，赵忠尧积极为发展新中国的科学事业努力，在中国科学院近代物理研究所主持核物理方面的工作。不久，他千辛万苦从美国运回的加速器部件和各种器材也陆续到达。1955年，他利用从美国运回的部件，主持建成了我国第一台能量为700 KeV的质子静电加速器。1958年，他又用这些器材建成了能量为2.5 MeV的质子静电加速器。这两台加速器的研制成功，使我国加速器技术迈出了第一步，还发展了真空技术、高电压技术和离子源技术，这对我国高技术工业的发展起到了推动作用。在他主持下，以静电加速器为基础又建设了核物理实验室，开展了我国最早使用加速器的核物理实验，培养了一大批实验人才。

20世纪50年代中期，我国向苏联订购了一座原子反应堆，两台回旋加速器。1958年，反应堆和回旋加速器在原子能研究所落成，赵忠尧指导并直接参加在回旋加速器上开展的质子弹性散射、氚核削裂反应以及核参数测量等方面的研究工作。

1958年，中国科学技术大学建立，赵忠尧负责筹建近代物理系并担任该系主任。在他的主持下建立起一个专业实验室，开设了β谱仪、气泡室、γ共振散射、穆斯堡尔效应和核反应等较先进的实验。他很注意培养方法，使学生在理论和实验两方面都得到发展。中国科学技术大学近代物理系能在短时间内跻身于国内一流大学一流系科行列，与赵忠尧及广大师生的努力是分不开的。

赵忠尧热情关心我国科学事业的发展。他经常考虑如何从我国经济实力出发，尽快发展国内的科研和教育事业。为此，他曾先后就建造串列式加速器和中能加速器、建立中心实验室、缩短学制、成立研究生部等许多问题向各级领导提出了建议。

1973年,高能物理研究所成立,他担任副所长并主管实验物理部的工作。几代人为之奋斗的目标——在中国建造高能加速器,已提上了议事日程。尽管赵忠尧年事已高,但他仍然积极参加有关高能物理实验基地建设以及有关学术会议的讨论。1984年,北京正负电子对撞机工程破土动工。1989年以后,加速器、北京谱仪和同步辐射应用设施相继完成,并投入运行。一批批新的科研成果陆续问世,这是包括赵忠尧在内的老一辈科学家的心血积累,也是他们培养出来的一代代中青年科学家努力奋斗的结果。

赵忠尧为人正直、忠厚,襟怀坦荡。"勿以善小而不为,勿以恶小而为之",这是他终生信奉的格言。无论在政治上、工作上和生活上,他都坚持真诚、实在的原则。凡是他认为有利于国家和人民的观点,都敢于坚持到底;他认为错误的东西,都明确地表示反对。

1992年,中科院高能物理所为赵忠尧九十岁寿辰举行庆祝会,李政道到会祝贺

20世纪50年代初抗美援朝战争时期,群众对美帝国主义怀有强烈的敌对情绪。有些偏激的青年人甚至说,资本主义国家发展科学的目的也是杀人。赵忠尧不赞成这种说法,当场反问:"难道发明青霉素也是为了杀人吗?"他认为科学家与当权的帝国主义分子是不能混为一谈的。

赵忠尧待人诚恳、谦虚，关心青年人的成长。工作中，他把握方向，放手让年轻人干，注意发挥他们的积极性和主动性，培养他们的独立工作的能力。他平易近人，青年人向他提问题，他总是不厌其烦地解释清楚。他对青年人要求十分严格，他一丝不苟的精神给大家留下了深刻的印象。在实际工作中，他培养了一大批科研骨干，深受物理学界人士的爱戴。

赵忠尧从不把自己的工作建立在热情的幻想上，而是力求一点一滴的实际进步。在20世纪50年代中期讨论建造我国自己的加速器时，他从我国的经济实力出发，主张先建一个在科研上有用，但能量较低的加速器，以便取得经验。

赵忠尧认为实验是物理学发展的源泉，因此十分重视学习实验技术和培养自己的动手能力。他工作起来细致、踏实、严谨，做什么都喜欢自己动手。进实验室和看文献资料，是他的两大乐趣。

在庆祝赵忠尧从事科研和教育工作58周年的报告会上，他激动地讲道："由于我的才能微薄，加上条件的限制，我的工作没有多少成绩。唯一可以自慰的是，五六十年来我是在为祖国兢兢业业地工作着，没有虚度光阴。……希望组织和老朋友们不断给我以鞭策。"这是一个老科学家的心声。他殷切地希望无私有为的青年再接再厉，把祖国建设得更加繁荣富强。

（郑文莉　毛振麟）

赵忠尧主要著作：

1. C. Y. Chao（赵忠尧）：The problem of the ionized hydrogen molecule, *Proc. Nat. Acad. Sc. Amer.*, **15**（1929）558~565.

2. C. Y. Chao: The absorption coefficient of hard γ-rays, *Proc. Nat. Acad. Sc. Amer.*, **16**（1930）431~433.

3. C. Y. Chao: Scattering of hard γ-rays, *Phys. Rev.*, **36**（1930）1519~1522.

4. C. Y. Chao: Kurze Oriqinalmitteilungen, *Die Naturwissenschaften*, **19**（1931）752.

5. C. Y. Chao: The absorption and scattering of hard γ-rays, *Sc. Report Tsing-Hua Univ.*, **1**（1932）159~176.

6. C. Y. Chao: The abnormal absorption of heavy elements for hard

γ-rays, *Proc. Roy. Soc.*, **A135**（1932）206~211.

7. C. Y. Chao and T. T. Kung（龚祖同）: Interaction of hard γ-rays with atomic nuclei, *Nature*, **132C**（1933）709.

8. C. Y. Chao and T. T. Kung: Interaction of hard γ-rays with atomic nuclei, *Acta Physica Sinica*, **1**（1934）56~65.

9. C. Y. Chao and C. Y. Fu（傅承义）: The resonance absorption of neutrons, *Sc. Report Tsing-Hua Univ.*, **3**（1936）451~455.

10. C. Y. Chao and C. Y. Fu: The resonance levels of neutrons in silver nuclei, *Acta Physica Sinica*, **2**（1936）135~145.

11. C. Y. Chao and C. Y. Fu: Resonance levels of neutrons in silver nuclei, *Nature*, **139**（1937）325.

12. C. Y. Chao and T. H. Wang（王大珩）: Spacing of the resonance neutron levels of silver, rhodium and bromine nuclei, *Nature*, **140**（1937）768~769.

13. C. Y. Chao: Nuclear level spacing deduced from the resonance absorption of neutrons, *Sc. Report Tsing-Hua Univ.*, **4**（1941）257~267.

14. C. Y. Chao: Mixed cosmic ray showers at sea level, *Phys. Rev.*, **75**（1949）581~590.

15. C. Y. Chao, T. Lauritsen, V. K. Rasmussen: High energy gamma-radiation from Be^9+D^2, *Phys. Rev.*, **76**（1949）582.

16. C. Y. Chao, A. V. Tollestrup, W. A. Fowler: Low energy alpha-particles from fluorine bombarded by protons, *Phys. Rev.*, **79**（1950）108~116.

17. C. Y. Chao: The angular distributions of the alpha-particles and of the gamma-rays from the disintegration of fluorine by protons, *Phys. Rev.*, **80**（1950）1035~1042.

18. 周德邻、毛振麟、赵忠尧等:《6.8 MeV质子对，Cr, Co, Ni, Cu, Zn的弹性散射》,《物理学报》, 1960年第16卷, 第413~421页。

19. 叶铭汉、孙良方、赵忠尧等:《质子静电加速器》,《物理学报》, 1963年第19卷, 第60~69页。

20. 叶铭汉、夏广昌、赵忠尧等:《Na^{23}（p, d）Na^{22}反应的两个很靠近的共振能级》，《物理学报》，1964年第20卷，第728~730页。

21. 赵忠尧、郑林生、张宗烨等：《低能原子核物理学的发展》，《科学通报》，1965年，第659~663页。

22. 毛振麟、梁文学、赵忠尧等：《C^{12}（d，p）C^{13}，Ca^{40}（d，p）Ca^{41}基态反应质子的角分布》，《物理学报》，1966年第22卷，第440~448页。

23. 姜承烈、余泮水、赵忠尧等：《C^{12}（d，p）C^{13}和Ca^{40}（d，p）Ca^{41}，基态反应质子极化的研究》，《物理学报》，1966年第22卷，第554~568页。

赵忠尧的回忆

一、中学和大学时期（1916~1925）

我出生于20世纪初叶。20世纪是一个斗争激烈、变革迅速的世纪。我自幼身体孱弱，自感不能适应激烈斗争的行列，决心听从先父教训，刻苦学习，打好基础，以备日后做一个有用于社会的人。

我出生时，母亲已46岁。父母亲老年得子，又加我身体弱小，对我管教格外严厉。上小学时，父母不许我上体操课，我的体操成绩因此总是零分。到了中学，他们也从不让我参加爬山、游泳等活动，我从小只是体育场边的观众。50多岁时，我才迫切感到锻炼身体的需要，开始学游泳、滑冰，虽然晚了一些，仍然受益匪浅。

父亲早年自学医道，行医为生。他看到社会上贫穷落后、贫富不均的现象，常想为国出力，又感知识不足，力不从心。因此，他只望我努力读书，将来为国为民出力。我依照父亲的教导，脑中无非是我国古代先哲名言，再加西方革新思想，可以总结为爱国主义。

15岁那年进入诸暨县立中学读书。在学校里，我的学习兴趣颇广，文理科并重。记得国文老师常给我额外布置读些古文，使我受益不少，可惜以后未能在这方面进一步深入。但数理化等科目中的科学道理，更能吸引我的求知欲望。

四年后中学毕业，按照父亲的意思和个人的兴趣，我选择报考了完全免费的南京高等师范。1920年秋我进入数理化部就读时，南京高师正在扩建为东南大学，数、理、化三系均属于当时的文理科，此外还有农、工、商等科。为了获得较多动手做科学实验的机会，加之当时化学系有孙洪芬、张子高、王季梁等诸位教授，师资力量较强，我选择了文理科的化学系。但在学习中，我一直对数学、物理的课程也同样重视。这倒为我日后担任物理助教，并进而转入物理界打下了基础。

刚进大学时，由于在县立中学英文底子较薄，确实花了一番力气。高师一年级的物理课程选用R.密立根和盖尔（Gale）两教授合编的英文物理课本 *First Course in Physics*。一些从市立中学来的同学在中学里就已学过这个课本，而我边查字典边学习，很是吃力。但过了一个多月，我已能适应新环境，不再为英文的物理课本发愁了。由此可见，外语虽是入门必不可少的工具，但起主要作用的归根结底还是对于学科本身的掌握程度。1924年春，我便提前半年修完了高师的学分。当时因父亲去世，家境困难，我决定先就业，同时争取进修机会。东南大学物理系正好缺少助教，学校根据我在校的物理成绩，让我担任了物理系的助教。我一面教书，一面参加听课和考试，并进入暑期学校学习，次年便补足高师与大学本科的学分差额，取得了东南大学毕业资格。

1925年夏，北平清华学校筹办大学本科，请叶企孙教授前往任教。由于我在东南大学曾担任他的助教，准备物理实验，两人相处很好，他便邀我和施汝为一同前往清华。叶企孙教授为人严肃庄重，教书极为认真，对我的教学、科研都有很深的影响。在清华，我第一年仍担任助教，第二年起任教员，负责实验课，并与其他教师一起，为大学的物理实验室制备仪器。当时国内大学理科的水平与西方相比尚有不少差距。我在清华任教期间，得有机会自习，补充大学物理系的必修课程，达到国外较好大学的水平，还和学生们一起读了德文，听了法文。

看到国内水平与国外的差距，我决定争取出国留学。当时，清华的教师每六年有一次公费出国进修一年的机会。但我不想等这么久，于是靠自筹经费于1927年去美国留学。除过去三年教书的工资节余及师友借助外，又申请到清华大学的国外生活半费补助金每月40美元。

二、在美国留学时期（1927~1931年冬）

到美国后，我进入加州理工学院的研究生部，师从R. A.密立根教授进行实验物理研究。

第一年念基础课程，并顺利通过了预试。由于导师密立根教授根据预试成绩给中华教育文化基金董事会的有力推荐，以后三年，我都申请到每年1000美元的科研补助金，便把原来清华大学的半费补助金转给了别的同学。

密立根教授起初给我一个利用光学干涉仪的论文题目。直接指导这项工作的研究员人很和气，他善意地告诉我：这个题目需要的仪器业已大部准备好，只需测量光学干涉仪上花纹的周年变化，两年内得出结果，就可以取得学位。我感到这样的研究过分顺利，恐怕不能学到很多东西。我之所以远涉重洋，是想尽量多学些科学方法和技术，而学位是次要的。我准备把这个意思告诉密立根教授，问他能否换一个可以学到更多东西的题目。周围的人听说我要找导师换题目，都有些为我担心。其实，密立根教授尽管感到意外，但还是给予照顾。过了一些日子，他给我换了一个题目"硬 γ 射线通过物质时的吸收系数"，并说："这个题目你考虑一下。"说是这么说，这次实际上是不容我多考虑的。偏偏我过分老实，觉得测量吸收系数还嫌简单，竟回答说："好，我考虑一下。"密立根教授一听，当场就发火了，说道："这个题很有意思，相当重要。我们看了你的成绩，觉得你做还比较合适。你要是不做，告诉我就是了，不必再考虑。"我连忙表示愿意接受这个题目。回想起来，密立根教授为我选择的这个题目，不仅能学到实验技术，物理上也是极有意义的。这一点，我日后才逐渐有深刻体会。

到加州的第二年，我便开始作硬 γ 射线吸收系数的测量。当时，人们认为 γ 射线通过物质时的吸收主要是自由电子的康普顿散射所引起的。用于计算吸收系数的克莱因-仁科公式当时刚刚问世。密立根教授让我通过实验测量，验证这一公式的正确性。我所用的 γ 射线是 ThC" 所放出的能量为 2.65 MeV 的硬 γ 射线。实验室工作紧张时，我们这些做实验的人常常是上午上课，下午准备仪器，晚上趁夜深人静，通宵取数据。为保证半小时左右取一次数据，不得不靠闹钟来提醒自己。

但是，当我将测量的结果与克莱因-仁科公式相比较时，发现硬 γ 射线只有在轻元素上的散射才符合公式的预言，而当硬 γ 射线通过重元素，譬如铅时，所测得的吸收系数比公式的结果大了约 40%。1929 年底，我将结果整理写成论文。但由于实验结果与密立根教授预期的不相符，他不甚相信。文章交给他之后两三个月仍无回音，我心中甚为焦急。幸而替密立根教授代管研究生工作的 I. S. 鲍文教授十分了解该实验从仪器设计到结果分析的全过程，他向密立根教授保证了实验结果的可靠性，文章才得以于 1930 年 5 月在《美国国家科学院院刊》上发表。当我在加州作硬 γ 射线吸收系数测量时，英、德两国有几位物理学家也在进行这一测量。三处同时分别发现了硬 γ 射线在重元素上的这种反常吸收，并都认为可能是原子核的作用所引起的。

吸收系数的测量结束后，我想进一步研究硬 γ 射线与物质相互作用的机制，打算设计一个新的实验，观测重元素对硬 γ 射线的散射现象。与鲍文教授商量时，他说：“测量吸收系数，作为你的学位论文已经够了，结果也已经有了。不过，如果你要进一步研究，当然很好。"当时虽然离毕业只有大半年时间了，但由于有了第一个实验的经验，我还是决心一试。我于1930年春天开始用高气压电离室和真空静电计进行测量。没想到，一开始就遇到了问题：那时，德国的霍夫曼（Hoffmann）教授发明了一种真空静电计，加州理工学院的工厂仿制了一批。这种静电计中有一根极细的白金丝，是用包银的白金丝拉制后，再将外面的银用酸腐蚀掉制成的。白金丝的上端通过一个焊接点和电离室的中心电极相连，下端连接指针。可是，接通电源后静电计的指针甚至十几分钟后还达不到稳定点。密立根教授对我和另外两位用这种静电计的学生说："这种新产品我也没有用过，你们应设法解决这个问题。"起初，大家都以为是环境的振动引起指针的不稳定，想了各种办法防止振动，甚至把静电计的支架用弹簧挂住，放在四个网球支撑的平板上，但都是枉然。后来我想到，指针达不到稳定值，可能是因为导电不良。于是我在焊接处滴了一些导电的碳制黑墨水，指针立即变得很灵活，总算解决了这一难题，并开始测量电离电流。由于反常吸收只在重元素上被观测到，我决定选择铝与铅为轻、重元素的代表，比较在这两种元素上的散射强度。这个实验一直忙到当年9月才算结束，准备好久的暑期旅行因此取消。可测得的结果如此有趣，足以补偿放弃休息的损失。

我的这个实验结果首次发现，伴随着硬 γ 射线在重元素中的反常吸收，还存在一种特殊辐射。由于电离电流很弱，要将特殊辐射与本底分开是很困难的。康普顿散射主要在朝前方向，朝后的部分不仅强度弱，并且能量也低，因而在朝后方向观测到的特殊辐射信号最清楚。我不仅测得了这种特殊辐射的能量大约等于一个电子的质量，而且还测出它的角分布大致为各向同性。我将这一结果写成第二篇论文《硬 γ 射线的散射》，于1930年10月发表于美国的《物理评论》杂志。

说来有趣，一直到我的论文结束时，密立根教授还记得我挑论文题目的事。在评议论文时，还在教授们面前讲我的笑话，说："这个人不知天高地厚，我那时给他这个题目，他还说要考虑考虑。"惹得同事们善意地哈哈大笑。不过，他们对我的论文是满意的。后来，密立根教授在他1946年出版的专著《电子、质子、光子、中子、介子和宇宙线》中还多处引述了我论文中的结果。

反常吸收和特殊辐射揭示了一种新的相互作用机制。但是，当时还不能认识到这些现象的具体机理。与我同时在加州理工学院攻读博士的还有C. D.安德逊，他对这些结果很感兴趣。我们也曾谈起，应当在云室中做一做这个实验，可惜后来这个想法未能实现。直到1932年，安德逊在宇宙线的云雾室照片中发现了正电子径迹，人们才逐步认识到：三个实验组同时发现的反常吸收是由于部分硬γ射线经过原子核附近时转化为正负电子对；而我首先发现的特殊辐射则是一对正负电子湮灭并转化为一对光子的湮灭辐射。

关于人们对我这部分工作的评价，还有一段曲折的经历。比较起来，我所作的第二个实验的难度比第一个大，因为散射的强度很弱，测量时需要极大的耐心与细心。由于我选用了高压电离室和真空静电计进行测量，本底比较少，涨落也小，因而结果比较稳定和干净；但是在我的论文发表后的一两年内，其他人重复这一实验时，用盖革计数器进行测量，也没有用高压电离室，本底与涨落都比较大，得到相互矛盾与不确定的结果。这些矛盾一度引起人们认识上的混乱。至于论文本身，可惜写得太简短，与它所包含的内容不甚相称，加上布莱克特与欧查里尼在他们的论述《电子对湮灭》的著名论文中引述我的工作时，发生了不应有的错误（引用时将1930年发表误写为1931年）。由于这种种历史的原因，我的这些工作一直没有得到应有的重视。从1983年起，杨振宁教授花了不少精力，收集整理资料，写成文章发表，帮助澄清了这段历史。我十分感激杨先生为此所作的这许多努力。

在美国的这段生活中，还有一件值得一提的事情。我从小身体瘦弱，缺少锻炼，所以体力不足，双手操作不灵。自己感到，无论为科学实验的需要，还是为健康的需要，都必须加强体力活动。时值在美国市场上，见到破旧汽车非常便宜，即以25美元的代价购得一辆破旧汽车，在课余时间学习简单的汽车修理和驾驶。对于一辆破旧的汽车，自然说不上需要和消遣。凡休息日，我常常满身油污，仰卧于汽车下面，拆拆装装。我在修理汽车的过程中，不但锻炼了动手能力，还有在辛苦以后获得的欣慰。另一个意外的收获是，因此得到一个乐于助人的朋友A.豪义特（Hoyt）。我们从谈汽车开始，谈到风俗人情、科学研究。说这是我在美国除了关于论文所受的指导以外最大的收获，一点也不夸大。可惜在我回国之后不久，他因病去世，这是我莫大的遗憾。

三、从清华大学到西南联大（1932～1945）

"九一八"事变充分暴露了日本军国主义吞并整个中国的野心。当时我尚在国外，国难当头，心中焦虑，决心尽速回国。个人原打算专心于教学与科研，为国家

饶毓泰　吴有训　叶企孙　朱物华　**赵忠尧**　周培源　霍秉权
郑华炽　孟昭英　吴大猷　张文裕　王竹溪　马仕俊

作点贡献。可面对凶狂的敌人，科学救国、工业救国都不能应急，只能先回到清华大学任教，把大部分时间用在教学和科研上，并尽一切可能探索为国效劳的道路。

当时，清华大学正在成长过程中，师生全都非常积极。叶企孙教授从理学院调任校务委员会主任，由吴有训教授接任理学院院长，我曾一度接任物理系主任[①]。系里还有萨本栋、周培源等多位教授。这个时期，在极为简陋的条件下，为努力办好物理系，大家齐心协力，进行教学和科研，实为难得。科研方面，各人结合自己专业开展研究，气氛很好。我在德国时，还联系聘请了一位技工来清华，协助制作如小型云雾室等科研设备。我们自己动手制作盖革计数器之类的简单设备，还与协和医院联系，将他们用过的氡管借来作为实验用的放射源。我们先后在 γ 射线、人工放射性、中子共振等课题上做了一些工作。之后，由于日寇的步步进逼，大部分国土沦陷，清华大学南迁，研究工作不得已而中断。

除科研教学外，我日夜苦思焦虑，想找出一条立即可以生效的救国道路。我曾尝试了多种途径：科学救国，平民教育，工业救国等等。但出于个人出身及身体等条件的限制，所选择的多为改良的道路，始终未能投身于革命的洪流。与付出的努力相比，收效甚微。尽管碰了不少钉子，但毕竟身体力行，尽了努力，从各个方向试着去做一点于国家、民族和老百姓有益的事。

那时有位搞社会教育的晏阳初先生，对平民教育很热心，在河北定县农村搞了一个平民教育的实验点。我利用暑假去定县参观，既了解到中国农村的贫穷困苦，又看到那里缺少文化，急待改造。虽然这种投入甚微，但对我触动很大，对我以后参加办铅笔厂，替国家采购仪器、部件，加工设计等都是有影响的。我去做这些事，都是经过考虑的，都是克服了困难，尽力去办好的。不久，华北沦陷，平民教育的路也没有了。

抱着工业救国的良好愿望，我又想结合出国数年积累的经验，在国内仅有的少数企业中寻觅伙伴，探索技术，创办小型的国产工业。经过反复酝酿，我联合叶企孙教授和施汝为、张大煜等少数友人，拿出自己的工资积余，决定集资创办一个小小的铅笔厂。建铅笔厂所需技术与投资都在力所能及的范围内，大家不以盈利为目的，小则可以发展实用科学，大则创办国产工业，以此作为从事实际生产，为国出力的起点。我们力求在国内完成整个生产过程。除从国外购进必要的机器设备外，我还与郭子明等几位技工进行削木头、制铅芯等必需的工艺实验，先后经历了不少困难。由于当时

---

① 编者注：根据档案资料，吴有训1937年1月接任理学院院长，叶企孙仅短期（在校长暂缺时）以校务委员会主任身份主持校务，不能算调任。赵忠尧没有正式担任系主任，恐系短期代理。

国难当头，这个厂能在困难中办起来，全赖大家的爱国热情所支持。厂址原定在北京，后由于日寇步步进逼，只得改建在上海。厂名定为"长城铅笔厂"，"长城牌"铅笔由此问世。由于资金薄弱，缺乏管理经验，加上政局动荡，我们又远在北京或西南内地，对于具体管理鞭长莫及，真是难上加难。工厂几经盛衰起落，能渡过抗战，一直坚持到胜利，实在不容易。新中国成立后，这个厂改建成"中国铅笔厂"。20世纪50年代，"长城牌"铅笔改名为"中华牌"，工厂也得到很大发展。这样，20世纪20年代开始生产的"长城牌"铅笔总算没有中途夭折。

1937年"七七"事变之后，北平无法安身，我们全家便辗转南下到昆明。第二年，清华、北大、南开三校共同在昆明成立了西南联大，我便在那里任教，前后待了八年之久。这期间，除了教学之外，我还与张文裕教授用盖革-密勒计数器做了一些宇宙线方面的研究工作。可是，随着战局紧张，生活变得很不安定。由于物价飞涨，教授们不得不想办法挣钱贴补家用。我想办法自制些肥皂出售，方能勉强维持。日寇飞机狂轰滥炸，师生们早上骑着自行车去上课，课程进行中，警报一响，大家立即把书夹在自行车后，骑车去找防空洞。家人则更是扶老携幼逃往城外。开始人们以为安全的城墙根很快被炸为废墟，华罗庚先生甚至被爆炸的土块埋住后逃生。尽管如此，西南联大聚集了各地的许多人才，教学工作在师生的共同努力下一直坚持进行，也的确培养出不少新生力量。

1945年冬，我应中央大学吴有训校长邀请，离开西南联大，赴重庆担任了中央大学物理系主任。

四、第二次去美国时期（1946~1950）

1946年夏，美国在太平洋的比基尼岛进行原子弹试验。国民党政府派两个代表前去参观。我受中央研究院的推荐，作为科学家的代表。那时中央研究院的总干事萨本栋先生筹了5万美元，托我在参观完毕以后，买回一些研究核物理用的器材。因为钱数实在太少，完成这项任务是很难的事，不过有总比没有好。核物理在那时是一门新兴的基础学科，国家总是需要它的，所以我就答应在指定的财力范围以内，以最经济的办法，购买一些对于学习原子核物理最有用的器材。就当时情况，经济的限制是压倒一切的。全部的财力是准备用于购买核物理器材的5万美元和以后托管购买其他学

创造物理教育奇迹的大师

饶毓泰 吴有训 叶企孙 朱物华 **赵忠尧** 周培源 霍秉权
郑华炽 孟昭英 吴大猷 张文裕 王竹溪 马仕俊

科器材的经费7万美元。个人的生活费实报实销，谈不上薪给。由于经费紧张，我在吃住方面尽量节省，每年开支2000美元。这是很难与当时公派出国人员每年1万美元的生活水平相比的。此外，在个人控制下的还有回国的航空旅费和头三个月出差费的余数而已。开展核物理研究，至少需要一台加速器，而当时订购一台完整的200万电子伏的静电加速器要40万美金以上。很明显，在这样的条件下，不可能购买任何完整的设备。经与友人多次商讨，唯一可行的办法是，自行设计一台加速器，购买国内难于买到的部件和其他少量的核物理器材。当然，这是条极为费力费时的路。

照这个计划，我首先在麻省理工学院电机系静电加速器实验室学习静电加速器发电部分和加速管的制造。该实验室主任屈润普（Trump）热心而又和气，十分支持我的工作，为我想了好多办法。他让我利用他们的资料，还介绍给我另一位专家，帮我解决问题。他又将实验室里准备拆去的一台旧的大气型静电加速器转给我作试验用。后来，1986年我国原子能研究院从美国购买的串列式静电加速器就是屈润普教授他们的公司供应的。在麻省理工学院加速器实验室待了半年以后，为了进一步学习离子源的技术，我转去华盛顿卡内基地磁研究所访问半年。那里有两台质子静电加速器和一台回旋加速器在工作，学习的环境也很好。当时，毕德显先生正准备回国，我挽留他多待半年，一起继续静电加速器的设计，并采购电子学及其他零星器材。毕德显先生为人极为忠厚，工作踏实，又有电子技术方面的实践经验，对加速器的设计工作起了很大作用。半年以后，为了寻觅厂家定制加速器部件，我又重返麻省理工学院的宇宙线研究室，因为我对宇宙线研究有兴趣，该研究室主任B.罗西（Rossi）人又很和气，欢迎我在他那里工作。罗西教授是意大利人，他很了解我的工作。1952年他的第一本专著《高能粒子》中就引用了不少我拍的云雾室照片。我当时联系定做加速器的各种部件，需要打听情况，麻省理工学院附近有好多朋友可以帮忙。由于这些难得的有利因素，我就决定暂时留在麻省理工学院，直到采购器材的任务结束。加速器上的机械设备，那是特种型号，每种用量不大，加工精度要求又高，好的工厂很忙，不愿接受这种吃力不讨好的小交易。我为此奔走多日，有时一天要跑十几处地方，最后联系到一个开价较为合理的制造飞机零件的加工厂。这样，加速器运转部分、绝缘柱及电极的制造总算有了着落。与此同时，我还替中央大学定制了一个多板云雾室，并且买好了与此配套的照相设备。加上核物理实验及电子学器材，都是用手头那点钱购置的。这段期间，我曾在几个加速器、宇宙线实验室义务工作，以换取学习与咨询的方便。我的义务劳动也换得了一批代制的电子学仪器和其他零星器材，节约了购置设备的开支。制造和购买器材的工作前后花了整整两年时间。

1948年冬季，我结束了中央研究院所委托的购买简单的核物理实验设备的任务，原来预计即可回国。但那时国内战局急剧变化，中国人民解放军节节胜利，我想不如待局势平息之后，回国参加和平建设。再则，那时核物理是战争中崛起的学科，个人对于加速器上的实验亦没有经验，因此决定在美国再留些时间，多学些必要的实验技术，以备随时回国。我在十余年前曾在加州理工学院攻读博士学位，有不少师友，因此与他们相商，在加州理工学院从事短期研究工作。这时，加州理工学院有两台中等大小的静电加速器，具备研究核反应所需要的重粒子和β谱仪，正适合我们初学的借鉴。我在加州理工学院的开洛辐射实验室工作了近两年。

我第二次去美国期间，为了联系定制器材，曾先后访问了几个科学实验室，在那里短期做静电加速器实验，利用云雾室做了宇宙线实验。在这个过程中，与国外同行建立了学术上的友谊。可惜以后由于中美长期断交，一直不能得到进一步的发展。

在将主要精力用于定制设备的同时，我也抓紧时间在宇宙线及质子、核反应等方面开展了一些科研工作，终因精力有限，收效不大。有些人笑我是"傻瓜"，放着出国后搞研究的大好机会不用，却把时间用在不出成果的事上。好心的人也劝我："加速器不是你的本行，干什么白白地耗费自己的时间和精力呢？"如今我回首往事，固然仍为那几年失去了搞科研的宝贵机会而惋惜，但更为自己的确把精力用在了对祖国科学发展有益的事情上而自慰。

1949年，我开始做回国的准备工作。对我来说，最重要的自然是那批花了几年心血定制的加速器部件与核物理实验器材。不巧的是，我起先联系的是一个国民党官僚资本经营的轮船公司，货已经存到了他们联系的仓库里。为了将器材运回新中国，必须设法转到别的运输公司。我利用1949年至1950年初中美之间短暂的通航时期，设法将货取出来，重新联系了一个轮船公司，办理托运手续。没想到，联邦调查局盯上了这批仪器设备。他们不但派人私自到运输公司开箱检查，还到加州理工学院去调查。幸好，加州理工学院回答问题的杜曼（Dumand）教授为人正直，告诉他们这些器材与原子武器毫无关系。虽然如此，他们仍然扣去了部分器材。我特别感到可惜的是，他们扣下了四套完整的供核物理实验用的电子学线路。不仅因为这些线路正是我们所急需的，更重要的是因为这些线路是麻省理工学院宇宙线实验室罗西主任专门派人为我们焊接制造的。后来实在检查不出什么问题，联邦调查局又把这些扣下的器材运回加州理工学院。中美间恢复通信后，美国的同行科学家们还来信表示，器材由他们暂时代为保管，中美建交后就寄来给我。回想定制器材的前前后后，若没有这些国外同行的帮助和支援，这件事是很难办成的。我对联邦调查局私自开箱检查一事极为恼火，偏偏运输公司还找上门来，要我交重新包装的手续费。我当时就发火了："谁叫你们打开的你们向谁收！我的东西你们随便给人看就不对！"运输公司的人回答说："那是什么机关，能不让看吗？"是啊，这种事情是没有道理可讲的。想想只要器材能运回来，再付一次费用也只好算了。这样，我在美国定制的这批器材装了大小三十多箱，总算装船起运了。

1950年春天，我也准备返回祖国。但是，这时中美之间的通航却已中止了，我不得不想别的办法。取道香港很难得到英国签证，绕道欧洲又颇费时日。这时，一家轮船公司愿意帮忙办理香港的过境签证。经过五个月的等待，我与一批急于回国的留美人员终于得到了香港的过境签证，于8月底在洛杉矶登上了开往中国的"威尔逊总统号"海轮。可一上船，联邦调查局的人又来找麻烦，把我的行李翻了一遍，偏偏扣留了我最宝贵的东西：一批公开出版的物理书籍和期刊，硬说这些是"不需要的东西"。轮船终于开动了。我尽管可惜那些书籍，倒还庆幸自己得以脱身。

没想到，旅途的磨难还远没有结束。船到日本横滨，我和另外两个从加州理工学院回来的人又被美军便衣人员叫去检查，硬说我们可能带有秘密资料，随身行李一件件地查，连块肥皂也不放过，称之为"看起来像肥皂的一块东西"扣下待查。可惜我的工作笔记本都被抄走了，大件行李压在货舱里拿不出来，还要等空船从香港返回时再查。我们三个人就这样被关进了日本的巢鸭监狱。无论我们怎样提出抗议，得到的回答只是："我们执行华盛顿的决定，没有权力处理你们的事。"同时，台湾当局则派各种代表威胁劝诱，说只要愿意回美国或去台湾，一切都好商量。如此纠缠了两个月之久。我那时回国的决心已定，反正除了中国大陆我哪儿也不去，一一回绝了这些纠缠。只是不知事情还要拖多久，便决定利用在监狱里的空闲，找到一位同住的懂日文的中国难友当老师，上起了日文课。直到这一年11月中旬，在祖国人民和国际科学界同行的声援下，我们才获得释放，经香港回到祖国大陆。

五、在中国科学院工作的时期（1950年11月以后）

经历数月的磨难，我终于在1950年11月底回到解放了的新中国。回国时，我感到祖国一切都是新的，又受到了热烈的欢迎。自己向来未曾经过大的场面，又惭愧没有为人民做过多少事，心情很是兴奋与不安，只想尽快投入到具体工作中去，为新中国的科学发展出力。

1951年，我开始到中国科学院近代物理所工作。出于我感到自己更愿意也更适合做具体的工作，便决定留在了实验室，着手核物理实验方面的建设。

1953年，近代物理所从城里搬到中关村。那时中关村刚开始建设，一共只有一两座办公楼，仅有的几幢住宅周围都是耕地。当时国内物资非常缺乏，工作甚难开展。为了争取时间，培养干部，大家决心先就力所能及的范围，建立一个核物理和放射化学的实验基地，边干边学，逐步掌握理论和技术，到1954年初步建立了中关村的近代物理所工作基地。

我在美国费尽辛苦购置的一点器材，大部分都安全运回了国内。1955年装配完成的我国第一台700 KeV质子静电加速器，主要就利用了这些带回来的部件和器材。同时，我们还着手研制一台2.5 MeV的高气压型质子静电加速器。这段时期，虽然有时参加些国内外的社会活动，未能始终在实验室与大家共同工作，但回想起来，我仍庆幸自己及时回到祖国，参加了新中国最早的加速器的建造及核物理实验室的建立。

那时，研究所里调集了一批业务基础好又刻苦肯干的中青年科研人员，国家还从原南京中央研究院物理研究所等处调来了一批有经验的工人师傅，真是人才济济，朝气蓬勃。加速管的封接是建造加速器的关键步骤之一。我在美国期间，曾在麻省理工学院学习了这种技术。回国后，我与大家一起边干边摸索经验，从磨玻璃环开始，到涂胶、加热封接，每一步都精益求精。这台2.5 MeV高气压型的质子静电加速器终于在1958年建成。由于加速管和真空部件做得好，所封接的加速管这么多年没有坏，一直用到现在，质量比苏联进口的还要好。这在当时国内一穷二白的条件下，既无资料可查，又不能出国考察，的确不是一件容易的事。在建立实验室和研制加速器的过程中，我们不仅学习了真空技术、高电压技术、离子源技术、核物理实验方法，而且在工作中培养了踏实严谨、一丝不苟的科研态度，一批中青年科技骨干迅速成长起来。虽然现在这两台加速器几乎到了进博物馆的年龄，但在新中国成立初期，它们的确起过示范作用，不少人形容中关村分部是下蛋的老母鸡，这话也许并不为过。

20世纪50年代中期，我国向苏联订购一座原子反应堆、两台回旋加速器和若干测试仪器，并派遣一批中年骨干和青年学生前去学习。1956年，在北京远郊坨里兴建的"一堆一器"与中关村的基地合并成为原子能研究所，中关村部分称为原子能所一部，坨里部分为二部。中关村分部除于1958年建成一台质子静电加速器外，还着手研制电子直线加速器和进行其他探索性的工作。二部的回旋加速器建成后，我一度参加在回旋加速器上进行的质子弹性散射、氚核削裂反应等方面的研究工作。

另一方面，为了迅速扩大科研队伍，并提高队伍的素质，中国科学院于1958年建立中国科学技术大学，我兼任科大近代物理系的主任。由于有中国科学院各研究所的支持，科大的师资和设备都是第一流的，这是最优越的条件。记得那时，我的确花力气请了所内外不少第一流的专家来系里任教，学生的反映也很好。由于与研究所的联系密切，使近代物理系得以较快地建立起一个专业实验室，开设了 β 谱仪、气泡室、γ 共振散射、穆斯堡尔效应、核反应等较先进的实验。我们很注意培养方法，尽可能使学生在理论和实验两方面都得到发展。为了防止实验队伍中缺少理论人才，我们努力使理论、实验专业均衡发展。我们的努力得到了相当的收获，培养出一批理论和实验并重的人才。科大能在短短的时间内与国内一流大学获同等声誉，广大师生员工为此作出了艰巨的努力，回想起来绝非易事。

二十世纪五六十年代，我感到要开展国内的核物理研究工作，至少应对国外的发展情况有所了解，因此我很注意阅读国外书刊，在调研工作上花了不少时间，以了解学科发展动态。同时，我也经常考虑，如何从我国的经济实力出发，尽快发展国内的科研、教育事业，如何促进国内新型低能加速器的建立，为此也作了不少调研和努力。在这期间，我先后曾就建造串列式加速器、中能加速器、建立中心实验室、缩短学制、成立研究生部等许多与我国科学发展有关的问题向各级领导提出建议。可惜由于各种原因，大部分未能及时得到实现。直到"文化大革命"开始，我还天真地将自己对搞好科研工作的一些看法写成大字报，没想到自己不久就成了革命的对象，因"特嫌"而被隔离审查。"文化大革命"使我失去了精力、时间，给我的工作与生活带来了无法弥补的巨大损失。

被隔离审查期间，我对自己走过的道路重新进行了回顾与思考。我想，一个人能做出多少事情，很大程度是时代决定的。由于我才能微薄，加上条件的限制，工作没有做出多少成绩。唯一可以自慰的是，六十多年来，我一直在为祖国兢兢业业地工作，说老实话，做老实事，没有谋取私利，没有虚度光阴。

1973年，高能物理研究所成立，高能加速器的建造终于提到了议事日程。我尽管年龄大了，精力也不济了，但仍坚持尽量多参加些与高能所的建设有关的学术讨论、工作与会议。看着中国自己的高能加速器从破土动工、建成出束，到积累数据，看到一批中青年科技人员成长起来，队伍不断壮大，真是感慨万千。回想自己的一生，经历过许多坎坷，唯一希望的就是祖国繁荣昌盛，科学发达。我们已经尽了自己的力量,但国家尚未摆脱贫穷与落后,尚需当今与后世无私的有为青年再接再厉,继续努力。

(赵忠尧)

创造物理教育奇迹的大师
饶毓泰 吴有训 叶企孙 朱物华 赵忠尧 **周培源** 霍秉权
郑华炽 孟昭英 吴大猷 张文裕 王竹溪 马仕俊

一代宗师育桃李 近代力学奠基人：
物理学家、力学家周培源

周培源（1902~1993），著名力学家、理论物理学家、教育家和社会活动家，我国近代力学事业的奠基人之一，1955年当选中国科学院学部委员。他主要从事流体力学中的湍流理论和广义相对论中的引力论的研究。他奠定了湍流模式理论的基础，研究并初步证实了广义相对论引力论中"坐标有关"的重要论点。他培养了几代知名的力学家和物理学家。他在教育和科学研究中，一贯重视基础理论，同时关怀和支持新技术的研究。他在组织领导我国的学术界活动、推进国内外交流合作方面作出了重要贡献。

周培源

周培源，1902年8月28日出生于江苏省宜兴县（今属江苏省无锡市）的一个书香之家。父亲周文伯是清朝秀才。母亲冯瑛生有一子三女，周培源排行第二。

1919年，他考入清华学校中等科。学习期间，他对数学产生了浓厚的兴趣，并发表了论文《三等分角法二则》，受到当时数学教授郑之蕃（桐荪）的赞许。1924年，他由清华学校高等科毕业。同年秋天，周培源被清华学校派送去美国学习，经审查承认他在清华已修的部分学分，插班进入美国芝加哥大学数理系学习。由于他学习勤奋且成绩优秀，1926年春、夏两季分别获学士和硕士学位。之后，他又在芝加哥大学学了一个学季。

1927年，周培源入美国加州理工学院继续攻读研究生。他先师从贝德曼，后改从E. T.贝尔做相对论方面的研究，次年即获理学博士学位，并获得最高荣誉奖（Summa Cum Laude）。

1928年秋，周培源赴德国莱比锡大学，作为博士后在W. K.海森堡（Heisenberg）教授领导下工作。1929年，他又赴瑞士苏黎世高等工业学校，作为博士后在S.泡利

（Pauli）教授领导下从事量子力学研究。这两位教授在20世纪初量子力学的发展中都有奠基性的贡献。20世纪初，在整个物理学领域中，由于相对论和量子力学两个方向的诞生，产生了革命性的变化。周培源先在美国熟悉了相对论，并且进行过前沿的研究工作，而后又在欧洲，量子力学的发源地，在这两位大师领导下工作，使他对于新物理有了一个全面而深入了解。这对于他后来的研究和教学起着重要的作用。周培源于1929年回国，被聘为清华大学物理系教授，年仅27岁。

1932年，周培源与王蒂澂女士结婚，生有四个女儿。王蒂澂退休前，一直在清华大学附属中学教书。

1936年至1937年，根据清华大学休假规定，周培源再赴美国，在普林斯顿高等学术研究院从事理论物理的研究。其间，他参加了爱因斯坦教授亲自领导的广义相对论讨论班，并从事相对论引力论和宇宙论的研究。

当时美国国内急需科技人员，周培源一家刚入境，就收到移民局的正式邀请，给予全家永久居留权，周培源对此一笑了之。1937年，他假满回国。不久，抗日战争爆发。7月底，平津沦陷。8月，侵华日军开进了清华园。周培源受校长梅贻琦之托，安排学校南迁，曾先后任长沙临时大学和昆明西南联合大学物理系教授。在这期间，他抱着科学家应为抗战服务、以科学拯救祖国危亡的志向，毅然转向流体力学方面的研究。

1943年至1946年，周培源再次利用休假赴美国。他先在加州理工学院从事湍流理论研究，随后参加美国国防委员会战时科学研究与发展局海军军工试验站从事鱼雷空投入水的军事科学研究。

1945年末，第二次世界大战结束，鱼雷空投入水研究组的大部分人员被美国海军部留用，成立海军军工试验站，周培源也被邀留下。由于该试验站是美国政府的研究机构，应聘人员要有美国国籍。当时，周培源明确提出：不做美国公民，只担任临时性职务；次年即离美代表中国学术团体去欧洲参加国际会议。在美国有关方面接受了上述条件后，他在美国继续工作不到一年，于1946年7月离职去欧洲参加牛顿诞生300周年纪念会（牛顿诞生于1643年1月4日，因"二战"影响，推迟到1946年纪念）和国际科学联合会理事会。他还参加了在法国召开的第六届国际应用力学大会，并被这次大会以及会后新成立的国际理论与应用力学联合会选为理事。

1946年10月，周培源由欧洲重返美国，并于1947年2月与夫人携三个女儿全家返回上海。1947年4月回到北平，继续在清华大学担任教授。

1949年，中华人民共和国成立。周培源除在清华大学担任教授外，还兼任教务长、校务委员会副主任。

1952年，全国高等学校院系调整后，周培源转任北京大学教授、教务长。此后，他还相继担任过北京大学副校长、校长、党委副书记。1981年因年事已高，周培源主动辞去了校长职务。

1952年，他在北京大学领导创办了我国第一个力学专业，即北京大学数学力学系力学专业。此外，他还领导建造了北京大学直径2.25米的三元低速风洞。

1959年2月，周培源加入了中国共产党。

周培源是一位著名的社会活动家，他曾兼任过许多重要的社会职务。1955年，他当选为中国科学院学部委员，并曾任数理化学部的常务委员。1978年至1981年，任中国科学院副院长。1958年至1986年，先后任中国科学技术协会书记处书记、副主席、代主席、主席，后为名誉主席。1951年至1982年，任中国物理学会理事长，后为名誉理事长。1957年至1986年，任中国力学学会副理事长，后为名誉理事长。自1954年起，他先后任全国人民代表大会第一至第五届代表和人大常委会第五届委员，中国人民政治协商会议第三、四届全国政协常委会委员和第五至第七届全国政协副主席，中国人民外交学会副会长，中国波兰友好协会会长，中国人民争取和平与裁军协会会长，九三学社主席等。

由于周培源在科学研究、教学和社会活动中取得的成就，他受到国内外科学界和教育界的尊敬。1980年，美国普林斯顿大学授予他名誉法学博士学位。1980年和1985年，他曾两次获美国加州理工学院"具有卓越贡献的校友"奖。

1993年11月14日在北京逝世，享年91岁。

周培源是一位杰出的科学家。他将自己大部分的精力献给了力学与理论物理中两个十分困难的领域：湍流理论和广义相对论。他先后发表了数十篇论文，在这两个领域中都取得了世人瞩目的成就。

一、在广义相对论的研究中，他是一位"坐标有关论者"

爱因斯坦的广义相对论学说1916年发表后，在全世界迅速传播。在中国，早期传播相对论的有夏元瑮等物理学家，然而深入研究爱因斯坦的学说并独树一帜的，周培源是第一位。

周培源对广义相对论产生兴趣，应追溯到1926年他在芝加哥大学求学时期，以后的60年中他一直在这个领域内执著地探索着。

广义相对论在物理上取得了许多辉煌成就，但从一开始就存在着一个困难：表达引力场的方程是一个包含10个二阶非线性偏微分方程的方程组，而这10个方程之间又存在着4个独立的非线性偏微分方程组所组成的恒等式，也称为比安基（Bianchi）恒等式，这就使得只用引力方程得不到10个引力函数的确定解。

周培源一进入相对论领域便抓住这个难题，主张引进另外的物理条件才能求出引力函数的确定解。沿循这个思路，周培源在20世纪20年代用引入新物理条件的办法获得了轴对称静态引力场的若干解，以后又于30年代在引入各向同性条件下，求得了与静止场不同类型的严格解。

与此同时，国际上的同行学者为了克服上述困难，采用坐标变换的方法来减少引力函数的数目。但这种方法只能求出一种常微分方程的特殊引力场——球对称静态引力场的严格解，例如史瓦西（Schwazchild）解，而对众多的其他物理问题仍然束手无策。沿着这条思路求解引力场方程的相对论研究者，在国际上称为"坐标无关论者"，他们主张坐标在引力论中无关紧要。

与此相反，周培源从一开始进行引力论研究时，就认为坐标是有物理意义的，因此他是一位"坐标有关论者"。

"坐标有关论者"在一些特殊问题上，引进谐和条件以求解引力场方程的做法，可以追溯到1919年爱因斯坦本人。他引进谐和条件的近似式来求解线性化了的引力场方程，从而获得了引力波解，预言了引力波的存在。后来，德·东德（de Donder）将谐和条件严格化。1923年，郎曲斯（Lanzos）曾用这一条件得到了球对称静态引力场的解。

1979年，沿着这条思路，周培源把严格的谐和条件作为一个物理条件添加进引力场方程中，和他在北京大学的同事以及他在高能物理所的学生一起，于1980年至1990年之间发表了多篇论文，其中包括无限平面、无限长杆、围绕无限长杆作匀速转动的稳态解和严格的平面波解。

面对当前存在的两个解，即坐标无关论者的史瓦西解和坐标有关论者的郎曲斯解，从20世纪70年代开始，周培源和他的学生李永贵开始从事测量与地面垂直和与地面平行的两种光速的比较实验，希望回答两种解中哪一种更符合实际。理论上，史瓦西解得到的两种光速的一级近似之差与光速之比为7×10^{-10}，而郎曲斯解的这一比值为零。目前，李永贵所获得的这个比值在准确到10^{-9}时表明：两种光速是相等的。为了取得更高一级的近似，这个实验应当继续进行下去。因为这是"坐标有关论者"同"坐标无关论者"两种理论较量中的关键性实验，它的进一步结果，将是整个物理界所关心的。

在应用广义相对论于宇宙论方面，周培源于1939年证实了在均匀性或各向同性的条件下，可以将过去常用的宇宙度规（Friedman度规）简化，并使求解问题大大简化。1987年，周培源和他的研究生黄超光将谐和条件用于宇宙论，得到了新的结果。他们用引力场中的电磁理论来计算宇宙中后移星系辐射光的强度，由此导出新的红移关系与该星的质量有关。

二、湍流模式理论的奠基人

周培源是我国湍流理论研究的领头人。在世界强手如林的湍流研究队伍中，他积数十年之成果，形成了自己独立的理论体系，受到国际上的重视。

他把主要精力转向于湍流研究是从1938年开始的。当时，他暂时搁下了从事多年的宇宙论的研究，而将主要精力放在湍流上。

流体的湍流运动在自然科学史上一直是困惑许多杰出科学家之谜。流体运动的基本方程纳维—斯托克斯（Navier-Stokes）方程（简称N-S方程）虽然早在1821年就建立了，但却一直未能从它求出描述湍流运动的解来。1895年，英国雷诺（Reynolds）发现不可压缩流体充分发展了的湍流运动可以分解为平均运动和脉动运动两部分，并从N-S方程用平均方法导出了湍流平均运动方程。但这组方程是不封闭的。在周培源之前，人们总是从这组方程出发，引入脉动量、平均流速对空间坐标的梯度有关的各种假设使方程闭合，来求解流体的平均速度。

周培源在国际上最早考虑脉动方程（即N-S方程与平均运动方程之差），并由这组方程导出二元和三元速度关联函数所满足的动力学方程，再引进必要的假设来建立湍流理论。1940年，根据这一模型，他对一些湍流问题做了具体计算，其结果与当时的实验吻合得很好。

1945年，周培源在论文《关于速度关联和湍流涨落方程的解》中提出了两种求解湍流运动的方法：一种是把平均运动方程和关联函数所满足的方程逐级近似求解；另一种是将平均运动方程与脉动方程联立求解。由于这组方程的高度复杂性，在20世纪40年代，要联立求解是不可能的，但他的这种思路却为湍流研究者开辟了崭新的途径。上述第一种解法奠定了国际上称为"湍流模式理论"的基础，在国际上被誉为"现代湍流数值计算的奠基性工作"。近数十年的发展，由于高速电子计算机计算能力的扩大，愈益显示出它的重要性。世界各国不少人沿循他的方法进行开拓，形成了"湍流模式理论"流派。

20世纪50年代，周培源利用一个比较简单的轴对称涡旋模型作为湍流元的物理图像来说明均匀各向同性的湍流运动。利用湍流衰变后期雷诺数比较小的特点，周培源和他的学生蔡树棠得到了最简单的均匀各向同性湍流的后期衰变运动的二元速度关联函数，在这一思路的基础上，他的学生黄永念用同样的方法，得到了均匀各向同性湍流三元速度关联函数。十年以后，这个三元速度关联函数被佩纳特（Bennett）与柯尔辛（Corsin）的实验所证实。

与此同时，周培源还与他的学生是勋刚、李松年对高雷诺数下（即衰变初期）的均匀各向同性的湍流运动进行了研究，得到了与实验符合的均匀各向同性湍流在早期衰变运动的二元和三元速度关联函数。

为了统一湍流在初期和后期衰变的模型，1975年周培源提出"准相似性"的概念及与之相适应的条件。他与黄永念把这两个不同的相似性条件统一为一个确定解的物理条件——准相似性条件。这个条件在1986年由北京大学湍流实验室魏中磊、诸乾康、钮珍南和俞达成的实验所证实，从而在国际上第一次由实验确立了从衰变初期到后期的湍能衰变规律和微尺度扩散规律的理论结果。其后，周培源又与黄永念计算得到衰变各期的能谱函数、能量传递函数等。这些结果都得到国际同行的称赞。

1956年9月，周培源率中国代表团赴布鲁塞尔出席第九届国际理论与应用力学会议。前排左三为冯·卡门，右三周培源，二排左一为钱伟长，右一为郑哲敏

20世纪80年代之后，周培源又将所取得的结果与准相似条件推广到具有剪切应

力的普遍湍流运动中去，并引进新的逼近求解方法，得到了新的结果。

为了表彰周培源1950年之后在湍流领域里取得的重大研究成果，1982年国家科委授予他自然科学二等奖。对于这个奖项的申报，开始周培源先生并不知道。知道后他说不要申请，他还要再做一些工作，取得一些新的成果。但是力学系的同志坚持上报，最后周培源先生同意了。但是他给直接领导评奖工作的钱三强同志写信，明确表示：一等奖应该授予王淦昌、陈景润等同志，他的"湍流理论"得个二等奖比较合适。他写道："即使将来再做一些工作并取得一些新的结果，我想也只能授予二等奖，因为从大的原则来讲，这还在牛顿力学的范围之内，而不能算是重大的原则性问题。"周培源先生这种极端负责、实事求是的精神受到了科学界的高度赞赏。

周培源除了从事理论研究外，对有关的测量仪器的研制和实验设备的建设也十分关心和支持。数十年来，北京大学湍流测量仪器与实验设备的研制建设工作一直得到他的指导和鼓励，取得了多项重要成果。

周培源以"独立思考、实事求是、锲而不舍、以勤补拙"这十六个字总结了他所从事的科研活动。在关键性的科学问题面前，他从不随波逐流。当陈伯达特地到北京大学找他，要他批判相对论时，他敢于当面提出不同意见。在1958年宣传亩产粮食数万斤的浮夸风中，他认为这些都是不符合科学事实的，因此他从不随声附和。

他坚持两个领域中的难题研究，跨越半个世纪之久，克服了重重困难，取得一个个新的进展，不能不说是锲而不舍的典范。

周培源在总结自己的科研活动时，又概括地提出："一个新的科学理论必须同时满足三个条件：一要能说明旧理论能说明的现象；二要能解释旧的科学理论所不能解释的现象；三要能预见到新的科学现象并能用实验证明它。"这些精辟的见解是周培源在科学研究中以科学的态度独立思考的理论概括。

周培源在科学研究上孜孜不倦，勤奋进取，敢于啃硬骨头。20世纪50年代后，他在繁忙的社会活动与行政工作之余，从不放弃利用点滴时间进行科学研究中的思考。1989年，在他年近90岁，身患心肌梗塞，卧床住院期间，仍然亲自指导他的博士生撰写论文，并亲自对公式逐个加以校验。周培源这种一丝不苟的精神，不能不在后辈科研人员身上产生深远的影响。

三、辛勤耕耘六十余年的教育家

周培源自1929年留学回国直至他去世，六十余年一直从事高等教育工作。作为一位知名的老教育家，他在传授知识、指导科学研究、组织教学、创建新专业，以及发现和扶植优秀人才方面都作出了重要贡献。他重视基础理论研究，培养了几代力学和物理学的知名学者，例如王竹溪、张宗燧、胡宁、林家翘、彭桓武、郭永怀、钱伟长、于光远等，都曾师从周培源。

在早期出国留学人员中，学习理科的较少，而物理学方面，多数是实验物理学家。周培源回国时，清华大学物理系四位教授中理论物理学家就他一人，他的回国对清华物理系的教学与研究自然大有裨益。

在培养人才方面，重视基础理论是周培源的一贯主张。在这种思想指导下，教学中他总是指导学生将有关学科最根本的理论内容吃透。在20世纪40~50年代，他在清华大学、北京大学的教学中，每年上一门理论力学课，后来写成讲义《理论力学》，1952年由人民教育出版社出版。这本讲义教程起点很高，对后来北京大学理论力学的高水平教学起了很重要的影响。听过他的课的学生，无论是继续进行研究工作，还是转向技术工作，都得益于学生时期受到的这种严格的基本训练。

1952年，全国高等院校进行调整，周培源来到了北京大学。在他带领下，北京大学创办了我国有史以来第一个力学专业。

在组织学校教学中，重视有学识的教师，乃是周培源一贯的教育思想。在力学专业办学过程中，他经过多年努力，聘请国外新归来的学者来校任教、国外专家来系讲学。他亲自带头听讲，给学生和其他教师作出表率。他曾两度亲自致函聘请胡海昌来系任教。力学专业从一开始只有五名教员逐步发展到有近百名教师的队伍，他们为国家培养了大批大学毕业生和研究生。

周培源曾支持和指导年轻教师研制计算机激光汉字照排系统，并获得成功。他不仅重视基本理论，而且对技术和生产的新发展也极为重视。在担任北京大学副校长和校长期间，周培源以超前的眼光敏锐地注意到电子计算机将为汉字印刷排版带来技术革命的前景，从而排除重重困难，和张龙翔（1974年为教务长，后历任副校长、校长）一起组织学校的人力和物力，热情鼓励和支持以王选为首的研制组工作。经过十多年的努力，计算机激光汉字照排系统的研制终于获得成功。1985年，这项成果被评为中国十大科技成就之一，1987年获国家科技进步一等奖，以后还多次荣获过各种奖。这项成果使我国整个印刷行业产生了革命性的变化。到1990年，我国已有1500多套这种汉字照排系统用于国内外报社和出版印刷系统。因此，周培源被推举为1985年成立的中国印刷及设备器材工业协会的名誉会长。

"文化大革命"期间，周培源曾经抵制过"实验室车间化"的口号，也反对过以典型产品带动教学的教学指导方针。"文化大革命"后，为了恢复教学秩序，周培源曾停办了一些学校的生产设施，例如关闭了技术含量不高、只能赚钱而对环境污染严重的制药厂。与此同时，他又集中学校的巨大财力、物力支持印刷系统的研制和生产。这说明他的办学思想并非一般地反对学校搞生产研究。在他看来，学校的技术生产，也和研究理论一样，必须有新思想，必须创新，否则就会将学校混同于一般工厂。计算机激光汉字照排系统的成功，也为我国高等学校发展工程技术走出了一条新路。

在即将离任北京大学校长时，周培源在1981年4月2日《人民日报》上发表了文章《访美有感——关于高等教育改革的几个问题》。他写道："教师是学校的主体，古今中外绝无例外。"他认为："一所好的大学必须有严选良师的办法和传统，必须有选择人才的条件。否则人才就会在死水一潭中被埋没。"他系统地阐明了他重视选拔教师和尊重教师的思想。在文中，他还就培养人才问题、现代化问题、青年思想教育问题和改进高等学校领导问题提出了中肯的意见。这篇文章是他从事教育工作五十多年的经验总结，也体现了这位老教育家离开高等教育领导岗位时对祖国高等教育事业的殷切期望。

四、艰苦条件下的教学与研究

1932年，周培源与王蒂澂女士结婚。不久，周培源的大女儿如枚、二女儿如雁相继问世，辛勤与劳累也随之降临到他们夫妇头上。王蒂澂因身体虚弱染上了严重的肺病。这种病，当时尚无特效药物可治，疾病加重了家庭的负担。周培源把夫人送至香山眼镜湖边的疗养院，整整疗养了一年。这一年中，他挑起了既为人父又为人母的双重责任，二女尚小，嗷嗷待哺，其中艰辛，可想而知。每到周末，他还要骑自行车去看望病榻上的夫人。从清华到香山，往返数十里，当时只有一条坎坷不平的土路，一路风尘，一路颠簸，其辛苦劳累，自不待言。

1937年至1943年，正值抗战时期，周培源先随清华大学迁往长沙，半年后又西迁至昆明，一直在艰苦的条件下坚持教学和研究。周夫人王蒂澂则养鸡补贴家用。

在西南联大期间，为躲避日军飞机的轰炸，带家眷的教授们都分散在离昆明较远的山村居住。周先生住在昆明西南城外的山邑村，联大校舍在昆明城的西北，相距大约有40里之遥。于是，他养了一匹枣红马，每逢周一、三、五有课的日子，他总是早上五点钟起床，喂马、备鞍、送女儿上学，然后快马加鞭地赶到学校上课。因此，他被戏称为"周将军"。有一次，那匹马受惊了，周培源从马上跌下来，但一只脚却还套在马镫里，被马拖着跑了好长一段路，幸得一位农民把马拦住，周培源才幸免于难。还有一次，他因学校有事，回家时天已很黑，马迷失了路，连人带马摔到一条沟里。后来，到联大的路修好了，他就卖掉马改骑自行车。就这样，风雨无阻，他从未误课迟到，同时还进行着科学研究。

西南联大时期，上课归来的周培源

周培源在清华先后开设的课程有理论力学、流体力学、电动力学、辐射及量子论、相对论、量子力学等多门本科课程和研究生课程。教学条件极为艰苦，为了达到更好的教学效果，他自己编写讲义。有时，周培源自己刻写蜡板，由夫人协助印刷，临上课时，把还飘着油墨清香的讲义发给学生。周培源1952年出版的《理论力学》就是在这个时期油印讲义基础上编写付印的。

即使在当时极为艰苦的条件下，联大仍然关注图书建设，并且利用学校较少的图书经费购买最重要的文献。据在西南联大时期周培源的学生林家翘先生回忆："1938年出版的希德尼·戈德斯坦著 *Modern Developments in Fluid Dynamics* 的确是一部划时代的名著，那时候昆明居然有一部（两册），周先生就将此书交给我读并保存，有空袭警报时，也由我随身带到防空洞。"

尤其可贵的是，在这样艰苦的条件下，他仍坚持研究，取得了重要成果。从1937年到1945年，周培源在相对论方面发表了4篇文章，在湍流研究方面也取得了重要进展。他在湍流模式理论的主要工作就是在这个时期完成的，并因此被世人称为湍流模式理论的奠基人。1940年，他的《关于Reynolds求近似应力方法的推广和湍流的性质》一文在《中国物理学报》上发表。后来补充改写的《关于速度关联和湍流脉动方程的解》又于1945年在《美国应用数学》季刊上发表，成为国际上湍流研究的经典文献。

在昆明时期，周培源先后指导了谢毓章、黄授书和张守廉三位研究生。这三位研究生都是以湍流作为学位论文，先后于1942年、1943年和1944年毕业。此外，彭桓武原来曾考取周培源的研究生，开始随周培源研究相对论，后来他以优异的成绩考取了"中英庚款"公费出国，原拟去剑桥大学，周培源建议他去爱丁堡大

后排左起：周培源、陈意、陈岱孙、金岳霖。前排左起：林徽因、梁在冰、梁从诫、梁思成、周如枚、王蒂澂、周如雁

学，因为那里有马克思·玻恩。马克思·玻恩是量子力学理论的奠基人之一，当时已是世界著名物理学家。彭桓武接受了周培源的建议，成了马克思·玻恩的第一个中国学生。

五、人民的社会活动家

长期以来，每当社会发生巨大政治变革及尖锐复杂斗争的关口，作为著名的社会活动家，他们总是为伸张正义和维护民族尊严、为祖国的科学文化繁荣而奋斗。追求真理、一身正气，是周培源一生的写照。

周培源的青年时代，正值五四爱国学生运动前后。当时的中国贫穷落后，受尽列强欺压。青年知识分子奋发向上寻求解决社会矛盾、吸收进步思想的思潮深深影响着他。1919年，周培源在上海圣约翰大学附属中学学习，由于积极参加了上海的五四爱国学生运动而被学校开除。

1927年夏，周培源在美国斯坦福大学暑期学校学习时，正值国内发生"四一二"事变。国民党反动派背叛革命、屠杀共产党人和进步人士之后不久，当时在美国西海岸的中国留学生正在该校举行夏令集会。会上，学生分成了拥护和反对国民党的两派，周培源和他在清华学校的三位同学施滉、冀朝鼎、徐永煐毅然站在反对国民党的一派中。1947年，国内战事正炽，海外许多好友都劝他不要回国，但他还是抱着报效中华的心愿带领全家回到了北平清华大学。1949年1月31日，北平宣告和平解放，周培源带着女儿，冒着寒风，骑车进城去迎接人民解放军进城。从此之后，他始终不渝地为祖国的建设事业努力工作着。

周培源是我国最早的国际理论与应用力学联合会理事、国际科学联合会理事，是世界科学工作者协会的副主席，还是中国科学技术协会的负责人和领导人。多年来，他为我国科技界，特别是物理学界与力学界，开展国际学术与友谊交流作出了不懈的努力。他曾数十次代表中国科学技术界出席国际会议，为发展国际合作、宣传中国科技成就作出了重要贡献。在这些活动中，他总是坚持中国人民与世界各国人民的友好合作，坚决维护中国人民的尊严和正义的立场，他操着流利的英语，态度潇洒，风度翩翩，赢得了国际友人的尊敬与爱戴。据科学院力学所郑哲敏先生回忆："1956年他率领中国代表团去比利时布鲁塞尔参加第九届国际应用力学大会，我有幸参加这个代表团,因而有机会目睹和学习周老在这方面的优良作风和品德。在那次会议上,周老作了湍流方面的学术报告。会下他与力学界的同行们进行了广泛的接触,专门设宴招待了冯·卡门、G. I.泰勒等著名的学者。短短几天之内,他还与多位留居国外的华裔学者接触,与他们谈心,介绍国内情况,还向有些华裔学者表示欢迎他们回国参加祖国建设。在途经莫斯科的时候,周老又特意访问了苏联科学院,会见了苏联派往布鲁塞尔的代表团全体成员。周老参加国际会议绝不仅仅是宣读论文,而是利用这个机会广交朋友,为使我国科技走向世界开辟道路。"多年来,他还担任中国人民外交学会副会长、中国人民争取和平与裁军协会会长、中波友好协会会长,为推进和平民主和科技进步,加强与国际间的合作作出了重要贡献。"文化大革命"后,党和政府执行改革开放的政策。周培源率领代表团访美,沟通了中国科学技术学者赴美访问的渠道。

"文化大革命"中,社会上曾刮起一阵"理论无用""理科无用"之风,并且还要批判相对论和热力学第二定律,国内的自然科学基本理论研究处于十分艰难的境地。

1969年,陈伯达组织批判相对论。当周培源知道这一情况后,他对科学院的副院长刘西尧说:"相对论可以讨论,不能打倒。否则我们将来会很被动。"陈伯达当面对周培源说:"过去科学是从西向东,从欧美到中国,将来中国要领导科学,为此要彻底批判相对论。"周先生说:"爱因斯坦的狭义相对论已被事实证明,批不倒。广义相对论在学术上有争议,可以讨论。"这几句话旗帜鲜明,坚决把陈伯达顶了回去。

1971年4月,国务院科教组在北京召开了全国教育工作会议。会议通过的文件提出了"两个估计",即"解放后17年无产阶级教育路线基本上没有得到贯彻"和"大多数教师的世界观基本上是资产阶级的"。年底,又在北京召开教育工作会议,周培源先生应多数代表的要求在会上发表讲话,呼吁要重视理科教育,并且从科学史的角度论证。他以微积分的发明和核理论的发展为后来工程建设奠定了基础为例证说明理科教育的重要性。

在那个万马齐喑的年代,中国的教育到底应该怎么办?是跟着他人摇旗呐喊,还是坚持真理不随波逐流?周培源不畏强压而选择了后者。1972年,《人民日报》一名记者约周培源写一篇有关"理工科教学如何办"的文章,周培源应约写了《对综合大学理科教育革命的一些看法》一文。在文中,他总结了大量自然科学历史事实,根据自己长年从事教学和科研的经验,论述了自然科学的发展与科学实验、生产实践的辩证关系及学科内部矛盾演化,论述了理论和实践的辩证关系,提出理科大学应重视基础学科的教学和研究,重视与实践相结合等建议。后来,该文改在《光明日报》发表。1972年7月20日,周培源又上书给周恩来总理。在信中,他分析了我国基础理论研究落后的基本原因,认为主要是由于对基础理论研究的重要性缺乏统一、持久的认识,没有坚强的领导及切实的组织保障。周总理对周培源的信非常重视,7月23日他将信批复给有关同志,要他们"好好议一下,并要认真实施,不要像浮云一样,过去了就忘了"。

周培源提倡基础理论研究的观点在当时甚至招来了对他的批判和围攻,但是他作为一位正直的、无私的科学家的形象却深深地烙在了科学界人们的心中。

从20世纪50年代开始,周培源把部分精力放在了三峡工程的宏观论证上,他认为这是国家建设的大事。他多次参加三峡工程会议,以耄耋之年亲自到现场考察,取得第一手资料,对此工程提出了自己的看法。

六、严于律己,无私奉献

周培源为人谦和、坦诚,顾全大局,严于律己,宽以待人。他自己生活上节约俭朴,对支持科学和文化事业却慷慨奉献。

20世纪50年代,国家拨款在北京大学建造大风洞,主要目的在于支持他领导的湍流研究。当他得知我国航空工业还没有一座足够精密的大风洞时,毅然将二元低湍流段的建造推后,首先建造三元低湍流段,以适应航空工业的发展需要。后来,由于经费等原因,二元低湍流段一直未能建造。他这种顾全大局的精神对学生们产生了深刻的影响。在风洞建造中,当他与实际主管此事的他的学生陈耀松产生意见分歧时,便耐心地说服陈耀松,并吸取陈的意见的合理部分。事后陈耀松回忆说:"当时我不太会办事,捅了漏子,他总是揽在自己身上,工作做好了,总是把成绩算在我们身上。"

周培源夫妇平日生活俭朴。1950年后,他们夫妇俩用自己的工资节余购买古代名人字画收藏起来,其中多是明清时代的珍品。1989年,他们将收藏的145幅名人字画全数捐赠给了无锡市博物馆。无锡市为奖励他们的爱国行为,特颁发给他们一笔可观的奖金。他们又立即将这笔奖金的大部分分别赠给了他们曾工作过的北京大学和清华大学附属中学作为科学基金与奖学金,将一万元奖金赠给了中国振华基金会,还分别向他们童年时的母校上海实验小学和吉林扶余镇实验小学各赠一万元作为奖学金。他们说:"字画与奖金既来自人民,就应把它们还给人民。"1987年,他曾将父亲在家乡遗留下的600多平方米的住宅献给了家乡人民作为科普文化活动站。

回顾周培源的历史,在每一个关键时刻,他总是放弃个人安逸和舒适的条件,而以国家和民族的命运为己任。1937年"七七"事变,卢沟桥战火之前,他拒绝加入美国籍,放弃优厚的条件,从美国回到国内。1947年,许多海外朋友由于对共产党不了解,都曾劝他留在美国。他说:"我虽然也不了解共产党,但共产党也是人,共产党在延安时期的政绩就有崇高的声誉,而且我是清华大学派去美国进行科学研究的,所以我一定要回到清华大学工作。"就这样,周培源怀着对祖国的向往之情,恪守对母校的承诺,他全家又一次从美国回到北平。晚年,每当他送自己的学生出国留学或访问时,临行总是谆谆嘱咐:"你的事业在祖国。"这句话概括了他一生所走过的路程。

(武际可)

周培源主要著作:

1. 周培源:《理论力学》,人民教育出版社,1952年。
2. 周培源:《三等分角法二则》,《清华学报》,1924年第1卷第2期,第279~286页。
3. P. Y. Chou: The gravitational field of a body with rotational symmetry in Einstein's theory of gravitation, *Am. J. Math.*, **53**(1931)289~308.
4. P. Y. Chou: Relativistic theory of the expanding universe, *Chin. J. Phys.*, **1**(1935)1~17.
5. P. Y. Chou: Isotropic static solutions of the field equations in Einstein's theory of gravitation, *Am. J. Math.*, **59**(1937)754~763.
6. P. Y. Chou: On the foundations of Friedmann universe, *Chin. J. Phys.*, **3**(1939)76~84.
7. P. Y. Chou: Note on spherical symmetry of space and the foundations of Friedmann universe, *Chin. J. of Phys.*, **3**(1939)85~88.
8. P. Y. Chou: On the method of finding isotropic static solutions of

Einstien's field equations of gravitation, *Am. J. Math.*, **62**（1940）43~48.

9. P. Y. Chou: On an extension of Reynolds' method of finding apparent stresses and the nature of turbulence, *Chin. J. Phys.*, **4**（1940）1~33.

10. P. Y. Chou: On velocity correlations and the solutions of the equations of turbulent fluctuation, *Quarterly of Applied Mathematics*, **3**（1945）38~54.

11. 周培源、蔡树棠：《涡球在粘性流体中的运动》，《北京大学学报》（自然科学版），1956年第2卷第1期，第39~49页。

12. 周培源：《经典力学与相对论力学概要》，《物理通报》，1956年第7卷第7期，第397页。

13. 周培源：《湍流理论的近代发展》，《物理学报》，1957年第13卷，第220~242页。

14. 周培源、蔡树棠：《均匀各向同性湍流在后期衰变时的涡性结构》，《力学学报》，1957年第1卷第1期，第13~14页。

15. 周培源、蔡树棠：《自由湍流的后期运动》，《北京大学学报》（自然科学版），1958年第4卷第4期，第405页。

16. 周培源：《涡流脉动的相似性结构与湍流理论》，《力学学报》，1959年第3卷第4期，第281页。

17. 周培源、是勋刚、李松年：《高雷诺数下的均匀各向同性湍流运动》，《北京大学学报》（自然科学版），1965年第11卷第1期，第39~52页。

18. 周培源、黄永念：《均匀各向同性湍流的涡旋结构的统计理论》，《中国科学》，1975年第18卷第2期180~198页。

19. 黄永念、周培源：《Navier-Stokes方程的求解和均匀各向同性湍流理论——理论与计算方法》，《中国科学（A辑）》，1981年第24卷第7期，第826~835页。

20. 黄永念、周培源：《Navier-Stokes方程的求解和均匀各向同性湍流理论——数值计算和与实验的比较》，《中国科学》，1981年第24卷第8期，第953~964页。

21. 周培源：《论爱因斯坦引力理论中坐标的物理意义和场方程的解》，《中国科学（A辑）》，1982第25卷第4期，第334~345页。

22. 刘宏亚、周培源：《谐和条件下的平面引力波严格解》，《中国科学（A辑）》，1985第28卷第3期，第264~272页。

23. 周培源：《关于准相似性条件和湍流理论》，《中国科学（A辑）》，1985年第28卷第4期，第405~421页。

24. 黄超光、周培源：《在谐和条件下的爱因斯坦与德·席特宇宙》，《物理快报》，1987年第30卷第4期，第397~400页。

25. 周培源、陈十一：《不可压缩流体的湍流理论》，《中国科学（A辑）》，1987年第30卷第4期，第369~380页。

26. 周培源、黄超光：《De Sitter宇宙中的红移问题》，《中国科学（A辑）》，1989年第32卷第3期，第292~300页。

27. 周培源、黄永念、孟庆国：《平面湍流混合层的准相似性理论》，《力学学报》，1990年第22卷第1期，第1~8页。

28. 黄超光、周培源：《在谐和条件下的相对论宇宙论（Ⅰ）》，《中国科学（A辑）》，1990年第33卷第3期，第966~981页。

29. 黄超光、周培源：《在谐和条件下的相对论宇宙论（Ⅱ）》，《中国科学（A辑）》，1990年第33卷第9期，第1106~1114页。

30. 李永贵、赵志强、周小帆、周培源：《在地球表面上与地面平行和垂直的两个方向上传播的光速的相对差值的测量》，《第四届亚洲－太平洋物理学会议论文集》，1990年。

31. 周培源：《周培源科学论文集》，中国科学技术出版社（黄永念、石光漪、黄超光编辑），1992年。

"双云室"设计者 创办郑大建功人：
核物理学家霍秉权

霍秉权（1903~1988），物理学家、教育家，我国首批从事宇宙射线、高能物理和核物理研究的物理学家之一。他改进"威尔逊云室"，提高了云室的功能，并研制成我国第一台"双云室"宇宙线探测器，为开创我国宇宙线物理研究和发展核物理研究作出了积极的贡献。他从事教育工作五十余年，培养了大批人才，并为创办和发展郑州大学作出了贡献。

霍秉权

霍秉权，字重衡，1903年2月27日出生于湖北省黄冈县樊口镇一个小商人家庭。早年，他在私塾读书，后独身到鄂城县寒溪中学读初中。1925年，霍秉权高中毕业，考入东南大学（中央大学前身）。1929年，他在中央大学物理系毕业，获理学学士学位，随即留校任助教。1930年，他考取湖北省公费留学英国，先后在伦敦大学和剑桥大学学习，并从事物理学研究工作。1935年，霍秉权回国，任清华大学教授。抗战时期，他在长沙临时大学、西南联合大学任教，其中1943年至1944年学术休假，赴美国华盛顿卡内基研究所进行合作研究。1946年，他复员回北平，曾任清华大学物理系主任。1951年，为支援东北地区建设，他离开清华。1951年至1952年，霍秉权任东北工学院物理系教授兼系主任。1952年，全国高等学校院系调整，霍秉权转入位于长春的东北人民大学，任物理系教授。1955年，河南省拟新建郑州大学，霍秉权于1956年初携全家到河南参与筹建郑州大学，历任物理系教授、系主任、校长助理、副校长。他曾当选为第二、三、五届全国人民代表大会代表兼河南省人民代表大会代表及河南省第五届人民代表大会常务委员会副主任，中国民主同盟中央委员，民盟河南省第四、五届副主委，中国人民政治协商会议河南省第四届委员会副主席，河南省科学院副院长，中国高能物理学会理事，河南省物理学会理事长，河南省核学会名誉理事长等职。

一、改进"威尔逊云室"，提高云室功能

1930年，霍秉权在南京中央大学任助教，当时他身处半封建半殖民地的中国，看到西方工业革命之成就，决心走科学救国之路，学习外国的先进科学。经考试，霍秉权取得了湖北省"官费"留英。1931年初春，霍秉权进入英国伦敦大学物理系学习和研究。当时他注意到剑桥大学物理系C. T. R.威尔逊（Wilson）教授在云室上开展的物理研究工作很有意义，经过反复考虑，决心节衣缩食（剑桥费用较高），转入剑桥大学学习、研究，并立志研究原子物理。

1931年仲春，英国剑桥大学物理系的威尔逊教授收到了霍秉权要求到剑桥作研究生的申请书，很快复信表示愿意接受他作为自己的研究生。霍秉权进入剑桥大学研究院后，被导师发明的"威尔逊云室"所吸引，看到一向难以捉摸的基本粒子的径迹居然可以通过云室拍摄下来，十分兴奋。同时他也看到这个闻名世界的云室并不完善，上下跳动的滚筒不容易掌握，影响了云室的功效，他有意解决这个问题。霍秉权不畏劳苦，想方设法多次进行假设和实验，最后终于成功地用橡皮膜代替铜筒（活塞），解决了这个疑难问题。用橡皮膜代替原来的活塞后，使压力空气通入气缸内的橡皮膜下部，橡皮膜立即膨胀，迫使蒸气通过铜丝网再进入云室内，消除了紊流。这种方法密封性好，膨胀速度快，并可减少粒子径迹畸变现象，大大提高了云室的功效。威尔逊认为霍秉权的这一成就非常突出，曾亲自著文在英国皇家学会介绍。

1934年，霍秉权连续发表两篇论文：《水银在各种温度下蒸气凝结的现象》和《简便云室之原理及制造》，均发表于《剑桥哲学会会志》。1935年，他又发表了论文《用云室研究ThC的 β 射线谱》。

二、研制我国第一台"双云室"宇宙线探测器

1934年初夏，霍秉权接到清华大学物理系教授赵忠尧来信，邀请他到清华大学

任教。与此同时，因湖北省经费拮据，当时停发了湖北省在英留学人员的经费。于是，霍秉权于1934年8月启程回国。为了更多地了解欧洲物理学教学研究情况，在回国途中他抓紧机会到英、法等国实验室访问。霍秉权从1935年2月起任清华大学教授。是年，经严济慈介绍他参加中国物理学会，任总会常务理事。

霍秉权在清华大学物理系讲授普通物理学、近代物理学和电磁学，同时致力于科学研究。他自制成小云室，并于1936年在《中国物理学报》上发表了《放射性元素 RaE β 射线谱》一文。由于国内缺乏放射源，于是霍秉权的科研方向及时调整为利用云室研究宇宙线。

宇宙线是存在于宇宙空间的高能粒子流，它包含着丰富的基本粒子和原子核成分，人们可以利用这种天然的高能粒子流发现新的基本粒子和进行基本粒子物理的研究。宇宙线本身也是宇宙空间天体演化过程的产物，它的产生又为人们提供了天体演化过程的宝贵信息，因此可以用来进行天体物理研究。霍秉权为了研究宇宙线，1936年在云室的基础上做成了"双云室"，用以观察宇宙射线，并准备结合计数管作为宇宙射线探测器。用这种双云室观察宇宙射线，其径迹清晰，性能良好。他的这一创造得到国际著名物理学家N. 玻尔和霍秉权的导师威尔逊的充分肯定。他的研究成果于1937年写成论文《双云室研究宇宙射线》，但因抗战爆发此文未能送出。

1937年7月底，北平陷落。8月下旬，清华大学决定与北京大学、南开大学联合组成长沙临时大学（后迁至昆明更名为西南联合大学）。霍秉权在离开清华园科学馆之前，眼看着自己呕心沥血刚刚制成的"双云室"由于体积大、附件多而无法运走，十分痛心，又别无他法，只得忍痛离去。他乘火车到长沙，开课一学期后，1938年2月再迁昆明。在西南联大，他讲授过普通物理、电磁学、放射体及原子核物理等课程，在教学之余仍拟制作"大云室"，研究宇宙射线，但由于客观条件限制未能如愿进行。

1940年10月，西南联大决定在四川叙永建分校供一年级学生就读，霍秉权遂去分校讲授普通物理，1941年3月他被任命为叙永分校校务委员。1941年7月，西南联大校务会议决定将叙永分校迁回昆明，设迁校委员会，霍秉权任召集人。1943年9月，霍秉权获学术休假一年，利用这段时间他去美国华盛顿卡内基研究所做加速器研究工作。次年8月回国后，他继续在西南联大任教。

1945年8月日本投降，北京大学、清华大学、南开大学决定各自迁回北平、天津。10月，霍秉权任西南联大迁校委员会委员。1946年1月至7月，霍秉权任西南联大物理系代理系主任，在此期间圆满地完成了系务工作。

1946年秋，清华大学迁回北平，霍秉权任物理系主任，亲自主持重建教学实验室。经过艰巨的复建工作，教学很快步入正轨，实验室也得以恢复。然而，经过战火摧残的清华园，科学馆内双云室已不复存在，就连附件也被日本侵略军抢走。因当时通货膨胀、物资奇缺，在无钱又无人的情况下，要重建双云室实难如愿，霍秉权本人所钟情的研究工作就此被迫搁浅。

三、参加创建郑州大学

1951年，霍秉权服从国家建设的需要，毅然离开服务多年的清华大学，去东北工学院任教授兼物理系主任，从事建系工作。1952年，全国高等院校进行院系调整，他又转入东北人民大学物理系任教授，参与创建东北人民大学（吉林大学前身）。1955年，教育部调霍秉权参加郑州大学筹建工作，1956年全家即搬往郑州。

郑州大学是一所新建大学，一切从零开始。作为校长助理的霍秉权为将郑州大学办成四年制综合大学，克服了重重困难，并千方百计筹建物理系。他首先从东北人民大学物理系带来了一批有实践经验的青年教师和应届毕业的品学兼优的研究生和本科生，进而亲自到南开大学、南京大学、武汉大学等校物色具有一定业绩的中年骨干教师。同时与北京仪器进口公司等单位联系订购科研仪器，连夜查阅国内外理工大学的发展及现状资料，提出专业设置规模，并组建原子核物理、金属物理、理论物理、无线电物理和半导体物理五个专门化教研室，还为建立十几个实验室做了大量实实在在的具体工作。他自编教材，亲自为一年级大学生开设普通物理课。在各个教学环节中，他注意发现人才，选拔人才，特别对那些踏实、不讲空话、刻苦认真、学业优秀的学生，给予重点帮助。他十分关心青年教师的提高，亲自听课，具体指导，青年教师们在业务上有问题常找他请教，在生活上有困难也向他求援，他从不拒绝，也从未谈起他对别人的帮助。他虽身为教授，也积极参加学校各种政治活动和劳动锻炼，从不搞特殊化。为了促进物理系的科研工作，进行学术交流，他积极邀请国内物理学家到河南省作学术报告，受到与会者特别是年轻学生的热烈欢迎。由于霍秉权的积极努力，郑州大学物理系的教学与实验迅速走向了正规化。

四、为科研铺路，甘为孺子牛

霍秉权在教学科研中，深知教育事业必须有高质量的后备梯队补充，才能不断得到新的进展，因而他又向其他有关单位求助。曾先后和中国科学院原子能研究所赵忠尧教授、北京大学技术物理系胡济民教授、兰州大学近代物理系徐躬耦教授、中国科学技术大学近代物理系梅镇岳教授、南京大学物理系施士元教授、武汉大学物理系王治梁教授等进行联系，派出一批青年教师到这些重点大学进修，同时自己招收研究生进行专门指导。为办好郑州大学物理系，给社会主义祖国培养更多的人才，他废寝忘食、呕心沥血。要在一所新建的高等学校开展现代化的尖端科学研究，困难可想而知。即使这样，他仍然干劲十足。在他的积极参加和指导下，研究原子物理的重要仪器——静电加速器于1959年完成了主体部分的制造。为研究宇宙射线，他又提出大胆的设想，派专人赴焦作下矿井，进行调查研究。同时他还带领青年教师大力进行了原子核能谱学实验室的建设。

1962年，在我国的第二个长远科研规划中，郑州大学物理系承担了宇宙线和原子核能谱的科研任务。当时经费由国家调拨，研究人员从刚毕业的物理专业研究生中选拔。在霍秉权等人的努力下，1964年安装成两台谱仪，1965年对自制的探测基本粒子的"多板云室"和"火花室"进行了组装和调试。1966年5月，当我国进行核爆炸试验时，他和一些青年教师在河南省卫生防疫站的协同下，在原子核能谱实验室多道脉冲幅度分析器上，进行了核爆炸裂变产物高空降落物的能谱分析，这一工作得到了中央有关部门的好评。

1966年6月以后，"文化大革命"的风暴席卷郑州大学，霍秉权深受迫害，被打成了"反动学术权威"，撤销了一切职务。但最使他痛心的是，好不容易建成的原子核能谱实验室被破坏，在中国科学院直接帮助下研制的多板云室探测器也被扔入茅厕，郑州大学物理系被搞得既无"物"也无"理"。霍秉权坚信搞科研没有罪，搞基础研究没有错。他多次鼓励青年教师们一定要有事业心。在连一间办公室、一张写字台也没有的情况下，他仍然坚持每天到资料室查阅中外资料，时刻关心着宇宙射线高能物理研究工作的进展。

"文化大革命"结束后，霍秉权重新焕发了青春。1977年，他赴北京、登黄山、到庐山，多次参加中国科学院召开的重要会议。同年8月在"宇宙线学科规划预备会议"上，他主动为郑州大学物理系争取到了宇宙线、宇宙线物理理论、高能粒子探测器——火花室和氖管描迹室的研制等项科研任务。在他的指导下，这几项科研任务有的已取得初步成果，其中国内少有的氖管描迹室的核心部分业已研制成功。1978年，"全国超高能宇宙线物理会议"在昆明召开，大会专门邀请霍秉权前去参加会议。当他回到离别33年的西南联合大学旧址时，不无感慨地说，"世界真是大变了"。1979年又遇到了科研经费不足的困难，他利用在北京参加全国人民代表大会会议的间隙，前往中国科学院高能研究所筹集经费。由于当时高能研究所经费也不充足，因而没有得到任何结果。然而他并不灰心，继续从其他途径寻找经费来源，为科研铺路，忙碌奔波。

1979年12月，霍秉权实现了自己的夙愿，加入了中国共产党。同年，在重建高能研究室继续开展研究工作的基础上，他又招收两名研究生进行培养，同时积极支持建立穆斯堡尔谱学实验室，为教学和科研开创新的局面。霍秉权在改革开放政策的鼓舞下，为实现自己终生为之奋斗的目标——建立一个小型的高能宇宙线物理实验室和一个教学、科研、应用相结合的核能谱学实验室，为使物理系的科研工作更上一层楼，付出了一生的心血。1988年9月27日，霍秉权病逝于南京，享年86岁。

（孙仲田）

五、子承父业

霍秉权的长子霍裕平，1937年8月出生，1959年毕业于北京大学物理系，以后一直在中国科学院从事理论物理研究，曾任中国科学院等离子体研究所所长、合肥分院院长。1993年，霍裕平当选为数理学部委员。他曾组织和领导建设世界第三大型托克马克HT-7装置，提高了我国核聚变研究在世界上的地位。他关心父亲参与创建的郑州大学，于1996年初辞去科学院的职务，到郑州大学当一个普通教授。在郑州大学，他强调地方院校基础科学研究应主要与国家和地方发展的重大需求相联系。在他领导下，原来凝聚态物理学科调整为以研究有重大应用前景的材料物理学科，创建以研究铝合金为主的金属物理方向；他还将物理系核物理学科转向以面向农业和医学的核生物学，并确定以离子束生物工程基础和技术为主要方向，建设了离子束生物工程省重点实验室。从1997年起，他是国家重点基础研究规划专家顾问组的成员，坚持强调支持面向国家重大需求的基础研究工作。

霍裕平经常说，在父亲工作过的地方，我不敢有丝毫松懈，我至今仍记得父亲的教诲。郑州大学物理系在霍裕平院士的指导下取得了相当大的发展：材料物理实验室成为教育部重点实验室，离子束生物工程实验室是河南省重点实验室，物理学已被批准为一级学科博士点。子承父业，在这里霍裕平实现了霍秉权的遗愿。

（沈克琦补充）

霍秉权主要著作：

1. P. C. Ho（霍秉权）: Condensation phenomena in mercury vapour, *Cambridge Phil. Soc. Proc.*, **30**（1934）216~222.

2. P. C. Ho and E. C. Halliday: Simple type of Wilson cloud chamber, *Cambridge Phil. Soc. Proc.*, **30**（1934）201~207.

3. P. C. Ho: Upper limit of thorium C+C" beta-ray spectrum, *Cambridge Phil. Soc. Proc.*, **31**（1935）119~125.

4. P. C. Ho and M. H. Wang: Beta-ray spectrum of radium E, *Chin. J. Phy.*, **2**（1936）1~7.

拉曼光谱出成果　高教事业献终生：光谱学家郑华炽

郑华炽（1903~1990），光谱学家、物理教育家，我国利用光谱学探讨物质结构的先驱之一。他对红外吸收光谱和紫外吸收光谱，尤其对同位素效应的研究，成效卓著。他执教50余年，曾任北京大学、西南联合大学、北京师范大学等校教授，为培养我国的科技人才作出了贡献。

郑华炽，1903年8月18日出生于广东省中山县一个商人家庭，祖父在香港经商，父亲转求功名，但未能如愿。郑华炽自幼丧父，靠伯父母抚养成人。1919年，郑华炽考入南开中学。他在中学期间，努力学习，成绩优秀。1924年，他以全优成绩进入南开大学学习。当时，学校聘请了一批刚从国外归来的学者任教，在老师们的精心培育和严格要求下，学习气氛良好，学生们除掌握课本内容和规定的实验外，还参阅大量的课外读物，并要求撰写学习体会，择优选登在南开大学的理科学报上。这些活动使学生们开阔了眼界，扩大了知识面，了解了最新的科技动态，从而使郑华炽培养了独立学习的能力。

1928年，郑华炽在南开大学化学系毕业，获得理学学士学位。同年，他怀着科学救国的信念，前往柏林工科大学学习。学习期间，郑华炽常到另外一所有名的大学——柏林大学听课，该校师资力量雄厚，学术水平很高，在此任教的有A.爱因斯坦、E.薛定谔、M. V.劳厄（Laue）、能斯脱（Nernst）等诺贝尔物理奖获得者。当时，国际上量子力学刚刚提出，郑华炽为了掌握最新的理论知识，1930年到哥廷根大学进修量子力学理论，1931年又到慕尼黑大学听A.索末菲（Sommerfeld）的课，并开始把量子力学应用于物质的分子结构的研究中。由于著名物理学家的言传身教，为他以后的科学研究奠定了坚实的理论基础。

1932年，希特勒上台，德国加紧迫害进步知识分子。郑华炽前往奥地利进入格拉芝工业大学，继续攻读博士学位。在奥地利著名物理学家K. W. F. 柯尔饶希（Kohlrausch）的指导下，郑华炽选择拉曼效应为研究课题。1934年，他完成博士论文，同年获工学博士学位。此时，法国的 J.卡班（Cabannes）教授对拉曼效应也颇有研究，并在国际上有一定影响。因此，郑华炽于1934年前往卡班所在的蒙皮里埃（Montplier）大学，和卡班合作共同研究拉曼光谱，同时在巴黎大学进修红外吸收光谱学，与 J.勒孔特（Lecomte）发表论文5篇。

由于郑华炽对光谱学研究做出了成绩，国内的一些大学纷纷聘请他回国任教。1935年秋，他回到了久别的祖国，先在中央大学任教，1936年应北京大学物理系主任饶毓泰之聘，到北京大学任教。

1937年，日本侵略军发动侵华战争，平津沦陷，北京大学、清华大学、南开大学联合组成长沙联合大学，于1938年又迁至昆明，更名为西南联合大学。在物质条件十分困难的情况下，郑华炽和其他教师一起坚持教学。他主要讲授基础课普通物理，还曾讲授光学，并曾多次担任西南联大大一课业指导委员会主席和出席校务会议的教授代表（由教授会选举产生）。1941年，日本侵略军南侵，西南联合大学在四川叙永成立分校，郑华炽任分校教务主任。1944年1月系主任饶毓泰休假出国，郑华炽任西南联合大学物理系主任并代理北京大学物理系主任。1945年，日本投降，北京大学复员回北平，郑华炽主持北京大学物理系的复系工作。复员后，他兼任北京大学教务长并代理物理系主任直至饶毓泰1947年初回国为止。

中华人民共和国成立后，1952年全国高等学校进行院系调整，郑华炽被调到北京师范大学任物理系教授，后兼任该校研究部副主任、副教务长等职。他还兼任中国物理学会北京分会常务理事、中国光学学会常务理事、《物理通报》常务编辑、中国物理学会论文编目委员会委员、《光谱学与光谱分析》编委会顾问、《中国大百科全书》物理学卷编辑委员会委员和原子物理学部分的副主编等职。他兼职很多，但工作踏实，认真负责，为了备课或编审稿件往往工作到深夜。郑华炽1956年参加九三学社，曾任中国人民政治协商会议第五、六届北京市委员会委员。

1983年，郑华炽80岁寿辰之际，北京师范大学为表彰他对我国光谱学和教育事业做出的贡献，召开了"庆祝郑华炽教授执教50周年大会"。1990年2月7日，郑华炽在北京逝世，享年87岁。

饶毓泰　吴有训　叶企孙　朱物华　赵忠尧　周培源　霍秉权
郑华炽　孟昭英　吴大猷　张文裕　王竹溪　马仕俊

一、我国最早的光谱学家之一

1932年，国际上量子力学兴起不久，光谱学作为研究物质结构的一种方法，是当时物理学研究的前沿工作，苏联、法国、德国、印度等国都有一批科学家从事光谱学研究。苏联科学家利用晶体作散射物，散射太强，没有得到显著的结果。法国科学家利用气体作散射物，散射太弱，同样没有成功。而印度科学家C. V. 拉曼（Raman）用液体作散射物，选择可见光作光源，研究了散射光和物质结构的关系，终于在1928年发现了拉曼效应，这一发现使光谱学在研究物质的分子结构方面取得新的进展。另外，紫外吸收光谱和红外吸收光谱在当时也是较新的研究课题，它在研究物质结构问题中起到和拉曼光谱互相补充的作用。郑华炽注意到这一发展动态，在导师的指点下，选择光谱学作为他的博士研究课题。经过努力，1933年郑华炽完成论文《二苯嵌苯及衍生物的紫外吸收光谱》，1934年又以《乙酰及乙腈的混合物的拉曼光谱》和《卤醋酸酯拉曼光谱》作为博士论文发表。以上文章均发表在德国《物理化学杂志》上，此后他在法国《化学物理杂志》上发表多篇论文。这些研究成果，当时具有国际水平。

郑华炽进行教学的同时坚持科学研究工作。1936年，他和吴大猷合作，在助手薛琴访的协助下，开展对拉曼效应应用于同位素的研究，这在当时属于国际上首创。他们克服了资金不足、仪器简陋的困难，经过连续几百小时的照相，终于发现在苯的强谱线附近存在一条弱伴线，继而测定了这两条谱线的强度比，并进一步建立同位素移动的近似理论估算，从理论上证明同位素移动是由于苯环中一个碳原子被一个原子量为13的同位素所代替而产生的。这一工作被介绍给1937年来中国访问的N. 玻尔时，他感到非常惊讶，认为在这么差的条件下居然能完成如此艰难、复杂的工作，是相当了不起的。后来，他们把这一研究成果写成论文《苯的拉曼光谱和同位素效应》，发表在1938年的美国《化学物理杂志》上。1938年底，印度人也发表了一篇类似的文章，其中记录的实验结果和郑华炽等人在年初时发表的文章基本相同，这证明了郑华炽等人工作的正确性，并得到国际科学界的公认。

二、为培养年轻一代科技人才呕心沥血

1935年郑华炽回国以后，一直在高等院校任教，历时五十余年，勤勤恳恳，兢兢业业，为培养我国新一代的科技人才作出了贡献。

早在留学德国期间，郑华炽注意到重视教育事业对德国经济和科技发展所起的重大作用。1936年到北京大学后，他试图在北大的教学中采用德国的教学方法，这一想法得到饶毓泰的支持和鼓励。随后郑华炽在授课中非常注意理论联系实际，并加强直观性教学。他提倡和加强演示实验，经常自制电学和光学仪器，自制幻灯片。他将理学院大讲堂改造成阶梯教室，配备相应的设备，在讲课时配合演示实验，教学效果很好。北大复员回北平后，他又一次进行示教实验室的建设，与董石如技士合作，使北大的物理示教实验又前进了一大步。

在北京师范大学任教时，郑华炽讲授原子物理和普通物理等课程。他的讲课体现了他的学风和特点：重视演示实验，如讲授原子物理课时，要求和指导他的助教用"威尔逊云雾室"观察粒子的径迹，并

郑华炽在北大朗润园其岳父邓以蛰教授家与家人合影。后排左一为岳父邓以蛰，后排中为郑华炽，右一为内弟邓稼先。中排左一为岳母王淑娟，中为郑华炽夫人邓仲先，右一为邓稼先夫人许鹿希，前排左为女儿郑慧远，右为儿子郑生远

向学生演示，使原来枯燥、难学的课程变得直观、易懂，受到学生的好评；不仅讲授课文本身，而且结合课文引证大量物理学史料，使学生了解物理学的发展脉络，从而能较好地接受和掌握新的物理思想与概念；及时介绍科学前沿和发展动态，以扩大学生的知识面，给人以启示，有利于学生对科研方向的选择。后来北京师范大学物理系对低温物理、超导电性及固体物理的研究，是和他当时讲课时介绍超导性

创造物理教育奇迹的大师

饶毓泰　吴有训　叶企孙　朱物华　赵忠尧　周培源　霍秉权
郑华炽　孟昭英　吴大猷　张文裕　王竹溪　马仕俊

和超流性密切相关的。

1954年，郑华炽在北京师范大学创办了普通物理研究班。为了改善办学条件和提高教学质量，他自任班主任并亲自授课，为此付出了许多精力。后来，又招收光谱学方面的研究生多人，对有条件的研究生推荐出国深造。他的学生后来大多成为专家、教授，有的成为博士生导师、大学校长等。这和郑华炽在教育战线上的辛勤耕耘是分不开的。

郑华炽除对学生细心培育以外，对中、青年教师的业务成长也关怀备至。他精通德、法、英等国语言，经常阅读各种文字的杂志，也要求青年教师特别是他的助教学好外语，能熟练地阅读外文资料，有时还指定某些外文杂志作为青年教师的必读书刊，并亲自和他们进行讨论。在北京师范大学任教时，郑华炽曾多次给物理系师生举办讲座，介绍科技动态、学习方法及物理学史方面的知识，对青年教师帮助很大。郑华炽退休以后，青年教师常去他家中探望或求教，他总是热心接待，指导查阅外文资料，对确定科研方向提出自己的意见和建议。他的学生马本堃回忆说："郑先生十分关心年轻教师的成长，可以说有求必应，甚至是不求也经常关心我们。"据马本堃追忆，他在研究班毕业后，郑华炽主动介绍和推荐他到中国科学院物理研究所理论物理研究室进修，使他获得了独立从事科学研究的能力，并结识了很多有才华的同行。后来，马本堃成为北京师范大学物理系博士生导师。

郑华炽为了振兴中国的科学，希望有更多的人学习科学、热爱科学。他利用业余时间经常发表科学普及的文章。早在1947年，郑华炽在天津《大公报》发表文章《原子光谱》和《分子光谱》，向广大读者介绍先进的科学知识。另外，他还发表过《纪念普朗克教授》和《约瑟夫·约翰·汤姆孙》等文章，向青年读者介绍著名物理学家的治学思想和方法。此外，他对中学教育事业也非常关心，为新中国成立初期我国中学物理教学大纲的制订做了大量指导性工作。

郑华炽是一位优秀的爱国知识分子。早在1946年，他曾和北京大学的47位教授联名向美国驻华大使写抗议信，强烈谴责美军对中国女学生的野蛮暴行。1948年，他又和北平各院校的100多位教授联名发表宣言，针对美、蒋飞机狂轰滥炸开封一事，呼吁停止破坏文化机关和名城。在"文化大革命"中，郑华炽受到了不公正的待遇，但他能以国家和民族的大局为重，爱国之心从不动摇。

郑华炽为我国的光谱学研究和教育事业贡献了一生，他总是默默地奉献，不向社会索取。1990年2月7日，郑华炽在北京逝世。他生前曾留下嘱托，在他死后殡葬从简，不开追悼会，不举行遗体告别仪式。学校尊重并按照他的嘱托办理后事，为了表示纪念，出版了纪念册《深切怀念郑华炽教授》。郑华炽高尚的道德品质和在学术上的贡献，值得后人学习和尊敬。

（陈毓芳）

郑华炽主要著作：

1. Cheng Hua-Chih（郑华炽），H. Conrad-Billroth: Das ultraviolette absorptonspektrum von 1, 12 derivaten und isomeren, *Z. Phys. Chem.*, **20**（1933）333~339.

2. Cheng Hua-Chih: Die Raman Spektren der Halogenessigsaureester, *Z. Phys. Chem.*, **24**（1934）293~312.

3. Cheng Hua-Chih: Die Raman Spektren einiger Acetyl und Acetonitril Verbindungen, *Z. Phys. Chem.*, **26**（1934）288~296.

4. Cheng Hua-Chih, Jean Lecomte: Sur les modes de vibration de derivès dihalogènès 1-2 de l'ethane, *Comptes Rendus*, **201**（1935）50.

5. Cheng Hua-Chin, Jean Lecomte: Quelques remarques sur les frèqunces des vibration de derivès chlorès, *Comptes Rendus*, **201**（1935）199.

6. Cheng Hua-Chih: Measures de depolarization dans les specters Raman de derivès halogènès de l'acètate d'ethyle, *J. Chemie Physique*, **32**（1935）541.

7. Cheng Hua-Chih: Sur la constitution de dèrivès halogènès 1-2 de l'èthane, *J. Chemie Physique*, **32**（1935）715.

8. Cheng Hua-Chin, Jean Lecomte: Les specters d'absorption infrarouge de derivès dihalogènès 1-2 de l'ethane et lear interpretation, *J. Phys.*, **6**（1935）474.

9. Cheng Hua-Chin, Jean Lecomte: Quelques remarques sur les fréquencies de vibration de derivès chlorès dépuites des specters d'absorption infrarouges et des specters Raman, *Annales de Physique*, **5**（1936）427.

10. H. C. Cheng, C. F. Hsueh, Ta-You Wu: Raman spectra of benzene and isotope effect, *J. of Chem. Phys.*, **6**（1938）8~11.

饶毓泰 吴有训 叶企孙 朱物华 赵忠尧 周培源 霍秉权
郑华炽 **孟昭英** 吴大猷 张文裕 王竹溪 马仕俊

我国无线电电子学奠基人 半生坎坷矢志育英才:
电子学家孟昭英

孟昭英（1906~1995），实验物理学家、电子学家和教育家，中国科学院学部委员，中国无线电电子学奠基人之一。他在大学执教六十余年，在人才培养、实验室与教材建设上建树甚多。他在微波电子学、波谱学、阴极电子学诸领域的科学研究上均作出了重要贡献。

孟昭英，1906年12月24日出生于河北省乐亭县走马浮村一户农家。1917年，他进入乐亭县立高等小学，1919年进入昌黎县成美中学，1923年进入北平汇文中学高中部，1924年被保送入燕京大学。在燕大，孟昭英选学理科，当时物理老师C. H.柯贝特（Corbett）讲课引人入胜，这使孟昭英对物理发生兴趣。P. 安德逊和谢玉铭教授都是实验物理学家，在他们的影响下，孟昭英培养了很强的动手能力，为后来的实验物理研究工作打下了良好的基础。1928年，孟昭英获得理学学士学位，并因成绩优异获得斐陶斐荣誉学会金钥匙奖。大学毕业后，孟昭英留在该校物理系当助教，兼攻读硕士研究生课程，在安德逊和谢玉铭两位教授的指导下，1931年以论文《氢气与铂、铜、镍接触时的电离》获硕士学位，并被提升为讲师。这篇论文发表于1935年《中国化学学会会志》第三卷。在任讲师期间，孟昭英与陈尚义等合作完成了"紫外辐射通过中国窗纸的透射"的研究工作。1933年，由燕京大学推荐，孟昭英获美国洛克菲勒基金资助，到美国加州理工学院攻读博士学位。当时，加州理工学院由著名的实验物理学家R. A.密立根主持，已成为美国最有生气的科研和教育中心之一。孟昭英在G.波泰盼柯教授指导下，研究巴克豪森－库尔兹（Barkhausen-Kurz）效应，经过三年的努力，他用自制微型电子管获得1厘米波长的连续振荡。这是当时用电子管获得振荡波长最短的世界记录。1936年，孟昭英

获得加州理工学院哲学博士学位。孟昭英因工作出色而获得"真空电子学专家"的称号。

获得博士学位后不久，1936年孟昭英启程回国，任燕京大学物理系副教授，讲授无线电及电子学方面的课程。他是国内较早开设这类课程的学者之一。1937年7月，中国物理学会计划在杭州召开学术年会，孟昭英从北平赶到天津等船南下，正逢"七七"事变爆发，会议被取消。在天津，他遇到也准备南下的吴有训、周培源、赵忠尧等清华大学物理系教授，在了解到北平情况后，就只身从天津随清华大学南下到长沙，并在长沙临时大学任教。在长沙，他还建立了一个业余无线电台，教部分学生掌握无线电收发报技术。

不久，日本侵略军进犯华中，长沙临时大学奉命西迁入滇。由闻一多、袁复礼教授带领部分学生组成的"湘黔滇旅行团"，徒步至昆明。孟昭英本欲徒步随行，但学校托付他随团去香港为清华的无线电研究所购买器材。他接受此项任务，在香港采购了器材和元件，这对后来在昆明开展科学研究工作起了重要作用。清华大学在长沙筹设的特种研究所经过充实发展后，分立出了由任之恭教授任所长的无线电研究所，孟昭英担任该所教授兼任西南联大物理系教授。在他们指导下担任助教和进行研究工作的先后有林家翘、毕德显、戴振铎、王天眷、陈芳允、慈云桂、张恩虬等。这些人后来都成为国内外著名科学家。当时的条件非常艰苦，无线电研究所起初借用一所昆明城里的四合院，因日军空袭频繁，1939年末迁到昆明西北郊的大普吉，孟昭英和任之恭教授为西南联大物理系和电机系学生讲授无线电和电子学课程，每次都得步行几小时。在此期间，孟昭英在担任繁重的教学任务的同时，还克服各种困难完成了三极管射频放大器线性调幅的研究。此项成果发表于1940年美国《无线电工程师学报》（*Proc. IRE*）上，受到国际同行的关注。该无线电研究所在战争条件下，选择联系实际的课题，创造学术气氛进行认真的科学研究，培养人才，孟昭英是其中的主力之一。

1943年，孟昭英学术休假，应加州理工学院密立根教授之邀赴该院任客座教授，兼做科学研究工作。当时，正是中国抗日战争最艰苦的岁月，孟昭英应密立根的邀请就中国问题发表演讲，他在这个演讲中吁请大家支援中国抗战。听讲者有加州理工学院的学生、教师、家属和军人，收到很好的效果。

在第二次世界大战中，雷达技术及其设备在使同盟军取得反法西斯战争的胜利中发挥了重要的作用。成立于1940年、由著名科学家L. A.杜勃立奇（Dubridge）任主任的麻省理工学院的"辐射实验室"就是雷达研究所的别名。1944年至1946年期间，孟昭英转到麻省理工学院的辐射实验室，他担负的研究课题是10厘米波段雷达系统中发送接收开关的研究，其要求是使雷达只用一副天线就能实现在发送很强的微波脉冲后随即可以接收微弱的反射波信号。孟昭英以其深厚的电磁波、气体放电和元素放射性等基本理论知识和实验研究技能很快地完成了任务。孟昭英的这项贡献在当时深得美国雷达工程界的赞许。

孟昭英在他任职辐射实验室研究员期间的另一重要贡献，是在第二次世界大战结束不久即行开展并随之完成的关于微波波谱学课题的实验研究。这是孟昭英与他的两位助手的合作成果。他们的论文《氧的毫米波吸收谱》发表后引起了较大的反响，他们开创的实验技术与方法后来广被采用。此文对后来蓬勃发展的波谱学起到早期开创的作用。

1946年夏天，麻省理工学院辐射实验室完成了历史使命，孟昭英面临着新的抉择。当时，美国一些著名大学、研究所和一些大企业都聘他留美工作，但孟昭英毅然决定回国。他认为抗战已取得胜利，国家需要重新建设，作为炎黄子孙，理应为自己的祖国效力。他立即动身去西海岸等船回国，但由于美国船员罢工，他一直等了半年。在此期间，他积极想方设法筹集一些资金为清华大学购置一批建立无线电电子学实验室必要的元器件和仪器仪表，并托运装船运回北平。

1947年初，孟昭英回到清华园，担任清华大学物理系教授，后兼任代理系主任。他不顾旅途劳累，立即投入工作，为物理系和电机系电信组开设"电磁波和电子器件"课程。由于他在其中精心地引入了美国麻省理工学院辐射实验室的主要成就和最新发展，开了在我国开设微波电子学课程的先河，影响甚巨。

1948年底，解放大军进入北平郊区，孟昭英决心随大家一起留下迎接新中国的诞生。北平解放后，孟昭英继续在物理系任教，利用带回的资料，开设了无线电学、电波学等课程，并充实仍在续建的电子学实验室，为学生开出了十多个以计时电路、脉冲电路和微波为主的实验项目。此外，鉴于新中国成立初期国内医疗条件太差，他还曾主动与余瑞璜教授商量试制X射线管。此项计划因1952年院系调整而未能完成。

1952年，中国的教育向苏联学习，对高等教育进行院系调整，清华大学由综合性大学改为多科性工科大学。在当时教育部任顾问的苏联专家提出的方案中，清华大学的电机系只保留电力组，而将电信组调整到其他院校，并强调电信以"有线为主"，忽视"无线电"。孟昭英与常迵教授据理力争，加上新任的清华大学校长蒋南翔明确提出清华要成为"红色工程师摇篮"，向中央提出在清华建立新兴科学技术专业的主张，遂使清华的电信组得以保留，并与北京大学电机系的电信组合并，于1953年成立了无线电系。孟昭英被委以首届系主任的重任。

孟昭英对院系调整中的理工分校虽有不同看法，但他对发展无线电电子学事业充满信心，并全身心地投入无线电系的建设工作。在当时，国家发展电子工业与军用电子装备所急需的真空电子器件几乎全部依赖进口。培养填补这个在我国尚属空白领域的高级技术人才，就成了作为系主任的孟昭英的当务之急。为此，他在系内增设了电真空专业并兼任起电真空教研组组长，在充实教材、增建实验室和培养师资上开展了一系列卓有成效的工作，使清华大学的电真空专业得到迅速的发展。在此期间，孟昭英还以他对国际电子学科发展动向的敏锐感，使清华大学于1956年率先建立了半导体专业，派骨干教师到北大物理系进行半导体物理专门化进修。微波、通信、雷达等较为传统的专业，在他策划下，也都把当时国际上的最新学术成果引入教材并相应地增强实验手段。一时间，清华大学无线电电子学系（后来改称电子工程系）成为国内高材学生竞相报考的系和有关兄弟院校青年教师企望进修的新专业。在这段时间，他对应聘到系里工作的苏联专家，既给予应有的尊重，又不失以我为主的原则，尽量做好工作。

1955年6月，中国科学院成立学部，孟昭英当选为技术科学部的36位学部委员之一，并出席了第一次学部委员大会。同年，党中央号召"向科学进军"，国务院着手制订《1956～1967年全国科学技术发展远景规划》，孟昭英应邀参加并担任电子学组副组长。无线电电子学和原子能科学技术等被列为重点发展的新兴技术，有两位苏联科学院院士来华，帮助制定电子学发展规划，他们水平较高，人也很热情，这种合作使孟昭英感到很愉快，并比较顺利地完成了规划工作。1956年7月，中国科学院为了发展尖端科学技术，决定成立计算机技术研究所、电子学研究所等机构的筹备委员会，孟昭英被任命为电子学研究所的筹委会第二副主任，是主要的业务负责人。1956年底，中国科学院组织代表团赴苏联和东欧国家进行科学考察，孟昭英参加了代表团并任电子学组副组长。在此期间，孟昭英花了大量时间到苏联科学院的电子学研究所去了解情况，与苏联科学家交流经验，受益匪浅。

在这段时间内，孟昭英担负着繁重的科学组织工作和教学工作，但他仍坚持用一定的时间来搞科研工作，并在《清华大学学报》上发表了《五极管电阻电容耦合放大器的设计原理和步骤》和《电子注管的多重调制法》两篇论文。为了向社会各界介绍电子学知识，当时孟昭英还为《人民日报》撰写了文章《标志着现代的一种技术科学——电子学》。

孟昭英是一位爱国且富有正义感的科学家，具有刚正不阿和不隐瞒自己观点的性格。1957年党内开展整风运动时，孟昭英本着一位科学家实事求是的科学态度和知识分子要有独立见解的行为准则，对许多问题提出了自己的见解和意见。"反右"运动开始后，孟昭英被错划为"右派"，使他感到宽慰的是，仍允许他为学生讲课。由于教学需要，他在这样的困境下仍坚持完成了教材专著《阴极电子学》一书。1962年，孟昭英的"右派"帽子被宣布摘掉，但仍不允许他参加被认为"保密"的微波研究。因此，他只好转向从事阴极电子学的基础性研究工作。1966年"文化大革命"开始，孟昭英又被加上一顶"反动学术权威"的帽子，受到极不公正的对待。

粉碎"四人帮"之后，特别是中共十一届三中全会以后，1979年2月，清华大学在中央关于纠正冤假错案政策的指引下，作出了撤销该校于1957年将孟昭英划为"右派"分子的错误决定，一切不实之词与莫须有的罪名均理所当然地被否定，并恢复了孟昭英一级教授的职称。1981年，中国科学院正式宣布恢复他的"学部委员"称号。

1979年，年逾古稀的孟昭英考虑到电子学发展迅速，加上他本人已脱离电子学界十九年，恐力不从心，征得领导同意后转入物理教研组。1984年，物理教研组与工程物理系部分专业正式合并为现代应用物理系，孟昭英参加了谐振电离光谱小组，担负起新建的单原子探测应用实验室顾问和指导单原子探测技术研究的重任。1985年，他邀请此项新技术的创始人G. S.赫斯特（Hurst）教授到校讲演。1985年，孟昭英去美国时，曾到赫斯特的实验室参观，并与之建立了联系，从而大大推动了清华大学实验室的发展。

1979年12月，孟昭英作为中国科协代表团的副团长，赴美参加美国科学促进会暨《科学》杂志创刊一百周年纪念活动，会见了不少老朋友，为促进中美科学技术交流工作发挥了积极的作用。1980年10月，孟昭英参与了推动我国与美国国家科学院建立正式交流关系的工作。孟昭英先后四次率领代表团访美，为推动中美科技交流进行了努力。同时，一些关心祖国前途的在美华人学者与中国科学技术协会合办《科技导报》，孟昭英领衔出任这份以"促进中外科技交流，探讨现代化的道路与方法"为宗旨的高层次期刊的主编。这份杂志受到中外读者的欢迎。

一、爱国家，爱科学，爱教育

孟昭英对有益于社会进步的事业总是给出热情的支持，并为之作出贡献。他的社会兼职名目繁多，仅1979年他在政治上得到平反和恢复名誉后被选任或推举的学术性社会职务，就有中国电子学会名誉理事、中国真空学会名誉理事、中国电源学会名誉理事长等。对于中国电子学会，他为之作出的贡献甚多。早年，他是这个学会的主要发起人之一。1978年中国电子学会恢复活动后，已步入古稀之年的孟昭英被选为这个学会的常务理事、会士评定委员会主任委员、《电子学报》编辑委员会副主任委员等职。他心怀全局、刚直公正、平易近人，善于团结不同年龄段的专家学者，广受大家赞誉。中国工程院院士、原电子工业部副部长孙俊人在理事会上或学会总部召开的工作会议上，常以崇敬的口吻列举孟老的成就，并常说无论对学会理事会的决策、学术交流活动、科普教育的开展、《电子学报》的不断进步，还是会士评选的顺利推进，孟老的贡献均将载入中国电子学会的史册。

表现孟昭英秉性刚直、崇尚讲真话的一则小故事，是他在20世纪80年代初期中国电子学会总部组织的一次新春座谈会上的即席讲话。当时，他面对众多身居现职或退居二线的原电子工业部、广电部、邮电部、总参通信兵部高层领导和电子学界的知名专家，直言不讳地就当时存在于知识分子政策中一些令人担忧的问题作了言简意赅的评述。他的两句话"造原子弹的不如卖山药蛋的，拿手术刀的不及拿剃头刀的"，在此后六七年才见诸某些记者与作家的笔端。

1986年，清华大学为孟昭英80华诞举行庆祝大会，在他的致答词中有这样一段话："要完成整个民族的使命，就像接力赛跑，每一代都要比上一代跑得更远。一般说来，跑接力赛，交掉接力棒就可以不跑了，可我还要跑十年八年，为祖国再作贡献。"这既传出他对后来学子的期望，更表达出他对毕生为之奉献的事业必将愈益向荣的信念。

1995年2月25日凌晨，年老体衰的孟昭英因医治无效而与世长辞，这是我国科技界、教育界的巨大损失。他在此前九年要为祖国科教事业再"跑十年八年"的愿望已经实现。他要求"丧事从简，不开追悼会，不举行遗体告别仪式，不送花圈挽联，不戴黑纱白花"的遗嘱，为后人立了榜样。

二、重视实验室建设

孟昭英自1928年任教燕京大学开始，一直在国内外一些著名高等学府任教。

六十余年间，出其门下者不乏知名学者，许多至今仍处在学术带头人岗位上的教授、研究员和高级工程师，堪称一代名师。这除了因为孟昭英有一颗为祖国培养建设人才的赤子之心外，还在于他在办学上的远见卓识与身体力行，包括对师资队伍、实验室与教材的建设和对教学方法的创新追求。

作为一位实验物理学家，孟昭英非常注重培养学生的实验和动手能力。他对于理论与实验的关系有很精辟的论述："物理学是一门实验科学……从事物理工作者以侧重实验者居多，专攻理论者为少。实验物理学家必须谙熟理论，理论物理学家也必须对实验有较深的了解，否则其工作就成为无源之水和无本之木，因此物理实验是一切物理学家的基本训练。"对于理科和工科的关系，他的观点是"物理好比是一棵大树的根和干，工程是枝上结的果实。"因此，他不赞成理工分校。用心建设大学实验室和重视培养学生的动手能力，是孟昭英办学思想的一个重要体现。

早在1937年秋抗战初起，孟昭英绕道香港为西南联大和新成立的清华大学无线电研究所采购电子器材，为日后实验研究的开展准备物质条件。1946年夏，他在美国期间千方百计地筹措资金购置示波器、真空检测仪、繁用表、各式常规电子管和3厘米返波管以及大批无源电子元件，为的是复校后的清华大学能跟得上时代前进的步伐。返回清华园后，就指派慈云桂、吴全德和汪永铨等依他的设想筹建实验室。到新中国成立初期，这个实验室已能为当时清华物理系与电机系电信组开出以计时电路、脉冲电路为主的十多种实验课，其中属于微波领域的就占有六项，包括利用3厘米返波管制成的微波发送与接收装置，其先进程度，在当时国内无出其右。

1953年，孟昭英除了继续充实已建成的无线电电子学实验室之外，还针对国家发展真空电子器件的迫切需要，建成了电子管、真空、工艺、微波、电子光学、阴极电子学等实验室，聘请中国科学院长春电子学研究所研究员张恩虬为兼职教授，延揽技艺精湛的玻璃技师到实验室任教，使清华的电真空专业极一时之盛。

1957年"反右"后，孟昭英在很长时期内无权再过问此事，但是他所倡导的理工不能脱节的办学方针和重视实验室建设的行动，仍为他的后继者所遵循。清华大学无线电电子学系在此前后为加强和发展通信、雷达、计算机、微电子、电视等专业教学的需要而加强或新建的诸种实验室，在国内均称上乘。1984年，孟昭英还担负起了指导清华应用物理系对建立用以开展对化学元素进行微区检测的单原子探测应用实验室的重任。

三、潜心编译教材，重视师资培养

理工科大学教材，是启迪学生心智的依据。孟昭英无论作为讲课教师，还是作为一个系的主任，都十分重视教材的建设，总是在他主讲的课程中，或引入当时世界上最新的学术成果，或自行编写，使之更加切合开设新课程的需要。1947年，他自美国回到清华大学任教，鉴于当时的教材远不能反映国外已取得的成就，他就不辞辛苦，把美国麻省理工院辐射实验室和他自己在微波理论与技术研究上的成果，结合国外的最新发展，如关于圆波导、矩形波导的电磁波传播模式，返波管、磁控管和行波管的工作原理和特性，雷达技术以及新型微波元器件的应用等，引入他开设的"电磁波与电子器件"新课，并在施教上依理科与工科的不同各有所侧重。虽然当时限于客观条件无法辅以相应的实验，但听过该课的学生乃至青年教师均感大开视野，受益甚深。1953年，孟昭英为使在院系调整后新建的无线电电子学系办得更有特色，顺着学习苏联的大潮，亲自组织系内教师学习俄语并继之翻译了不少苏联出版的有关教科书与专著，使各科教材在新的体系上成龙配套。由孟昭英参与译述并亲自校订的《无线电基础》（原著者为阿谢耶夫）和《电子管》（原著者为富拉索夫）两书，由于选材精到，译文准确流畅，曾被当时许多高校竞相选为主要教材。20世纪50年代末60年代初，结合他对电子管阴极物理机制的研究，撰写出了教材性专著《阴极电子学》，此书于1962年由人民教育出版社出版发行。

清华无线电电子学系的教学质量之所以在国内享誉不衰，与该系重视师资培养的良好传统分不开。孟昭英师资培养的做法主要集中在：指导他们不断吸收各学科的前沿理论与技术成果，并编入教材；重视教学方法，并为他们提供早日走上讲坛的机会；鼓励他们参与科学研究，组织他们学习外语，增强阅读科技文献和学术交流能力。20世纪50年代学习苏联时如此，80年代复出后也是如此，他曾为物理教师开设旨在提高他们听、读、说、写英语的课程，就是一例。

四、重视教学方法

　　与上述实验室建设、教材建设和师资培养三者相互辉映的是孟昭英对师德与教学方法及其效果的孜孜以求。他既博采众长又不囿于成规，很有特色。他早年为一年级大学生上第一堂普通物理课时既毫不含糊地明言：他的讲课针对的是大多数学生的接受程度，如果有谁感到听一堂课还不如自己看书来得有效，就可以完全不来听课。他的这个观点还常在其他场合有所体现。对于高年级课程，他十分注重启发学生自己钻研问题，以培养他们独立思考的能力。即使是对于同一课程，他也会依理科与工科的不同要求而在深度与广度上各有侧重。由于他理、工兼治又甚具驾驭多国文字与语言的功力，讲起课来，旁征博引，无不贴切。所以每堂课下来，总令学生，包括研究生和企望提高外语听读能力的教师感到是一种享受。

　　对于工科学生，孟昭英除了循序渐进地在校内为他们提供实习与实验条件，要求他自己和其他教师在课堂上结合工程设计或生产制造的问题进行分析讲解之外，他还经常亲自为他们演示实验操作，乃至手把手地向他们传授板金工等的技艺要领，而且还亲率他们到外省市的对口工厂（如南京电子管厂）或研究所进行实习或参观。有一次，他从家里带来一把锤子，在讲堂上亲自示范怎样把钉子一锤子钉入木板，并讲述他自己年轻时在美国亲身经历的一件事：在一次课堂上，主讲人叫学生在一块木板上钉钉子，美国学生大都很在行，而中国学生却很笨拙。孟昭英很有感触地说，中国人原也是很聪慧的，只因为轻视劳动的封建余毒未除尽，不认为手工操作也是学问。他认为，如不从根本上改变人们轻视劳动实践的观念，仅就培养合格的技术人才而言也十分堪虑。孟昭英毕生为这种教育观点实践，即使对于理科学生，他亦常告诫他们不应偏重理论钻研，要通过实验与实习来培养对物理机制和工程技术的分析与处理能力。孟昭英的这种观点，直至他重执教鞭后仍然谆谆不息。

　　与孟昭英十分讲究教学方法相辅相成的是在育人成材上的严肃认真、一丝不苟、精益求精的学风。在为学生讲课或作实验研究，他事先总是作出充分的准备，务求精到；对学生和助手送审的调研报告、实验报告或学术论文，他逐句推敲，逐字修改，甚至连他们英语发音不准也指出来，并帮助纠正；对他们完成的科研成果和发表的论文，总不让他们署上他的姓名，他认为作为人师，理应事事处处奖掖后进。他对教学与研究工作以身作则，严以律己，直至暮年，从不稍懈。1980年中期的某天，清华单原子探测应用实验室组织一次讨论会，当时刮着六七级大风，而第一个到会的却是这位年逾古稀的老教授。另一次由他主持的会议，遇上倾盆大雨，他匆匆赶来，迟到了一两分钟，他认真地作了自我批评。

五、助人为乐，德高望重

孟昭英基于育人成才的师德，还有许多令人难忘的事例。他对因经济无援难以维持学业的学生倍加同情，不时伸出援助之手，并把它奉为信条。早在西南联大任教时，尽管他每月只有相当于8块大洋的收入，在他得知有几位学生因经济困难行将辍学时，毅然将一位名叫史密斯的外籍友人原来希望缓解孟昭英经济窘境而从美国寄给他的300美元，托给一位在他身边工作的助教，要这位助教看谁最困难就分借给谁，唯一的条件是要他们日后有了收入就归还，以能轮回地帮助其他有困难的学生。20世纪80年代，他先后在北京和昆明某个会议住址接待两位怀着虔诚的谢意与歉意而造访的老人——北京理工大学教授郑联达和昆明某大医院院长陈世德，噙着泪花听了他们的回忆与诉说之后，孟昭英才知道这两位老人竟是当年受他济困的学生中的两位。1991年1月，在他年届85岁高龄时，为了能对家境贫寒、品学兼优，特别是来自农村的学生提供帮助，他从早年在美国工作时积存起来的款项中取出2万美元捐给清华物理与电子工程两系设立助学基金。此外，还将他珍藏的全部图书无偿地献给清华大学图书馆。

六、几项重大科研成果

孟昭英的科学研究领域较为广泛，善于在交叉学科领域捕捉战机。

（一）研制微波电子管，创当时振荡波长最短的记录

1884年，麦克斯韦从理论上预言电磁波的存在，提出"光就是电磁波"的著名

论断。1888年，赫兹第一次用电磁学方法产生并检测出了电磁波，开创了人类掌握和应用电磁波的时代。从此人们不断开拓电磁波的频谱范围，寻求产生更高频率（即更短波长）的电磁波——从波长为千米量级的长波，发展到波长为米量级的米波。由于他们所用的方法都是静电控制电子管与电感电容谐振回路组成的电子管振荡器，进入更短波长和更高频率后，常用的振荡器方法遇到了麻烦，其原因是电子管中电子的渡越时间已接近或大于电磁振荡周期，栅极的静电控制作用不再有效。人们即使力图缩小电子管的极间距离，减小电子的渡越时间，以产生更高的振荡频率，但效果有限。1919年，H.巴克豪森（Barkhausen）和 K.库尔兹（Kurz）一反普通电子管的常规接法，将三极管的栅极接正电位，阳极接负电位，在栅-阳空间形成阻滞场，迫使电子返回，使电子呈振荡运动，从而利用电子的渡越时间产生波长很短的电磁波。这种器件被称为巴克豪森—库尔兹振荡器。

1933年，孟昭英赴美国加州理工学院攻读博士学位时，对该校波泰盼柯教授在《物理评论》上发表的关于巴克豪森—库尔兹振荡器的几篇论文发生很大兴趣。他决心在波泰盼柯教授指导下，探索用这种器件产生极短波长电磁波的可能性。经过三年努力，他终于用自己研制成的电子管产生了波长仅1厘米的连续振荡，创下了三极管产生微波连续振荡的一项世界记录。孟昭英以此获得博士学位，并在美国无线电工程师学会（IRE）洛杉矶分会上宣读了这篇论文，他随之以"研制振荡波长最短的电子管"而闻名于世。

孟昭英制成的这种电子管的阳极是内径仅 1 毫米的镍管，栅极是用细钨丝绕制成的螺旋线管，阴极是一根直钨丝。把这样小的电极精确地装配起来确非易事，为此他自制了小型点焊机，有些地方不易点焊，就用胶状石墨粘接，并用目测法调中心线。电子管研制成功之后，他细致地调节各极电压，终于获得极短波长的振荡。当时要测量这样短的波长没有现成的仪器，于是他采用了带短路桥的平行双线（一般称为勒谢尔线）。当短路桥移动到一定位置时，电极电流发生变化，两次相同变化之间的距离即为半波长。用此法测得振荡波长为1厘米。

（二）三极管射频放大器线性调幅研究

1938年至1943年，抗日战争中期，生活十分困难，仪器设备缺乏。孟昭英认为战时通信非常重要，遂于1939年选定了这个课题。经过分析，他认为要得到理想线性调制必须使栅极激励、栅极偏压与阳极电压同时受到调制。继之通过理论推导、逐点计算与模拟实验，证实了预想的正确性。这个设计的突出优点是当调制度达到和超过

100%时不会造成波形畸变，且调制器负载为恒值，可在调制波谷处免使栅极过激励，实施起来非常简便，甚利于显著提高射频大功率发射机的利用效率。据此成果写成的论文在美国《无线电工程师学报》发表后，受到国际同行的关注。

孟昭英的这个成果的另一重要影响是给当时处在窒息气氛下的抗日后方院校注入了联系实际进行学术研究的新鲜空气。

（三）微波波导中阻抗的精确量测

1943年，孟昭英再次赴美国加州理工学院访问。此时微波研究在美国已获得长足进展。孟昭英选择了金属波导中阻抗的精确量测作为研究课题。金属波导在当时是刚刚问世的新型微波元件。他所用的方法是在波导终端放置一个扼流活动短路装置，使之形成谐振腔。具有可移动短路活塞的谐振腔是微波频率的精确测量仪器。由于谐振腔的品质因数很高，用这种方法量测波导中的阻抗具有很高的灵敏度和精确度，经过一年的研究，他终于获得成功，并获得一项美国专利。

（四）参与战时雷达的创始性研究

1940年，由于战争需要，美国在麻省理工学院建立辐射实验室，从事战时急需的雷达研究和发展工作。1944年，孟昭英参与了雷达系统的创始性研究工作，他的研究课题是在10厘米波段雷达系统中发送－接收开关的研究。这是一种波导中的气体放电器件，在极短的时间内把很强的微波脉冲经波导传输至天线，同时使接收机阻塞以免烧坏接收机中的晶体混频器；而在发射脉冲过后，使用同一天线接收到反射波信号，经波导传输到接收机。这样，雷达就可以用一副天线同时进行发射和接收，而不需要两副天线。孟昭英具备波导电磁波传输、气体放电的触发与熄灭、放电等离子体和放射性活质的基本知识，经过不断改进，终于完成了此项雷达关键器件的研制任务。孟昭英的这项研究成果，当时出于保密的原因而未能公开发表。第二次世界大战结束后，该实验室研究成果多数解密，并据以编著出版了高水平的《辐射实验室丛书》。该书第14卷《微波双工器》的著者序中介绍了孟昭英的工作。

（五）微波波谱的先驱性研究

1945年，第二次世界大战结束，孟昭英立即转入和平时期的基础研究。在20世纪40年代，量子力学理论及物质微观结构研究已蓬勃发展，理论研究发现许多原子或分子的能级跃迁处于微波频段，但因缺乏该频段的实验手段而未能获得实验证实。孟昭英利用辐射实验室极佳的微波实验条件，与当时的研究生，后来麻省理工学院的教授 M. W. P. 史特朗勃格（Strandberg）及另一位技术员合作，研究氧气在5毫米波段的吸收谱。所用的信号源是带有谐振腔稳频系统的反射速调管，由它产生的1厘米振荡经硅晶体二极管倍频获得 5 毫米的信号。接收系统是由一个谐波变频器、中频放大器及相位器组成的微波外差接收机。实验测得纯氧及氧氮混合气体的氧吸收波谱，其吸收量及波谱形状与用量子力学计算得出的值吻合得相当好。他们的论文《氧的毫米波吸收波谱》发表于1949年美国《物理评论》上。孟昭英等人被尊为微波波谱学这一重要实验物理学分支的先驱之一。

（六）阴极电子学研究

20世纪60年代初期，晶体管和集成电路发展迅速，但阴极射线管（特别彩色显象管、计算机终端显示管）、大功率电子管和微波电子管仍有广阔的用武之地。被称为这类管子的心脏的阴极，其所用的材料与工艺均十分复杂，虽迭有专著发表且争论时起，其发射机理一直未被揭示清楚。当时曾经有过的理论，都不能全面解释实用热阴极的发射机制，而且许多工艺技术大多来自经验，一直停留在满足生产需要的水平上。孟昭英原拟花长时间去作深入的研究，但限于不足的经费与实验条件，只好先选择阴极发射特性及温度的精确测量作为研究方向。经过分析，他认为，要精测氧化物阴极的动态温度，必先确定它的辐射系数；而这种阴极的组分复杂、表面粗糙，其厚度、疏松度与工艺过程对辐射系数都有着不可忽视的影响，现有的测量方法均不能适应这个要求。孟昭英发现的"光照测法"——一种间热式氧化物阴极温度测量法和据以建立的一套测量温度的次级标准，解决了精测这种辐射系数的问题。此法设备简单，准确度高，迄今仍在实验中应用。孟昭英据此写成的论文已在1963年召开的中国电子学会第一届电真空专业年会上发表。

与此同时，孟昭英还进行了其他课题的研究。例如，他针对工作于脉冲状态的大功率微波管要在极短的脉冲持续时间内给出很大电流密度的情况下，如何测定该电流密度随时间而变的特性，以及在脉冲间歇时段的恢复特性的问题，他带领数名研究生在多方面的定量分析研究的基础上，发展了双脉冲测量方法。此方法简单易行，改变两脉冲之间的时间间隔，可测出电流密度随时间变化的特性，为改进此类阴极的配方和工艺提供了实验依据。

（七）指导开展单原子探测技术的研究

单原子探测是非常诱人的课题。物理学家、诺贝尔奖获得者 R.斐曼（Feynmen）曾这样描述："如果有一天可以按人的意愿安排一个个原子，那将会产生怎样的奇迹？"这在当时只是一个美丽的梦想。因为要操作原子，首先得有能操作单原子的技术。在那时，远不具备实现这种操作的手段。当用某种频率的激光照射基态原子使它产生共振吸收，如果激发态上的电子再吸收光子，则可使此电子激发到里德区或电离区；如果此原子已电离，则可利用飞行间质谱定出它是何种原子。可见这种研究最重要的物质手段是频率可调的高精度激光器和离子飞行时间质谱仪。

1984年，78岁高龄的孟昭英老骥伏枥，壮心不已，出任清华大学现代应用物理学系在建的单原子探测应用实验室顾问，以极大的热情指导该实验室研究工作的开展，取得了极为难得的成绩，包括使建成的实验室成为国家教委的一座开放实验单位、承接了国家"七五"重点攻关项目——激光单原子探测技术在地质找矿中的应用课题、在原子光谱以及金和铂元素的超灵敏分析方面取得阶段性成就。此外，他还担任了九名专攻单原子探测课题的博士研究生导师，指导其中的马万云研制成功旨在填补我国超高灵敏微区分析空白的首台自制的溅射原子化学共振电离飞行时间质谱仪。他不顾越洋跋涉的劳累，沟通了该实验室和美国权威学者 G. S.赫斯特（Hurst）及其实验室的联系，促进了中美学术交流。

孟昭英于1995年2月25日病逝于北京清华园寓所，享年89岁，他一生为祖国的富强、人民的幸福全身心地奉献自己。他在求学、从教和探求真理的人生道路上，无论在共赴国难的抗日战争时期，两度越洋艰难求索时期，还是迎接人民解放和投入新民主主义与社会主义建设时期，乃至在"反右"运动和"文化大革命"中蒙受屈辱期间，从未稍坠报效祖国和与祖国同命运的赤子之心。

孟昭英热爱祖国、热爱人民和追求社会进步的高尚品德，精深的学术造诣，严谨的治学方法，取得的丰硕科研成果，为发展新中国无线电电子学呕心沥血的精神，在信息科学与技术迅速发展的今天，尤其令人钦敬。但愿有更多的后来者，特别是中青年朋友能从中得到启迪。

（吴全德）

孟昭英主要著作：

1. 孟昭英等译，В，Л．阿谢耶夫著：《无线电基础》，龙门联合书局，1952年。

2. 孟昭英等译，B.X.富拉索夫著：《电子管》，龙门联合书局，1952年。

3. 孟昭英：《电磁振荡和电磁波》，人民教育出版社，1956年。

4. 孟昭英：《阴极电子学》，人民教育出版社，1962年。

5. 孟昭英、吴佑寿、杨弃疾：《无线电基本知识》，科学普及出版社，1964年。

6. C. Y. Meng, P. A. Anderson, Y. M. Hsieh: Ionization of hydrogen gas in contact with Pt, Cu and Ni, *Chin. Chem. Soc. J.*, **3**（1935）103~104.

7. Chen Shang-yi, Meng Chao-ying, W. Band: Transmission of ultra-violet radiation through Chinese window papers, *J. W. S. A.*, **25**（1935）67~70.

8. Chao-ying Meng: Generation of centimeter wave with Barkhausen Kurz effect, Doctoral thesis of California Institute of Technology, 1936.

9. Chao-ying Meng: Linear plate modulation of triode radio-frequency amplifiers, *Proc. IRE.*, **28**（1940）563~569.

10. M. W. P. Stranberg, C. Y. Meng, J. G. Ingersoll: The microwave absorption spectrum of oxygen, *Phys. Rev.*, **75**（1949）1524~1528.

11. 孟昭英：《五极管电阻电容耦合放大器的设计原理和步骤》，《清华大学学报》，1956年第2期，第183~188页。

12. 孟昭英：《电子注管的多重调制法》，《清华大学学报》，1956年第2期，第189~196页。

13. 孟昭英：《间热式氧化物阴极温度的量测》，《第一次全国电真空器件专业学术会议论文选集》，国防工业出版社，1964年。

14. 孟昭英：《纪念赫兹发现电磁波100周年》，《赫兹电磁波实验100周年纪念学术报告纪念册》，中国电子学会编，1988年。

治学广博著作等身　执教泽惠美欧中华：
理论物理学家吴大猷

吴大猷（1907~2000），物理学家，教育家。他在原子物理、分子光谱等方面作出了开创性贡献。他在长达67年的教学、科研生涯中，对海内外教育、科学事业的发展作出了杰出的贡献。他曾任北京大学、西南联大教授，加拿大国家研究院理论物理部主任，纽约州立大学水牛城分校物理系主任，（台湾省）中央研究院院长。他发表论文130余篇，著有教材及专著10余部，培养的学生遍及海内外。

吴大猷

一、生性聪颖，学业超群

吴大猷先生原籍广东肇庆，1907年9月27日出生于广州。祖父吴桂丹（秋舫）为1889年进士，1891年任翰林院编修。父亲吴国基为1901年举人。吴大猷幼年丧父，由母亲关嘉娥抚养成人。1920年，吴大猷毕业于番禺县立高等小学，考入广府中学，第一学期末列全班第二，学年考试后即跃升第一。课余绘水彩画、刻石章、临柳公权玄秘塔。1921年其伯父吴远基应邀赴天津创办广东旅津中学，携子侄四人同行，吴大猷母子入津。吴大猷考入私立南开中学旧制（四年制）一年级。次年，南开改行新制（初中三年，高中三年），吴大猷跃升初三，1923年升入高中。上高二时他曾自修大学普通化学，1925年以同等学力考入私立南开大学矿科（由实业家李祖绅捐资兴办）。1926年，矿科因捐资者经营困难终止捐助而停办，吴大猷转入物理系二年级。因在矿科的成绩为最高分，入物理系时得免学宿费的奖励（90元）。吴大猷利用暑期在南开中学暑期学校授代数，并教家馆（英文、数学），两者合计每周30小时，为时6周，共获180元，足供一年之需。以后继续勤工俭学，或在暑期学校授课，或任预科实验助教（每月15元，每月饭厅伙食费仅需5元）藉以维持生活。

在南开物理系三年期间选习的数学、物理课程有高等微积分、初等力学、电磁学、电磁度量、近代物理、气象学、高等解析几何、复变函数、高等力学、光学、气体运动论、直流交流电机、无线电、近世代数、高等电磁学、微分方程等。当时南开物理系教授仅饶毓泰、陈礼二位。陈礼是学工程的，主要负责实验课程和电学，物理学理论课程均由饶毓泰讲授。吴先生自称"近代物理使我开了对物理的窍和兴趣，渐为饶师毓泰注意"。长达数十年的师生情谊即从此开始。吴大猷学习十分勤奋，且生动活泼，表现出非凡的才能。他具有良好的外语基础，除英语外，中学时就选修德文。当时物理学研究的重心在欧洲大陆，德语是物理学者必须掌握的语言。他在课外阅读索末菲名著《原子结构和线光谱》时将德文原本和英译本对照学习，借此提高德文水平；又曾边读边将普朗克著《热辐射》德文本译为英文（译了半本），还将洛奇所著《原子》（英文）译为中文。他与四年级同学组织读书报告会，为此读相对论及与相对论有关的比贝尔巴赫著作《微分几何》（德文）。吴大猷还阅读德文期刊中有关量子力学（矩阵力学）的论文。这些学习使他打下牢固且深入的数理基础和外文基础，而正因为有这样的基础，1929年，饶毓泰先生去德研究，刚毕业的吴大猷即接手讲授近代物理及高等力学，且称职胜任。吴大猷认为，通过讲课他进一步加深了对古典力学和量子力学等的理解。1930年，他还在南开中学兼教高三物理，真可谓能者多劳。

二、在美留学，初露锋芒

1931年，经饶毓泰、叶企孙两位先生的推举，吴大猷获中华教育文化基金董事会乙种奖助金去美国留学深造，9月入美国密歇根大学研究院。他的入学申请得到多所美国大学的批准。他选择密大是因为当时原子及分子结构问题是物理研究的主流，而密歇根大学在这一领域的理论和实验方面有多位著名教授。在红外分子光谱研究方面，实验有H. M.兰德尔（Randall）（系主任）、E. F.巴克（Barker），理论有D. N.德尼森（Dennisen）、W. F.科尔比（Colby）；原子光谱方面，实验有B. A.索亚（Sawyer），理论有 S. A.高德斯密特（Goudsmit）、O.拉波特（Laporte）。此外，理论物理（包括统计力学）有G. E. 乌伦贝克（Uhlenbeck），原子分子碰撞实验有O. S.杜芬达克（Duffendack）。另外，密大学费低，一学年约100美元，芝加哥大学是每学期100美元。

吴大猷十分钦佩兰德尔教授，认为他简朴诚实，对学系的发展有远见、有成就而毫不居功。吴大猷认为，他在台湾省发展科学的工作中，对若干政策和对学术的支持态度都可追源于兰德尔的影响。例如，吴大猷关怀年轻的理论物理学家，争取建立进修制度，每授课四学期和一个暑期班后便可休假一学期和一个暑假，去欧洲进修。开始时吴大猷就在兰德尔的实验室工作，学习红外光谱实验技术，其间曾创造性地对红外光谱仪进行了一次改进。原来溴化钾棱镜分光仪上的狭缝像（谱线）是弯的（呈半月形），分光仪的分辨本领因此有所降低。吴大猷设计出一套弯形的狭缝，使谱线变直，分辨本领有所提高。由于狭缝弯度须随波长而变，所以要有一套不同弯度的狭缝。后来著名的伯金艾尔莫（Perkin Elmer）公司制造自动记录红外光谱仪时就采用弯形狭缝代替直形狭缝。此外，吴大猷还参与二氧化碳、氧化氮的红外光谱研究。

吴大猷于第一学期选习拉波特教授所授的《原子光谱》，他狠下功夫，理解很深，为后来从事光谱学研究打下扎实的基础。拉波特在期末成绩单上他的名字后加上"An excellent young man"的批注。第二学期他选习高德斯密特（以下简称高氏）所授的《量子力学》，高氏主动询问吴大猷是否愿意做自己的博士研究生，吴当即应允。吴大猷认为高氏此举与上述拉波特教授的评语有关。此后，吴大猷用时不到两年即完成博士论文。吴大猷认为："这决定了我学习理论物理的一生。"

吴大猷1932年6月获硕士学位。暑期中学习热力学、分子光谱，参加暑期研讨会，听海森堡的量子力学，布赖特（Breit）的量子散射论。第二学年选统计力学课，参加碰撞理论讨论班，同时进行论文中的计算，每周还作两小时的助教。另外协助巴克教授研究10米长CO_2管红外吸收光谱，与金星的光谱作比较，从而了解到金星大气中含有大量CO_2。1933年春，吴大猷完成有关最重元素原子能级的博士论文，这是关于铀原子的 5f 电子能态及铀原子可能为一串14个原子（当时尚未发现）的开始的问题。他用正离子统计电势理论研究铀离子的电子能态，发现 5f 态的有效势有"W"形的两个最低点（不对称），并求出相应的本征态近似值。这是一个重要的新进展。他得出：从铀开始，如有原子存在，则将成为一串14个原子，其电子陆续填入 5f 层。虽然这一结论与实验结果有差异[①]，但他首先想到这是超铀原子的 5f 电子层问

[①] 实际锕系的电子组态为^{89}Ac（$6d^17s^2$）、^{90}Th（$6d^27s^2$）、^{91}Pa（$5f^26d^17s^2$）、^{92}U（$5f^36d^17s^2$）、^{93}Nb（$5f^46d^17s^2$）、^{94}Pu（$5f^67s^2$）、^{95}Am（$5f^77s^2$）、^{96}Cm（$5f^76d^17s^2$）、^{97}Bk（$5f^97s^2$）、^{98}Cf（$5f^{10}7s^2$）、^{99}Es（$5f^{11}7s^2$）、^{100}Fm（$5f^{12}7s^2$）、^{101}Md（$5f^{13}7s^2$）、^{102}No（$5f^{14}7s^2$）、^{104}Lr（$5f^{14}6d^17s^2$）。5f 态和6d态的能量值互有交叉。

题。他发现电势有两个极小值，并对其本征值进行计算，对超铀元素钚的发现及玛利亚—格佩特—梅耶（Maria-Goeppert-Mayer）计算作出了贡献。1933年初高氏建议将计算结果发表，吴大猷写成《最重元素的低能态》一文，以致编者函的形式刊于《物理评论》，吴大猷为第一作者，高氏名列其后。毕业论文亦刊于《物理评论》，1933年6月他获博士学位。留美不足两年即连得硕士、博士学位，这是前所少有的。此时他又获中基金会下一年度（1933～1934）的奖助金，决定留校继续研究。

1933年夏，吴大猷参加暑期研讨会，费米讲核子物理，V.弗莱克（Vleck）讲原子电性及磁性，N.玻尔讲量子力学的物理及哲学问题。费米演讲的特色为以最少量的数学处理物理问题的要点。吴先生对于在两个暑期中能听到那么多大物理学家的演讲深感幸运。

1933年至1934年期间，由于已无学位的后顾之忧，吴大猷的工作全面展开，在两年中发表论文8篇，涉及以下课题：

1. 含碳双键分子的不相等最低势能和扭振动问题。
2. 氯乙烯同分异构体的红外光谱及分子对称问题。
3. CO_2的红外光谱（与巴克合作）。
4. 氦原子的双激发态（2篇）。
5. 日冕光谱的来源。
6. 核反应实验的解释（2篇，其中一篇与乌伦贝克合作）。

三、学成归国，建设北大

1934年夏，吴大猷应恩师饶毓泰之邀到北京大学任教授，在暑期物理讨论班后离开密大。他先参观哥伦比亚大学拉比（Rabi）的原子束实验室，后访问哈佛大学、麻省理工学院、卡内基理工学院等校。8月抵沪，中央大学校长罗家伦曾电邀吴大猷去中央大学任教，派丁绪宝教授去沪迎接，因已应聘北大而辞谢。接着去广东肇庆，迎母北上。吴称"五岁丧父，今28岁始克奉养母亲"，了一心愿。北大是我国培养物理学本科生最早的学校，1916年有五人在理科物理学（本科）毕业，丁绪宝即其中之一。1933年，曾在量子力学的应用方面作出贡献、1931年到校的北大物理系主任王守竞教授，决心致力于应用科技研究，直接为国防和工业服务，离开北大。同年，饶毓泰到北大任研究教授兼系主任。他延聘良师，建设实验室，使北大物理系教学科研得以迅速发展。1935年，北大开始招收研究生。年仅27岁的吴大猷到校后除讲授本科课程外，还开设一系列研究生课程，使北大物理系的课程达到一个新的高度，为青年师生的深造创造了条件。当年的学生马仕俊、郭永怀、马大猷、虞福春等后来都成为知名学者。在20世纪30年代，原子、分子物理和光谱学研究是物理学的前沿，饶毓泰、吴大猷到校后，北大成为我国这一领域的重要研究基地。饶毓泰曾在美、欧研究气体导电和铷、铯主线系的倒斯塔克效应；1933年至1936年在校的周同庆研究分子光谱；吴大猷从事氦的双激发态、多原子分子光谱、拉曼光谱的实验和理论研究；1936年到校的郑华炽研究拉曼光谱；一批助教、研究生也积极参与科学研究。实验室中有从德国进口的施坦海尔大型摄谱仪（玻璃、石英两套光学元件），吴大猷由 R. W. 伍德教授处洽购来的高分辨率凹面大光栅（刻线部分宽6英寸，每英寸刻线3万条），石英水银灯、氦辐射灯等光源，配套的直流电机、真空系统等。在1935年至1938年间，吴大猷独自发表论文5篇，与马仕俊、江安才、沈寿春、饶毓泰、郑华炽、薛琴访等合作发表论文8篇，还与化学系教授孙承谔合作发表1篇。涉及氦原子双激发的理论与光谱观测，有关多原子分子结构的理论计算及光谱测量，由ClO_3^-、BrO_3^-、IO_3^-的拉曼谱线及其退偏振的观测确立了它们的四面体结构。吴大猷还创造性地提出原子激发态电子亲和性的概念。由于实验条件的限制，当时的理论研究是主要的，但北大物理系积极创造实验条件，尽可能地将实验研究和理论研究相结合，十分难能可贵。饶毓泰、吴大猷等积极推动，功不可没。

四、条件困难、成绩斐然的九年（1937～1946）

在1937年至1946年的九年中，除第一年去成都四川大学任"中英庚款"董事会为支援边疆设立的讲座教授外，吴大猷一直在昆明西南联大任教。讲授的课程有本科电磁学、近代物理，研究生课程高等力学、量子力学、物理学基础、量子化学等。他在《回忆》第62～63页中说："抗战的一段时期，应是我作研究的成长阶段，但很快地一晃而过，个人成就寥寥，限于能力和环境，没有什么后悔。幸运的是适逢其会的遇到极卓越的学生如杨振宁、黄昆、黄授书、张守廉等，发现了李政道的奇才。"吴先生在《抗战中的西南联大物理系》一文中写道："1938年讲量子

创造物理教育奇迹的大师
饶毓泰 吴有训 叶企孙 朱物华 赵忠尧 周培源 霍秉权
郑华炽 孟昭英 **吴大猷** 张文裕 王竹溪 马仕俊

力学,旁听者有时已毕业的林家翘、胡宁等,后来成大名的物理学者。在1941年的古典力学、量子力学班中,有杨振宁、黄昆、张守廉、黄授书、李荫远和其他十余人,遇见了这样的'群英会',是使教师最快乐的事,但教这样的一班人,是很不容易的事。"得天下英才而育之的高兴心情跃然纸上。

左起:杨振宁、吴大猷、马仕俊

杨振宁是1942年毕业生,他的毕业论文是吴先生指导的,吴先生让他研究《现代物理评论》上一篇讨论群论和分子光谱关系的评论性论文,看看有什么心得。杨振宁在《读书教学四十年》中写道:"我学到了群论的美妙和它在物理学中的应用的深入,对我后来的工作有决定性的影响。这个领域叫作对称原理。我对对称原理发生兴趣实源于那年吴先生的引导……以后40年间吴先生和王竹溪先生引导我走的两个方向——对称原理和统计力学,一直是我的主要研究方向。"王竹溪是统计力学专家,杨振宁硕士论文的指导教师。

黄昆1941年燕京大学毕业后即到西南联大找吴大猷,本拟做研究生,但入学考试已过,吴大猷、饶毓泰安排他作助教。1942年黄昆考上了吴大猷先生的研究生,1944年获得硕士学位,并考取"中英庚款"公费留学名额。按规定需工作一年,与国外联系好以后才能出国。当年政府明令禁止学校新聘教师。经吴大猷与昆明天文台张钰哲台长联系后,黄昆去该所任助理研究员一年。1945年10月,黄昆入英国布里斯托尔大学师从著名固体物理学家 N. F. 莫特教授(1977年诺贝尔奖得主)。黄昆是国际知名的固体物理学家,我国半导体物理学科奠基人之一。1955年,他被聘为中国科学院学部委员(院士),2001年获国家最高科学技术奖。黄昆回忆说:"我到西南联大听的第一门课是吴先生讲的古典动力学。听课下来后我感到十分激动，觉得对物理学的精湛有了新的了解，对进一步学习物理进入了一个新的思想境界……在西南联大我是受教于吴先生最多的学生。这不仅因为我是吴先生的研究生，而且因为在做研究生的大部分时间里，我是和吴先生住在一起，生活在一起……吴先生对青年学生十分民主的作风，使我得以随时和吴先生进行毫无拘束的讨论。由于有这样的培养环境，我随后到英国留学没有感到任何困难。"黄昆在回顾一生学术生涯时发觉"我出国留学时，虽然名义上是硕士研究生毕业去做博士生，实际上经过吴先生的培养，我已达到博士后研究人员的水平，完全能够独立自主地开展研究工作。"黄昆于1946年9月就完成一篇论文，创造性地取得被称为"黄散射"的研究成果。1948年初，他以三篇论文取得博士学位。

李政道1943年入浙江大学物理系一年级，曾受教于束星北教授。1944年秋日军由湖南大举南侵，入广西，直抵贵州独山，国家处于危急存亡之秋。此时国民政府号召知识青年从军。爱国热血青年李政道毅然响应号召，离开贵州湄潭（浙大一年级所在地）前往重庆。不幸中途翻车受伤，被送往重庆。当时束星北正在军令部技术研究室兼职工作，他得悉后即将爱生设法送回浙大疗养。疗养一段时间后有人劝李转往西南联大继续攻读物理。其姑认识留美归来的梁大鹏，梁在密大与吴大猷相识。李政道遂于1945年春持梁大鹏介绍信找吴大猷，时值学年中间，不能转学。吴即与教二年级数、理课的老师商量，让李随班听课。如果成绩很好，暑假通过转学考试正式转入时即可免修这些课程。李虽然缺了上学期的课，应付课程居然绰绰有余，并于课后请吴先生指定更多的读物和习题。李每次均能很快读完做完，再要新的。吴先生从他解题的步骤和方法上很快发现他思想敏捷的程度大大异乎常人。李政道正式转入西南联大后，一部分二年级课程经直接参加考试获得学分，从而选修三、四年级课程，用一年半时间已基本学完数理方面的必修课程。

1945年冬，曾昭抡教授找吴大猷，说军政部长陈诚和次长俞大维约吴大猷和华罗庚两位先生谈有关国防科研之事，二人遂去渝。陈诚亲到海陆空军招待所拜访，卫士大为奇怪，询问："教授是什么大官，要部长亲自来见？"陈、俞希望二人提出有助于国防科研工作的意见。吴大猷想了几日，认为我国人才缺乏，任何计划，必须从根做起。他们建议："（一）成立研究机构，培植各项基本工作的人才。（二）初步可派物理、数学、化学人员出国，研习观察近年来各部门科学进展情形。然后拟一具体建议，计划筹建一个研究机构，并即时选优秀青年数人出国，习物理、数学等基本科学。"陈、俞认为可行，即嘱华、吴负责数学、物理两门。吴、华建议化学部门请曾昭抡负责，遂有1946年三教授携青年教师出国之事。吴大

创造物理教育奇迹的大师

饶毓泰　吴有训　叶企孙　朱物华　赵忠尧　周培源　霍秉权
郑华炽　孟昭英　**吴大猷**　张文裕　王竹溪　马仕俊

猷首先毫不犹豫地选定天赋极高且极为勤奋的李政道为候选人,另一人则为1945年毕业、时任助教的朱光亚。华罗庚决定选孙本旺,曾昭抡决定选王瑞駪和唐敖庆。1946年秋,华、曾二人率被选中的五人赴美。吴大猷则同代表中央研究院与教育部的周培源、赵元任一起去伦敦参加英国皇家学会补办的"庆祝牛顿300周年纪念大会",会后转去美国与大家会合。吴大猷抵美后任密歇根大学客座教授,朱光亚入密歇根大学研究生院,李政道被破格录取入芝加哥大学研究生院。当时杨振宁已在芝大研究生院学习一年,后来杨、李二人成为密友,自1949年起,他们即有共同署名的文章发表。1957年,两人合获诺贝尔物理学奖,之后均致函吴大猷先生感谢教诲之恩。原信如下:

(1) 杨振宁的信

大猷师:

　　值此十分兴奋,也是应深深自我反省的时刻,我要向您表示由衷的谢意,您在1942年春引导我进入对称原理与群论这个领域。我以后的工作的大部分,包括关于宇称工作,都直接或间接与15年前的那个春天从您那里学到的观念有关。这是多年来我一直想告诉您的,而今天是一个特别恰当的时刻。

　　谨致敬意,并问候吴太太。

　　　　　　　　　　　　　　　　　　　　　　　　生　振宁上
　　　　　　　　　　　　　　　　　　　　　　一九五七年十月三十一日

(2) 李政道的信

大猷师尊鉴:

　　刻接电讯,知杨振宁和我合得一九五七年物理学之诺贝尔奖金。

　　接讯后的感觉很多,而亦分歧,一方面当然觉得这是一种光荣;可是一方面深深感觉自己之学识有限,希望对将来能继续努力。

　　现在的成就,大都是在昆明时您的教导,而假使在一九四六年没有能来美的机会,那更根本不可能会有这几年的工作,此点我深深感觉,特此致意。祝好

西南联大名师

　　　　　　　　　　　　　　　　　　　　　　　　　　生　政道上
　　　　　　　　　　　　　　　　　　　　　　　　　十月三十一日

　　吴大猷在教学中的敬业精神使学生们深为感动。1940年日机轰炸时，吴大猷所租住的内政部周钟岳部长住宅被炸，遂被迫迁至离城约十里的岗头村，住在北大为疏散教授所盖的平房中。这些平房泥墙、泥地、草顶、纸窗，条件十分简陋。那一学年因避空袭，学校作息时间改为上午7:00～10:00，下午3:00～6:00，每节课改为40分钟。吴先生教我们班电学课，每周三次，每次上课，他很早就从岗头村动身步行或坐马拉板车进城，从未迟到。1942年，吴大猷曾因马车颠簸而坠车，严重脑震荡，休息4周后照常授课。吴先生备课极为认真，静电部分采用名著《电磁数学理论》为教材，还加授必需的矢量分析和特殊函数知识，因为高等微积分课还未讲到这些内容。1942～1943学年吴先生讲授《近代物理》时指定的参考书很广泛，包括里奇特迈耶、克劳瑟、密立根、索末菲、赫兹伯格、爱因斯坦等人的著作，使同学们大开眼界，且学会翻阅参考书。

1957年12月10日，杨振宁（左一）、李政道（左二）在诺贝尔物理学奖颁奖典礼上

　　吴大猷不仅坚持教学，还坚持科研不辍。抗战初期，他认为为了全面抗战，节约开支，研究工作可以暂停。但后来看到抗战转入持久战，他认为，为了鼓励研究人员的精神，为了培植及训练战后研究工作所需的人才，应尽可能开展科研。他自己进行科研，且带领青年师生开展科研，不仅开展理论研究，还在十分困难的条件

下设法开展实验研究。他和助教一起在岗头村泥墙泥地的房子里利用从北平运出的三棱镜等光学元件在砖墩木架上制成一个大型摄谱仪，进行$Ni(NO_3)_2 \cdot 6NH_3$晶体的拉曼效应实验研究，并得出一些结果。特别值得指出的是，吴师母阮冠世女士身患严重肺病，就住在这个简陋的实验室旁边。吴先生一面教学科研，一面还要照顾病人，那就更难能可贵了。当时他家里经济十分困难，经常变卖衣服度日，我们四年级同学曾去岗头村探望老师，亲眼目睹此情景都深为感动。在1938年至1939年期间，吴大猷共发表论文17篇，其中与他人合作发表5篇。论文涉及范围较广，包括多原子分子的光谱和结构，大气物理过程（夜天空光和北极光的激发、高空氮原子的存在、E-电离层），原子的双激发能态及自动电离几率，满壳层电子的激发等。此外，他还完成了一本得到国际同行专家广泛赞誉的专著《多原子分子的光谱及结构》(Vibrational spectra and structure of polyatomic modicules)。在战时各方面条件十分困难的情况下能完成这么多工作，恐怕在国内外都是极为罕见的。吴大猷在《回忆》中说："我想在二十世纪，在任何实验室，不会找到一个拿三棱镜放在木架上做成的摄谱仪的了。我们用了不少脑筋，克服了不少困难，得到了一些结果。能做的都不是很重要的或极有意义的研究问题，但我觉得总比不做好一点。"这种敬业精神实在令人感佩。

吴大猷这本专著《多原子分子的振动光谱及结构》是为纪念北京大学40周年写的，用了一年时间，是他用手指头敲出来的稿子。为查文献，吴大猷经常步行一小时到中研院化学所图书馆。由于他在这一领域有很深的学术造诣，加上超人的毅力和工作效率，1939年夏完稿。因内地没有印刷条件，该书送上海印刷。饶毓泰赴沪探亲时亲自为之校对，饶自称为第一个读完该书的人。此书写成后即获中央研究院丁文江奖金（3000元），聊纾经济拮据之困，1942年又获教育部自然科学研究一等奖。该书印出后曾从上海寄给国外同行若干册，收到各方称誉的信，如康顿（Condon）、拉曼（Raman）、邓尼孙（Dennison）、范弗莱克（van Vleck）、兰德尔（Randall）、赫兹伯格（Herzberg）等。光谱学家E. U. 康顿来信说，想不到在抗日战争那样艰苦的条件下还能写出这样的书，并建议将此书列入由他主编的一套丛书中，吴大猷表示同意。该丛书由普伦蒂斯-霍尔（Prentice Hall）书局出版。1946年由爱德沃兹（Edwards）兄弟公司出版了该书的增补版，吴大猷根据新研究成果作了大量增补。此后相当长一段时间内该书为该领域唯一专著，在国际上影响较大。1967年，美国约翰逊总统科学顾问霍尼格（Hornig）博士宴请吴大猷时说：他是吴先生的学生。吴听后大为惊讶，原来在"二战"中他在哈佛时曾读过这本书。1974

年吴大猷在土耳其参加国际科学联合会理事会第17届大会时，前任会长、国际纯粹及应用化学联合会会长、牛津大学教授汤普森爵士见到吴先生就问："你是大猷吴？"并说：你的书很好，现仍在使用，你们开了路，我们后来便容易了。国际科联教育委员会主席印度物理学家巴加万塔姆（Bhagavantam）博士也说："你就是大猷吴？我还有你的书。"由此可见，该书颇受国际学术界重视。

五、博大精深的物理学家、物理教育家

自1946年至1978年，吴大猷先生长期在美国和加拿大外从事教学和科研工作。1946年核物理成为物理学发展的一个热点，吴大猷去美的任务是考察在国内建立核科学研究机构的事。北大胡适校长与饶毓泰教授计划在北大建立核物理研究实验设备，从中基会借得10万美元，委托吴大猷、吴健雄二位先生在美操办此事。吴大猷的科研工作也考虑转向核物理。后因时局剧变，原定任务中止。

吴大猷1946年到母校密歇根大学任客座教授，研究方向从原子、分子转向核物理的高能质子、中子散射理论，并发表多篇论文。吴大猷为能进行实验性研究，1947年又转任哥伦比亚大学客座教授，一面讲授研究生的原子物理及理论物理课程，一面从事核子力的介子理论研究，指导一研究生作关于高层大气中氧分子离解问题的研究，还曾花相当多时间装置原子束实验设备，后因感到这是一般年轻人能做的事，遂集中力量于理论研究。1948年，他还去纽约大学兼课，授量子力学。

1949年秋，吴先生在普林斯顿大学遇到日本物理学家汤川秀树，曾率直地告诉汤川，其同事荒木有关原子问题的几篇文章中，数学部分是对的，但物理方面有错。汤川认为这很重要，需转告荒木。荒木当时并不同意，后经吴先生与荒木几次函件往返，荒木确认有错，即予更正。从此吴先生和荒木成了好友，吴先生1956年去京都时荒木任导游，1963年在日本，荒木又来访。从这事可见吴先生的严谨治学、真诚坦率和荒木尊重科学欢迎批评的气量。

1949年，加拿大国家研究院（NRC）改变政策，增强基础科学部门，设300多博士后职位，广揽各国研究人员，聘G.赫兹伯格为纯粹物理所所长。赫氏意欲觅一学识广博的理论物理学者为理论物理组主任，向吴先生发出邀请，吴先生允之。加拿大国家研究院为加政府最高科研行政机构，直接对国会负责，享有高于一般

公务机构的地位，如吴先生应聘后，即获永久居留权且享入境免检待遇。吴先生主持理论物理组时学术活动十分活跃，每周有一次讨论会，还组织一些大型研讨会，邀请国际一流学者来作讲演，吴先生亲自就一些新理论作解释性和系统性的讲演。吴大猷的学生西南联大物理系教授马仕俊曾应邀在加拿大国家研究院工作两年（1951~1953），西南联大1938年毕业的胡宁学成归国前曾应邀在该院讲量子电动力学的新发展两个月（1950年夏）。这些学术活动为发展加拿大物理学作出了贡献。1957年吴大猷被选为加拿大皇家学会会员（院士）。

吴大猷在加的14年中，除继续进行原子物理、分子物理、大气物理和核子物理方面的研究外，还进行量子散射理论研究，1957年夏在加拿大一物理研讨会上讲量子散射论三周。1959年至1960年，大村充（T. Ohmura）来加从事散射理论研究，吴建议他研究太阳大气中氢负离子的连续吸收光谱，并邀他合写《量子散射理论》（Quantum Theory of Scattering）。该书于1962年出版后颇得好评，吴大猷将该书献给两位尊敬的老师——饶毓泰教授和兰德尔教授。1968年苏联科学书局将此书译成俄文出版。1976年，吴大猷在洛克菲勒大学为古德斯密特（Goudsmit）和乌伦贝克电子自旋理论50周年举行的庆祝会上见到一些人，他们都是由于此书而知道吴先生的。

1958年9月，吴大猷去普林斯顿高等研究院，1959年5月返加。在美时与迪拉克（Dirac）教授相处三个多月，吴大猷感到受益匪浅。同时见到乌伦贝克一年前的两篇讲稿，引起了他对气体及等离子体动力论的兴趣，在1959至1965年期间这又成为吴大猷的一个研究方向。1961年11月至翌年2月，吴大猷应瑞士洛桑大学之邀讲授《气体运动方程的新发展》，在此期间他跟史杜克尔堡（Stueckelberg）和里弗（Rivier）研讨时，吴大猷提出用跃迁几率观念和不可逆过程的密切关系解决了困扰史杜克尔堡教授的一个问题。吴大猷与里弗合写《时间箭向与不可逆过程理论》一文，发表于1961年的《瑞士物理学报》上。吴大猷认为这是他比较满意的一项工作。1963年，吴大猷离开加拿大国家研究院，转赴纽约布鲁克林理工学院任教，再次讲授气体及等离子体运动方程论。1964年夏在台湾大学与清华合办的暑期研讨会上又讲此题。讲稿修改成书稿《气体及等离子体动力学方程》（Kinetic Equations of Gases and Plasmas），于1966年出版。在加14年中吴先生发表论文达50余篇，涉及原子物理、分子光谱、等离子体核结构、量子散射、统计物理、大气物理等多个方面。

1963年，纽约布鲁克林理工学院 A. 费里（Ferri）为扩展航空动力研究，亟需觅一对基础物理有广面经验者，邀请吴大猷前往工作。吴大猷感到，虽然在加工作自由，精神、生活皆舒适，但嫌略为松弛，想在垂老前仍能作些积极的研究工作，遂决定去纽约任教并继续进行等离子体理论研究。

1965年，吴大猷因布鲁克林理工学院人事问题复杂而辞去，应纽约州立大学水牛城分校之聘，1966年任物理系主任。该校原来研究设备薄弱，系主任忌才，引致同仁不满。他到校后即着手增强教师阵容，先开展理论研究，改进课程，颇见成效。该系研究生课程及研究工作原均"不入流"，1968年经过评鉴，该系已升至乙等。吴大猷凡事出于公心，一切措施公开透明，尊重他人意见，故而得见成效。后因在中国台湾的任务日益繁重，遂于1969年辞系主任职，美国、中国台湾省两地兼顾，1978年在美退休，全时在中国台湾工作。自1963年至1978年，吴大猷主要精力用于水牛城分校的教学与行政工作、写书以及中国台湾教育科研的发展，但并未放弃科研工作，每年均有论文发表。1978年回到中国台湾后，他继续授课，直至重病前，仍每周上一次大课，充分体现了他关心后辈、诲人不倦的精神。

吴大猷先生知识渊博，讲授课程涵盖基础物理学各个方面。自1975年起他将过去讲稿整理扩充成书稿，写成字数达150多万的巨著《理论物理》丛书（共7册）。1977年开始，该丛书由中国台湾联经出版事业公司陆续出版，至1980年出齐。科学出版社于1983年、1984年在北京翻印出版，李政道为之作序。此前，联经出版公司还出版了吴大猷著的《现代物理学基础的物理和哲学性质》（*Physical and Philosophical Nature of the Foundation of Modern Physics*）。1986年，新加坡世界出版社出版吴大猷著的《量子力学》，杨振宁和李政道均为该书作序。1991年与黄伟彦合著的《相对论量子力学与量子场论》，也由世界出版社出版。这些著作，加上前面提及的《多原子分子的振动光谱及结构》《量子散射论》《气体及等离子体动力学方程》等专著，反映了吴先生宽广深厚的学术造诣、丰富的教学经验和诲人不倦的一生。

六、与阮冠世的一世情缘

吴大猷与夫人阮冠世的忠贞爱情长达半个多世纪。他们于1928年相识于天津南开大学，吴大猷是物理系大四学生，阮冠世则在大一。那时女子攻读理科者甚少，冠世有过人的聪慧，毅然投身物理学，但体弱多病。1929年，吴大猷毕业后留校任

创造物理教育奇迹的大师

饶毓泰 吴有训 叶企孙 朱物华 赵忠尧 周培源 霍秉权
郑华炽 孟昭英 **吴大猷** 张文裕 王竹溪 马仕俊

教,常炖牛肉汤送去女生宿舍。

1931年,吴大猷获中基会研究奖助金赴密大留学,阮冠世获美纽约州埃尔曼拉(Elmira)女子学院奖学金,二人一同赴美深造,但分处两地。1932年6月,吴获硕士学位,阮转入密大,进暑期学校。不幸的是,阮被查出患有严重肺病,须住院治疗。1933年夏,吴获博士学位和1933~1934年度研究奖助金,顽强的阮冠世的病情居然有所好转,且获得工程物理学士学位,接着攻读研究生。然而病魔不饶人,只能入纽约州的一疗养院疗养。吴大猷1934年返国服务,阮冠世1935年春天始得出院返回北平老家。两人久别重逢,万般感触。冠世因病又先入医院与疗养院。1936年秋,他们决定踏上红地毯。他们明知今后的困难,但忠贞的爱情使他们抛弃了一切顾虑。9月6日,由北大蒋梦麟校长证婚,他们相互许下诺言,终身相伴。此后冠世病情时好时坏,1937年抗战爆发,吴大猷夫妇先到天津。两人原来说好,吴与北大同仁搭船南下,冠世暂留天津养病,不意二人在青岛重逢。原来冠世改变主意,另乘一轮抵青。二人一起赴四川大学,1938年又一起去昆明,共度艰苦备尝的九年。冠世曾报病危,但硬是挣扎过来了,朋友们称吴大猷是个"标准丈夫"。

1946年,吴大猷由英转美,阮冠世则与曾昭抡、华罗庚等一同赴美,在芝加哥相会。1950年,年仅两岁多的侄子吴葆之过继为他们之子,从此成了三人之家,得享天伦之乐。冠世为抚养儿子暂时放弃攻读博士的打算。随着科学的进步、葆之的长大和心情的好转,冠世终于在1970年60岁高龄时获得纽约州立大学水牛城分校生物物理学博士学位,如愿以偿。吴大猷的欣慰万分不言而喻。葆之也获得普林斯顿大学的化学博士学位。

1979年12月2日,冠世因病不治逝世,他们长达52年的忠贞爱情成为榜样。

与阮冠世的结婚照

七、为台湾省教育、科研事业的发展呕心沥血

吴大猷前后在国外35年,始终关心祖国教育、科研事业的发展。1934年,他学

成即归国服务。1946年，吴大猷奉派赴美考察建立科研机构，直至1948年他仍列在北大教职员名录中。吴大猷在加拿大时曾接待中国物理学家马仕俊、胡宁去加拿大国家研究院从事研究。1956年，吴大猷到台湾省任中基会讲座教授，为台大学生和新竹清华原子所研究生授古典力学及量子力学。他曾向当局建议："无论财政如何困难，都应做一长期发展，尤其是科学的规划。因为科技是工业之母，在国际间强烈竞争之下，没有高度科技为基础的工业，是难以生存的。"两年后胡适任中央研究院院长，将此计划修订成一具体方案，得梅贻琦和陈诚的支持，成立"国家长期发展科学委员会"，胡任主委，梅副之。经费由公营事业盈利拨若干百分点解决。此举对台湾省科技发展有很大影响。1962年，胡适在主持院士会议时因心脏病突发逝世。台湾省当局有让吴先生继任院长之意，吴大猷发电婉谢。1963年，吴大猷协助王世杰院长筹划恢复物理研究所事宜。1967年春起，他任中国台湾"科学发展指导委员会"（简称科导会）主委直至1991年该会撤消。1967年5月，吴大猷建议将长期发展科学委员会改组扩大为"国家科学委员会"（简称国科会），公营事业以营业总额的1%~2%为"研究发展"经费。此建议基本上为当局接受，吴大猷兼任国科会主委。当局核定科学发展基金，除用于发展原子能外，为每年6亿元，后实拨数为每年4亿元，由科导会拟定分配。1968年，科导会拟订了"台湾省的科学发展12年计划"，规定学府的基础科学及应用科学、人文学科、社会科学等由国科会负责。计划中包括人才培育、出国进修、研究补助、延聘国外学人返国等。1973年，吴大猷辞国科会兼职。1974年，科导会召开会议研究台湾省工业研究发展计划。自1967年开始，吴先生每年均乘美国大学放假之际，于5月初至9月初，12月中至1月中回台湾省工作。当时他已年逾花甲，为此两地奔波，鞠躬尽瘁的精神实堪钦佩。1979年，台湾省成立"科学教育指导委员会"，吴大猷又被任命为主任委员。他制订出全面改编自然科学课程的十年计划，主持编写了国民中学（初中）、高级中学各学科、各年级的教科书和教学指导书。他一贯关心教育，此前已就大学、中小学教育问题多次发表文章或讲话，进行系统的分析、批评，并提出积极建议。至此他的主张乃得有所实现。

1983年12月，吴大猷被任命为中央研究院院长。此后他即大力推动中研院的改革和发展，修改第二个五年发展计划，修改中研院组织法，修订评议会、院士会议和研究所的组织规程，制定研究人员续聘及升等的评审制度。他强调中研院不应专门从事实用性技术研究，不应与大学隔绝，而应合作研究、接受大学研究生到中研院写论文，互相交换研究人员和设备互用；不应纯由长任期的固定人员组成，要建立公平公开的人事制度,创造良好的学术环境,吸引大师级学者交流讲学。1984年8月,菲律宾麦格赛赛(Magsaysay,曾任菲总统)奖基金会为吴先生在策划科学发展及增进科学教育有特殊贡献授予政府服务奖,奖金2万美元。吴先生说:"为自己国家尽心尽力而获他国颁奖,心里总觉不自然。"自1978年回台湾省开始,年逾古稀的吴先生竭尽心力为推动台湾省的教育和科学发展而工作,从事研究的时间少了,但教学不辍。1985年,吴先生三度发高烧,1988年突发心肌梗塞,每次病愈后均照常工作。他认为在台湾省的工作"可以大言不惭地说对得起这一代的台湾省学子,它比我自己多作一些研究有意义多了。所以虽在物理上落伍了,也不后悔"。

吴大猷的活动不限于物理学,也不限于教学科研,他关心社会的方方面面,他经常以一片真诚的赤子之心,针砭时弊,直言无忌,语重心长,在社会上赢得崇高的威望。台湾省远流出版公司自1986年至1992年出版的《吴大猷文选》七册,收集了吴先生在报刊上发表的杂文和记者访问实录380余篇,其内容洋洋大观,读之深受教益,并益增对大猷先生崇敬之情。各分册的书名分别为《博士方块》《人文·社会·科技》《教育问题》《科学与科学发展》《八十述怀》《在台工作回忆》《我的一生:学·研·教·建言》。书中还刊有"吴大猷八十五自订年表",简要地反映了他一生光辉的业绩。

八、促海峡两岸学术交流,为物理学界广泛推崇

吴大猷晚年积极促进海峡两岸学术交流。1984年,在周培源、钱三强、吴大猷、李政道、周光召、沈君山等先生的努力下,以"中国:中国物理学会;位于中国台北的物理学会"的方式共同解决了国际纯粹和应用物理联合会(IUPAP)中我国物理学会的会籍问题。IUPAP代表大会于10月8日通过接纳中国物理学会的决议,中国物理学会周光召副理事长率领的代表团出席了大会。1988年9月,经吴大猷向蒋经国力争,中研院代表3人得以出席在北京举行的国际科联理事会第22届全体大会。1983年,吴大猷支持杨振宁等推动组织的"亚洲太平洋物理研讨会",该会第一届会议在新加坡召开,两岸许多物理学家和其他国家及地区的华裔物理学家参加。以后又连续召开过多次会议,成为定期相互交流的渠道。

1992年5月17日至6月11日,吴大猷应邀访问大陆,回到阔别46年的北京、天

1992年，吴大猷访问大陆时出席周培源90寿辰学术报告会。前排左起：王淦昌、黄昆、杨振宁、周培源、吴大猷、李政道。第二排左起：彭桓武、胡宁

津，李政道教授全程陪同他参加在北京的各项活动。北京大学授予他名誉教授称号，南开大学授予他名誉博士学位，在授予仪式上两校均盛赞吴大猷的成就及贡献。他率领台湾省代表团参加李政道教授组织的首届东亚、太平洋、美国超导超级对撞机物理实验和技术研讨会，还参加为周培源教授90大寿举行的国际流体力学与理论物理科学讨论会，以及有海内外300多位物理学家与会的中国当代物理学家联谊大会。他参观了北大、南开、中科院高能所和北京正负电子对撞机实验室。在北大，他见到当年亲自从美国购回的大型凹面光栅特别高兴。在南开，师生代表赠以他在南开读书时的成绩册，也勾起了美好的回忆。他对两校及中国科学的发展及成就由衷地赞赏。在京津探亲访友，见到久违的老朋友周培源、赵忠尧、汤佩松、黄昆、胡宁、朱光亚等和大批亲人，共叙友情、亲情，心情至为愉快。吴大猷回台后又推动并实现了首批大陆科学家的访台，打破了封锁的坚冰。

1992年吴大猷访问北大，欣喜地见到他当年购买的光栅。左为北大校长吴树青，右为本文作者沈克琦

吴大猷先生不仅受

饶毓泰　吴有训　叶企孙　朱物华　赵忠尧　周培源　霍秉权
郑华炽　孟昭英　**吴大猷**　张文裕　王竹溪　马仕俊

到海峡两岸学术界的尊敬与爱戴，在国外也享有很高的声望。加拿大皇家学会选他为会员，密歇根大学于1991年5月授予他荣誉科学博士学位，并为此举行"吴大猷研讨会"。杨振宁介绍吴先生生平，黄昆、朱经武、李政道作学术讲演，吴先生讲述

吴大猷在演讲

在母校的回忆。350人的讲堂坐满，且站立者颇多。在授予学位时密大的介绍中说："吴博士个人的有意义的研究，涵盖了不寻常的领域范围——由原子物理至天文物理。他早年对重原子的研究，指出'超铀元素'的可能性，为此重要领域奠基。他的专著《多原子分子的振动光谱及结构》虽出版于45年前，但目前仍为一手册。但吴博士的知名于世界，主要是他为人师表，为科学政治家。他在中国大陆、美国、欧洲、中国台湾为教师，都显示出培育人才的本能。他影响许多著名的物理学者，包括两名诺贝尔奖得主。"

吴大猷先生之所以为人们所敬重，不仅在于他具有深厚的学术造诣和诲人不倦的精神，还在于他品德高尚、胸怀坦荡、敢于直言、一心为公、淡泊名利、从不居功、积极进取、从不畏难、秉性忠厚、平易近人、学术民主、关心他人胜于关心自己。他为发展中华民族的教育、科技事业呕心沥血，贡献一生，体现了中国正直知识分子的道德风范。2000年3月4日，吴大猷先生因病在中国台北逝世，享年93岁。海内外科学界、教育界都为这位德高望重的大师的逝世深感痛惜，同时深信他的一生所体现出来的精神与道德风范将永存。

（沈克琦）

吴大猷主要著作：

1. T. Y. Wu: Vibrational spectra and structure of polyatomic molecules,

National Peking Univ., 1939. (Reprinted by Prentice-Hall; 2nd ed. with supplements, Edwards Bros, 1946.)

2. T. Y. Wu, T. Ohmura（大村充）: Quantum Theory of Scattering, Prentice-Hall, 1962. (Russian translation, Hayka, 1968.)

3. T. Y. Wu: Kinetic equations of gases and plasmas, Addison-Wesley, 1966.

4. 吴大猷：《狭义及广义相对论引论》（第9版），中国台北：中华书局，1980年。

5. T. Y. Wu: Physical and philosophical nature of the foundation of modern physics, 中国台北：联经出版公司, 1974年。

6. 吴大猷：《量子论和原子结构》，中国台北：台北联经出版公司, 1977年；北京：科学出版社, 1983年。

7. 吴大猷：《量子论和原子结构》，中国台北：台北联经出版公司, 1977年；北京：科学出版社, 1983年。

8. 吴大猷：《电磁学》，中国台北：台北联经出版公司, 1977年；北京：科学出版社, 1983年。

9. 吴大猷：《相对论》，中国台北：台北联经出版公司, 1978年；北京：科学出版社, 1983年。

10. 吴大猷：《热力学、气体运动论、统计力学》，中国台北：台北联经出版公司, 1979；北京：科学出版社, 1983年。

11. 吴大猷：《量子力学（甲部）》，中国台北：台北联经出版公司, 1979年；北京：科学出版社, 1984年。

12. 吴大猷：《量子力学（乙部）》，中国台北：台北联经出版公司, 1980年；北京：科学出版社, 1983年。

13. T. Y. Wu: Quantum mechanics, Singapore : World Sci. Pub. Co., 1986.

14. T. Y. Wu, W. Y. Huang(黄伟彦): Relativistic quantum mechanics and quantum theory, Singapore: World Scientific Pub. Co.,1992.

15. T. Y. Wu, S. Goudsmit: Low states of the heaviest elements, Phys. Rev., **43**（1933）496.

16. T. Y. Wu: Characteristic values of the two minima problem and quantum defects of f states of heavy atoms, Phys. Rev., **44**（1933）727.

17. Barker, T. Y. Wu: Harmonic and combination bands in CO_2, *Phys. Rev.*, **45** (1934) 1.

18. T. Y. Wu: Periodic unequal potential minima and torsion oscillation of molecules, *Phys. Rev.*, **45** (1934) 66.

19. T. Y. Wu, G. E. Uhlenbeck: Disintegration of La by protons and deuterons, *Phys. Rev.*, **45** (1934) 553.

20. T. Y. Wu: Remarks on the energy distribution of neutrons from fluorine, *Phys. Rev.*, **45** (1934) 846.

21. T. Y. Wu: Energy states of doubly excited helium, *Phys. Rev.*, **46** (1934) 239.

22. T. Y. Wu, S. T. Ma (马仕俊): Energy states of doubly excited helium, *Phys. Rev.*, **48** (1935) 917.

23. S. Goudsmit, T. Y. Wu: Note on the spectrum of the corona, *Astrophys. Jour.*, **80** (1934) 154.

24. T. Y. Wu: Infrared spectrum of the chlorine derivatives of ethylene, *Phys. Rev.*, **46** (1934) 465.

25. T. Y. Wu, A. T. Kiang (江安才): Absorption spectrum of trivalent cerium salts, *Chin. J. Phys.*, **2** (1936) 10.

26. T. Y. Wu: Note on the stark effect of alkali metal atoms, *Chin. J. Phys.*, **2** (1936) 15.

27. C. E. Sun(孙承谔), T. Y. Wu: A note on the form of the nitrous oxide molecule. *Jour. Chin. Chem. Soc.*, **4**(1936) 340.

28. T. Y. Wu: Depolarization of Raman lines of tetrachlorethylene, *Jour. Chin Chem. Soc.*, **4** (1936) 402.

29. T. Y. Wu: Estimation of electron affinities of He, Li and F, *Phil. Mag.*, **22** (1936) 837.

30. A. T. Kiang, S. T. Ma, T. Y. Wu: Attempt to observe the spectrum of doubly excited helium, *Chin. J. Phys.*, **2** (1936) 117.

31. A. T. Kiang, S. T. Ma, T. Y. Wu: Attempt to observe the spectrum of doubly excited helium, *Chin. J. Phys.*, **5** (1936) 637.

32. T. Y. Wu, S. T. Shen (沈寿春): On the force constants and

fundamental vibrations of diacetylene, *Chin. J. Phys.*, **2** (1936) 128.

33. T. Y. Wu, S. T. Ma: Variational wave functions of doubly excited states of helium, *Jour. Chin Chem. Soc.*, **4** (1936) 344.

34. S. T. Shen, Y. T. Yao (饶毓泰), T. Y. Wu: Depolarization of Raman lines and structure of chlorate, bromate and iodate ions, *Phys. Rev.*, **51** (1937) 235.

35. T. Y. Wu: On the fundamental frequencies of CH_2, CHD, CD_2, CHCl, CDCl, cis and trans $C_2H_2D_2$ and $C_2H_2Cl_2$, *J. Chem. Phys.*, **5** (1937) 392.

36. T. Y. Wu: On the assignment of the πs and 2πs frequencies in ethylene molecule, *J. Chem. Phys.*, **5** (1937) 660.

37. H. C. Cheng(郑华炽), C. F. Hsueh(薛琴访), T. Y. Wu: Raman spectra of benzene and isotope effect, *J. Chem. Phys.*, **6** (1938) 8.

38. T. Y. Wu: Vibrational spectra of 1.2-dihalogen and the question of internal rotation of ethanes, *J. Chem. Phys.*, **7** (1939) 965.

39. T. Y. Wu, A. T. Kiang: Potential function of acetylene molecule: I, *J. Chem. Phys.*, **7** (1939) 178.

40. T. Y. Wu: Potential function of acetylene molecule: II, *J. Chem. Phys.*, **8** (1940) 489.

41. T. Y. Wu: On the satellite lines in atomic spectra and the excitation of electrons from closed shells, *Phys. Rev.*, **58** (1940) 1114.

42. T. Y. Wu: Coriolis pertuturbations and molecular dimensions in Germane GeH_4, *J. Chem. Phys.*, **9** (1941) 195.

43. T. Y. Wu: Systematics in the vibrational Spectra of the halogen derivatives of methane, *J. Chem. Phys.*, **10** (1942) 116.

44. T. Y. Wu: Excitation processes in the night sky and the aurora, *Proc. Indian Acad. Sc.*, **A18** (1943) 40.

45. T. Y. Wu: On Marie and Hulburt's ultraviolet light theory of aurora and magnetic storms, *Proc. Indian Acad.*, **A18** (1943) 345.

46. T. Y. Wu: On the existence of atomic nitrogen in the upper atmosphere of the earth, *Phys. Rev.*, **66** (1944) 65.

47. T. Y. Wu, S. T. Shen: Variational energies of anomalous states of 2-

and 3- electron configurations of the light atoms, *Chin. J. Phys.*, **5** (1944) 150.

48. T. Y. Wu, F. C. Yu: Probabilities of ionization and excitation of closed shell electron of Li by electron impact, *Chin. J. Phys.*, **5** (1944) 162.

49. T. Y. Wu: Raman spectrum of Ni(NO_3)$_2$ 6NH_3 crystal: effect of crystal field on nitrate ion, *Chin. J. Phys.*, **5** (1944) 180.

50. T. Y. Wu: Autoionization in doubly excited helium and the $\lambda_{357.5}$ lines, *Phys. Rev.*, **66** (1944) 291.

51. T. Y. Wu: Recombination processes in the E-layer of the ionosphere, *Terrestrial Magnetism.*, **50** (1945) 57.

52. T. Y. Wu: Absorption bands of alkali atoms in the presence of foreign gases: Remark on Chen's Paper, *Chin. J. Phys.*, **6** (1945) 17~20.

53. T. T. Kou (苟清泉), T. Y. Wu: Hyllerassian wave function of $2s^2$ ^2S of helium, *Chin. J. Phys.*, **6** (1945) 50.

54. T. Y. Wu: Excitation of molecular vibration by electrons, *Phys. Rev.*, **71** (1947) 111.

55. T. Y. Wu: A suggested experiment to detect of shift of 1 ^2s level of H He$^+$, *Phys. Rev.*, **72** (1947) 976.

56. T. Y. Wu: Note on second Born approximation and proton-neutron and proton-proton scattering, *Phys. Rev.*, **73** (1948) 934.

57. J. Ashkin, T. Y. Wu: Neutron-proton and proton-proton scattering at high energies, *Phys. Rev.*, **73** (1948) 973.

58. T. Y. Wu, J. Ashkin: Elastic and inelastic scattering of 100- and 200- MeV protons or neutrons by deuterons, *Phys. Rev.*, **73** (1948) 986.

59. T. Y. Wu, M. Foley: Neutron-proton scattering formula: remark on the letter by Flugge and Huckel, *Phys. Rev.*, **73** (1948) 1117.

60. T. Y. Wu: Neutron-proton scattering and the range of nuclear forces, *Phys. Rev.*, **73** (1948) 1132.

61. T. Y. Wu, H. M. Foley: Symmetrical meson theory of nuclear forces, *Phys. Rev.*, **75** (1949) 1681.

62. T. Y. Wu: On Araki's theory of inverted alkali doublet, *Jour. Phys. Soc. Japan*, **4** (1949) 343.
63. T. Y. Wu: Further remarks on Araki's theory of inverted doublets, *J. Phys. Soc. Japan*, **5** (1950) 421.
64. T. Y. Wu, L. Ourom: Probability of autoionization in light atoms, *Canadian J. Research.*, **28** (1950) 542.
65. H. E. Moses, T. Y. Wu: A self-consistent treatment of the oxygen dissociation region in the upper atmosphere, *Phys. Rev.*, **83** (1951) 109.
66. E. Corinaldesi, L. Trainor, T. Y. Wu: The Oppenheimer approximation in the scattering of electrons, *Nuo. Cim.*, **9** (**5**) (1952).
67. T. Y. Wu: The intensities of the harmonic bands of the HD molecule, *Can. J. Phys.*, **30** (1952) 291.
68. H. E. Moses, T. Y. Wu. A self-consistent calculation of the dissociation of oxygen in the upper atmosphere, *Phys. Rev.*, **87** (1952) 628.
69. T. Y. Wu: Vibrational overlap integral and intensities in band systems of diatomic molecules, *Proc. Phys. Soc. Lond.*, **A65** (1952) 965.
70. T. Y. Wu: The exchange scattering of an electron by an atom and the inverse Auger effect, *Phys. Rev.*, **87** (1952) 1012.
71. H. E. Moses, T. Y. Wu: A self-consistent calculation of the dissociation of oxygen in the upper atmosphere II, three-body recombinations, *Phys. Rev.*, **91** (1953) 1408.
72. T. Y. Wu: Spectrum of discrete eigenvalues in a negative atomic ion, *Phys. Rev.*, **89** (1953) 629.
73. L. E. H. Trainor, T. Y. Wu: Symmetry requirements in electron scattering by an atom, *Phys. Rev.*, **89** (1953) 273.
74. E. Bauer, T. Y. Wu: A quantum mechanical calculation of the rate of some chemical reactions, *Jour. Chem. Phys.*, **21** (1953) 726.
75. E. Bauer, T. Y. Wu: The quantum mechanical calculation of reaction rates, *Jour. Chem. Phys.*, **21** (1953) 2072.
76. C. E. Tauber, T. Y. Wu: The j-values of states in configurations $(j)^n$,

Nuo. Cim., **10**（1953）677.

77. E. Bauer, T. Y. Wu: The origin of the E-layer of the ionosphere, *Phys. Rev.*, **92**（1953）1101.

78. G. E. Tauber, T. Y. Wu: Some p- and d-shell nuclei in intermediate coupling, *Phys. Rev.*, **93**（1954）295.

79. G. E. Tauber, T. Y. Wu: The energies of excited states of nuclei, *Phys. Rev.*, **93**（1954）434.

80. G. E. Tauber, T. Y. Wu: Magnetic moment of K^{40} in intermediate coupling, *Phys. Rev.*, **94**（1954）1307.

81. T. Y. Wu: Note on the theory of directed valence, *J. Chem. Phys.*, **22**（1954）1125.

82. E. Bauber, T. Y. Wu: Cooling of a gas by radiation, *Proc. Phys. Soc.*, **A67**（1954）741.

83. T. Y. Wu: Auto-ionization and Auger effect, *Lunds Univ. Arsskrift*, **50**, **Nr. 21**（1954）.

84. T. Y. Wu: A suggested method for studying the mechanism of energy transfer in collisions, *Can. J. Phys.*, **33**（1955）151.

85. T. Y. Wu: Electron affinities of boron, carbon, nitrogen and oxygen atoms, *Phys. Rev.*, **100**（1955）1195.

86. T. Y. Wu, G. E. Tauber: Contact interaction in the relativistic energy of two-electron atoms, *Phys. Rev.*, **100**（1955）1767.

87. T. Y. Wu: Scattering of an electron by an atom and rearrangement collisions, *Can. J. Phys.*, **34**（1955）179.

88. T. Y. Wu, A. B. Bhatia: On the coupling between electronic and nuclear motions in molecules, *J. Chem. Phys.*, **24**（1956）48.

89. T. Y. Wu: On the coupling between electronic and nuclear motions and van der Waals interactions between helium atoms, *J. Chem. Phys.*, **24**（1956）444.

90. E. Bauer, T. Y. Wu: Cross sections of dissociative recombinations, *Can. J. Phys.*, **34**（1956）1436.

91. E. Bauer, T. Y. Wu: Thermal expansion of a linear chain, *Phys. Rev.*,

104 (1956) 914.

92. G. E. Tauber, T. Y. Wu: A self-consistent treatment of the independent-particle, central-field nuclear model, *Phys. Rev.*, **105** (1957) 1772.

93. I. T. Wang, T. Y. Wu: Note on the time-dependent perturbation theory, *Nuo. Cim.* **X10** (1958) 395.

94. T. Y. Wu: Conservation laws in physics: parity and time reversal, *Am. J. Phys*. **26** (1958) 568.

95. T. Y. Wu: Note on He-He interaction and its determination from Amdur's scattering measurements, *J. Chem. Phys.*, **28** (1958) 986.

96. J. Bernstein, T. Y. Wu: X-ray yield in mesonic atomic transitions, *Phys. Rev. Letters*, **2** (1959) 402.

97. B. P. Nigam, M. K. Sundaresan, T. Y. Wu: Theory of multiple scattering: second Born approximation and correction to Moliere's work, *Phys. Rev.*, **115** (1959) 491.

98. T. Y. Wu, R. L. Rosenberg, H. Sandstrom: Mu-hydrogen molecular ion and collision between Mu-hydrogen atom with proton deuteron and H atoms, *Nuclear Phys.*, **16** (1960) 432.

99. G. E. Tauber, T. Y. Wu: Nuclear shell model: Hartree-Fock approximation with Gammel-Thaler two-nucleon potential. *Nuclear Phys.*, **16** (1960) 545.

100. T. Y. Wu: Electron-hydrogen atom scattering in Born approximation, *Can. J. Phys.*, **38** (1960) 1654.

101. T. Y. Wu, D. Rivier: On the time arrow and the theory of irreversible processes, *Helv. Phys. Acta.*, **34** (1961) 661.

102. T. Y. Wu: Note on the theory of irreversible processes in neutral and ionized gases, *Helv. Phys. Acta.*, **34** (1961) 834.

103. T. Y. Wu, R. L. Rosenberg: Kinetic equation describing irreversible processes in ionized gases, *Can. J. Phys.*, **40**, **463** (1962) 1251.

104. M. K. Sundaresan, T. Y. Wu: Kinetic equation of a plasma in weak static electric and magnetic fields, *Can. J. Phys.*, **40** (1962) 1499.

105. T. Y. Wu, R. L. Rosenberg: Kinetic equation describing irreversible processes in ionized gases, *Can. J. Phys.*, **40** (1962) 463–1251.

106. T. Y. Wu: Remarks on the statistical mechanics of irreversible processes in gases, *Can. J. Phys.*, **40** (1962) 1686.

107. T. Y. Wu, M. K. Sundaresan: Note on the Vlasov equation for plasmas, *Can. J. Phys.*, **41** (1963) 1960.

108. R. L. Rosenberg, T. Y. Wu: Relaxation time and solution of Guernsey-Balescu equation for homogeneous plasmas, *Can. J. Phys.*, **42** (1964) 548.

109. M. K. Sundaresan, T. Y. Wu: Thermal conductivity of a fully ionized gas, *Can. J. Phys.*, **42** (1964) 794.

110. Landau Damping, Daniel Yee, T. Y. Wu: Research report PIBMART-1280-65, *Polytechnic Inst. Brooklyn*, 1965.

111. A. Isihara, T. Y. Wu: On a mathematical inequality related to the H theorem based on coarse graining, *Nuovo Cimento*, **57B** (1968) 83.

112. Y. C. Lee, D. L. Lin, T. Y. Wu: Convergence of the two-component plasmas correlation function, *Phys. Rev.*, **172** (1968) 145.

113. T. Y. Wu: On the nature of the theories of irreversible processes, *Intl. J. Theoret. Phys.*, **2** (1969) 325.

114. T. Y. Wu: The collision broadening of hydrogen lines in the nebulae, *Annual Report of Inst. of Physics, Academia Sinica*, 1972.

115. Paul S. Lee, T. Y. Wu: Boltzmann equation with fluctuations, *Intern. J. of Theoret. Phys.*, **7** (1973) 267.

116. T. Y. Wu and Y. C. Lee: The clock paradox in the relativity theory, *Intl. J. Theoret. Phys.*, **5** (1972) 307.

117. T. Y. Wu: Boltzmann's H-theorem and the Loschmidt and the Zermelo paradoxes, *Intl. J. Theoret. Phys.*, **14** (1976) 289.

118. D. V. Ahluwalia, T. Y. Wu: On the magnetic field of cosmological bodies, *Lett. Nuovo Cimento.*, **23** (1978) 406.

巧妙设计云室发现μ原子 倾心建设高能实验基地：
高能物理学家张文裕

张文裕（1910~1992），物理学家。我国宇宙线研究和高能实验物理的开创人之一，1957年当选中国科学院学部委员。他毕生致力于核科学研究和教学，有多项重要发明和发现，学术上最突出的成就是发现μ介原子，开创了奇特原子物理的深入研究。他重视实验科学，重视实验基地的建设，为我国高能物理的发展、北京正负电子对撞机的建成奠定了坚实基础。他在核科学领域培养了大批人才。

张文裕，曾用名张少岳，1910年1月9日出生在福建省惠安县一个沿海山村的贫苦农民家庭，家中只有几亩薄田和一家中药店。兄弟姐妹八人几乎无人识字。由于祖父的宠爱和亲朋老师的关照，排行老四的张文裕唯一幸运地被送去读书。先在村旁的私塾念了两年，以后又上了四年小学。小学毕业后，他考上了泉州培元中学。但因兄、姐相继夭折，父亲要他回家干活帮助养家。在小学老师和亲友的劝说和资助下，才勉强同意他继续上学。靠着学校的奖学金和自己教小学及其他劳动所得，张文裕念了三年半中学。中学尚未毕业，由于反抗家庭的包办婚姻，张文裕带着培元中学校长许锡安的推荐信，只身来到北京燕京大学。在谢玉铭教授的帮助下，经过补考，张文裕被破格录取，进入燕京大学物理系学习。在校学习期间张文裕一面读书，一面找些零活干，挣钱养活自己并交学费。这期间他帮老师改过卷子，给别人补过课，在学校农场、果园当过小工，到内蒙古开渠工地帮助测量等。靠自己的努力，张文裕于1931年完成了大学学业。由于他的学习成绩优异，从大学四年级开始就在物理系任教，同时进行研究生学习，1933年取得硕士学位。

1934年，他考取"中英庚款"到英国剑桥大学留学，在该校卡文迪什

（Cavendish）实验室攻读博士学位，导师是该实验室主任、著名物理学家E.卢瑟福（Rutherford），具体指导他工作的是C. D. 埃里斯（Ellis）。他在卡文迪什实验室从事核反应研究，验证了N.玻尔的液滴模型，首先发现光激放射性现象如（γ，n）（γ，2n）过程和$^{16}O(n, p)^{16}N$过程。

1937年国内抗日战争爆发，南京失陷，日本侵略军大肆屠杀，无恶不作，这些消息在英国报纸上均有详细报道。当时在剑桥的几个中国同学义愤填膺，迫切要求回国参加抗日。张文裕写信给"中英庚款"董事会，申请提前回国参加抗日。董事长朱家骅回信说，回国可以，但必须完成学业，取得博士学位。他又向剑桥大学研究生院提出提前考试的要求。卢瑟福对他的要求很不以为然，但张文裕仍然坚持，校方终于同意了他的请求。论文很快就通过了，基础课的考试却进行了两次。1938年春天，通过了考试，但颁发博士学位证书的典礼却要等到夏天才能进行。为了回国后能参加抗战工作，张文裕利用这段时间，经国内防空学校教务长介绍，到柏林AEG工厂自费学习探照灯技术。10月底，张文裕结束学习回到剑桥，立即动身取道河内回国。他原希望能到"防空学校"工作，以便直接为抗战服务，到了贵阳，才知道防空学校已迁至桂林。他在贵阳等了40多天，得到的回信却是"请另觅高就"。因此，张文裕于1939年2月去四川大学任教，正值期末大考，他看到一些学生作弊，校方不予制止，他愤而离开川大应南开大学之聘到西南联合大学任教。

在昆明这段时间，他讲授普通物理和原子核物理后颇得好评。讲课之余他还尽力创造条件，做些研究工作。但当时物价飞涨，师生们食不果腹，教学和科研工作十分困难。张文裕当时还到云南大学兼课，生活仍十分困难。1943年应美国普林斯顿大学的邀请，张文裕赴美国继续从事核物理研究和教学。

普林斯顿大学帕尔麦（Palmer）实验室（后改名为亨利实验室）是美国历史最悠久的实验室之一，许多美国老一辈著名物理学家曾在这个实验室工作过。1943年至1949年，张文裕在这个实验室工作了7年，做了两方面研究工作：一是与S. 罗森布鲁姆（Rosenblum）合作建造了一台α粒子能谱仪，并利用这套仪器测量了几种放射性元素的α粒子能谱；二是进行μ子与核子相互作用的研究，在研究过程中他发现了μ介原子，从而开创了关于奇异原子领域的深入研究。

1950年至1956年，张文裕转到美国普渡（Purdue）大学工作。

中华人民共和国成立的消息传到美国，张文裕积极准备回国，但因夫人王承书临近分娩而稍有耽搁。当时，张文裕由于参加了"全美中国科学家协会"的筹建，后来又担任了协会执行主席，因此受到美国联邦调查局的注意。为了避免纠缠，不少朋友劝他们夫妇加入美国籍,但他始终坚定地说:"要入美国籍,何须到今天!我们生为中国人,回国的信念是不会变的。"1956年,张文裕夫妇克服重重困难,终于带着6岁的儿子回到了祖国的怀抱。

回国以后,张文裕任中国科学院物理研究所(1958年改称为中国科学院原子能研究所)研究员,领导宇宙线研究。他提出在云南落雪山宇宙线高山站增建一个较大的云室组,以便利用我国优越的自然条件,使宇宙线研究在国际上取得领先地位。在萧健、力一、霍安祥等努力下,建成了大云室组,并利用它进行了一系列研究工作,培养了一批宇宙线研究人员。这个大云室组至今一直是国际上最大的云室组之一。

1957年,张文裕当选中国科学院数理化学部委员。1957年12月,张文裕受中国科学院委派去斯德哥尔摩参加杨振宁、李政道的诺贝尔奖受奖仪式。1958年,他赴日内瓦参加第九届国际高能物理会议。1961年,张文裕受我国政府委托,前往莫斯科杜布纳联合核子研究所接替王淦昌教授的工作,担任该研究所的中国组长,领导一个联合研究组,负责组织和领导我国在该所工作的科学家。1964年从苏联回国以后,他一直致力于发展我国高能物理事业,为北京正负电子对撞机的建设及高能实验物理工作打下了良好基础。

1973年起,张文裕担任中国科学院高能物理研究所第一任所长。1978年5月12日,张文裕加入中国共产党。1979年,中美签定高能物理合作协议,每年召开一次中美高能物理合作委员会会议,检查上一年协议执行情况,并商定下一年合作协议。张文裕担任第一、二届中美高能物理会议中方主席。1984年以后,他因健康原因,不再在第一线工作,改任高能物理研究所名誉所长。他曾任《中国科学》和《科学通报》的主编、副主编。张文裕曾任第二至六届全国人民代表大会代表,第四届至第六届全国人民代表大会常务委员会委员。张文裕长期担任中国物理学会理事、常务理事、名誉理事。他是中国高能物理学会的第一任理事长,1985年后被选为名誉理事长。此外,他还是中国核学会的名誉理事。

张文裕在国际学术界的威望较高,多次担任国际高能物理会议的顾问委员会成员、组织委员会委员。1978年起,他担任美国《粒子加速器》(Particle Accelerator)学报顾问委员会委员。

一、坚持科学实验，取得累累硕果

张文裕以严谨、踏实的科学态度，孜孜不倦的探索精神，始终奋斗在核物理研究的前沿，并有多项重要发现。早在燕京大学工作期间，他与同事合作，对北京地区大气的荷电（电压）和尘粒密度的关系进行观测，对钢丝的磁滞效应随温度的变化和皂石的物理、化学性质进行研究，研究成果均在有关学术刊物上发表。

张文裕在剑桥大学进行核物理研究期间，人工放射性才发现一年有余，复合核理论刚刚提出，高压倍加器才发明几年，对原子核的结构还不是很清楚。他与同事合作，用天然放射源发出的α粒子轰击轻元素（如铝、镁等），研究所形成的放射性同位素的产额与α粒子能量的关系，由此来研究原子核的结构。他们研究了天然α射线引起的^{30}P，研究了^{28}Al和^{25}Mg的共振效应，验证了N.玻尔的液滴模型。张文裕又与W. B. 刘易斯（Lewis）合作，研究了高压倍加器产生的^8Li的衰变机制，及由此产生的激发态^8Be，测量了^8Be蜕变成两个α粒子时产生的α射线能谱，发现它是一个连续谱，由此判断^8Be有很宽的激发态。他还与 M.哥德哈伯（Goldhaber）和 R.嵯峨根（Sagane）合作，利用高压倍加器产生的γ射线和快中子轰击不同的元素，发现多种放射性元素，并首次在一些核中观察到光激放射性现象的(γ，n)和(γ，$2n$)反应，和$^{16}O(n, p)^{16}N$过程。这个过程在设计、建造反应堆及其运行时，是大家所关注的，因为冷却水中的^{16}O变为^{16}N，它放出的6MeV的γ射线可能会引起辐射损伤。

抗战期间在昆明极其困难的条件下，张文裕自己动手吹玻璃，做出几根盖革计数管，又在农村找了个仓库作为实验室开展宇宙线研究，测量宇宙线强度与天顶角的关系。他还曾努力争取建造一台静电加速器，以便进行核物理研究，终因无法实现而作罢。

1943年在美国普林斯顿期间，张文裕在建造α粒子谱仪的过程中，根据法国科学家罗森布鲁姆的想法研制出了最早的火花室作为α粒子谱仪的探测器，并提出粒子探测的"精确定位"概念，这是大型多丝室的先驱。张文裕继而用这台高分辨率的谱仪测了钋、镭等元素的α谱线，指出有α精细谱，这些低能的α谱线的能量只是主要α谱线的万分之一，甚至更低，用过去测量射程来定α粒子能量的办法是测不出来的。

1946年，他承担美国军方和原子能委员会的研究课题，研究"介子武器"之谜。当时传说苏联利用磁透镜聚集宇宙线介子的强相互作用力而产生巨大的爆炸力。他设计建造了一套自动控制、选择和记录宇宙线稀有事例的云室,利用这套云室研究宇宙线中μ子与物质的相互作用。实验证明,μ子被核吸收之后,没有放出α粒子,也就是说,不存在引起爆炸的"星裂"径迹,从而证明μ子是非强相互作用粒子,否定了关于介子武器的谣传。在进一步的研究中,他发现了μ介原子,后者在国际上被称作"张辐射"。

1950年至1956年,张文裕转到美国普渡大学工作。这段时间他系统地研究了海平面的大气贯穿簇射,并对Λ^0奇异粒子作了系统全面的研究。他们当时对θ^0(即短寿命中性K介子,K^0)和Λ^0的测量结果(θ^0寿命0.80×10^{-10}秒,Λ^0寿命2.8×10^{-10}秒)同30年后粒子表所列的结果(K^0寿命0.892×10^{-10}秒,Λ^0寿命2.63×10^{-10}秒)相当,可见他们当时的工作水平。

1956年回国以后,为了较全面、完整地研究高能宇宙线粒子引起的高能核作用,张文裕提议在云南高山站增建一个大云室组,他利用从国外带回建造云室用的高级平面玻璃和一些实验工具,建成包括三个云室的一个大云室组,中间一个有磁场。它是当时国际上规模最大的云室组。大云室组建成后,发现了一个质量可能10倍于质子质量的重粒子,并在此项工作中培养了一批宇宙线研究人才。

1961年在杜布纳联合核子所工作期间,他领导一个联合研究组。全组20多人,只有四五名中国人。他们研究高能中子在丙烷泡室中产生的各种基本粒子的产生截面、衰变形式和寿命,以及与其他粒子的相互作用等。他把当时已知的重子共振态归纳成核子和超子的激发态,提出了一个重子能级跃迁图,并根据这个想法对Λ^0超子和核子散射过程进行了研究。当时这方面的数据很少,高动量方面的数据还没有。他们从100多万张丙烷泡室的照片中筛选出十几个Λ^0和质子的弹性散射事例,给出了在平均动量2.7 GeV/C下,$\Lambda^0(p)$弹性散射的总截面和角分布,这在当时是很不容易的。至于其他学者从加速器引出较强的次级Λ^0束流来做散射实验,已是20世纪70年代的事。

二、发现μ介原子,拓宽物质结构的研究领域

张文裕最主要的学术成就是μ介原子的发现。μ子是1936年被发现的,当时人们对它的性质还很不清楚,一直以为它是强作用粒子,被核吸收以后会产生核反

应，放出能量。因此，研究 μ 子被核吸收之后所出现的现象是当时粒子物理学家所关注的问题。张文裕利用多层薄板云雾室系统研究宇宙线中 μ 子与物质的相互作用。他观察到，与人们的预料相反，μ 子被核吸收之后，没有观察到放出 α 粒子或质子，也就是说没有引起核反应。由此判断：μ 子和原子核没有强作用。但这究竟是一种什么现象？μ 子被核吸收以后，它的 100 MeV 的静止质量到哪里去了？带负电荷的 μ 子会不会形成围绕原子核运动的玻尔轨道？他带着这些问题仔细察看从云雾室中拍下的照片。分析了 1948 年底至 1949 年初经 2610 小时拍摄的云室照片后，得到 7 张预示有新现象的照片。这些照片显示：μ 子停止在薄板上，当它停止时，发射出一个低能电子，或者一个低能电子对，它们的方向指向 μ 子停止的地方，能量只有 5 MeV 左右。经过仔细研究，张文裕发现，当带负电荷的 μ 子通过云室的金属片逐渐慢化后，其运动速度接近热运动的速度，在强大的核的正电荷的吸引下，μ 子会被核抓住，代替原来围绕核运动的一个电子，形成 μ 介原子，或称 μ 子原子。

为了确认这种新现象，张文裕继续从事 μ 子停止于金属片中的实验研究，到 1954 年他已找到 21 张指向 μ 子的电子和电子对的照片。当时的理论物理学家 J. A. 惠勒（Wheeler）用量子力学对 μ 子进行了计算，计算结果与张文裕的实验结果相符。同时，柯星斯（Cosyns）于 1949 年、富雷（Fry）于 1950 年利用核乳胶，L. J. 雷瓦特（Rainwater）于 1953 年利用加速器，都观察到同样的结果。μ 介原子这一新物质形态终于为人们所普遍接受。

μ 介原子的发现开创了研究物质结构的一个新领域，即奇特原子物理学，可以用 μ 介原子产生的辐射来研究核的结构。由于 μ 子的质量比电子大 200 倍，μ 子的某一轨道半径只应为电子相应轨道的 1/200，即 μ 子比电子离核更近，因而用 μ 子作探针来观察核结构要准确得多。1975 年，吴健雄和 V. W. 休斯（Hughes）在他们的专著《μ 子物理》（*Muon Physics*）中对此作了很好的总结。

三、尽心竭力，为发展我国高能物理事业奠定基础

张文裕从长期研究工作实践中深切体会到："定量研究是物理学发展的关键；新现象的发现只不过是问题的开始，规律性的关系是从定量研究中产生的。"（引自张文裕为章乃森《粒子物理学》所写的序言）宇宙线研究由于它的粒子流太弱，

不易测量，故大都是定性、探索性的工作，定量工作用加速器来做更为有利。要发展我国的高能物理事业必须建设我国自己的实验基地，建造高能加速器。中苏关系破裂后，这个愿望更加强烈。1972年，以张文裕为首的18位科学家联名给周恩来总理写了一封信，要求建造一台高能加速器，以开展高能物理实验研究。周恩来总理一直很重视高能物理研究工作的发展，多次关心询问这方面的情况，还曾到苏联杜布纳联合核子研究所，探望在那里工作的我国科学工作者，并和大家商讨如何发展我国的高能物理研究。信送上去不到两个星期，就得到了周恩来总理的批示。批示指出："……这件事不能再延迟了。科学院必须把基础科学和理论研究抓起来，同时又要把理论研究和科学实验结合起来。高能物理研究和高能加速器的预制研究，应该成为科学院要抓的主要项目之一……"周恩来总理为此批准成立中国科学院高能物理研究所，任命张文裕为第一任所长。

1973年以后，张文裕不遗余力，为发展我国高能物理事业付出了巨大精力。他多次带领代表团出国考察，调查、了解国际高能物理发展情况，打通国际合作渠道，派遣大批研究人员出国学习，掌握先进技术。

1977年，国家批准建造一台500亿电子伏的质子环形加速器，原定10年建成，定名为"八七工程"。为此，选定在昌平县十三陵附近建设高能物理实验中心，并以玉泉路为预制研究基地。1982年国民经济调整，"八七工程"下马。为了保证高能物理研究不断线，中央又批准建造一台2×22亿电子伏的正负电子对撞机，定名为"北京正负电子对撞机工程"。

北京正负电子对撞机已于1988年实现对撞，1989年建成。它的建成标志着建设我国自己的高能物理实验基地的梦想终于成为现实。这里凝结着张文裕和所有为之奋斗的创业者的努力，灌注了老一辈科学家的心血。

张文裕在北京正负电子对撞机工程会议上

四、精益求精，发展实验技术

张文裕一贯主张自然科学发展的基础是实践。自然科学研究的对象是"物"。要研究"物"，必须变革"物"，并观测其变革后的反应。以这些反应的现象作根据，经思维加工而推出结论。物理科学更是如此。他指出，物理学是一门实验科学，在物理学的教学和科研中，要特别强调科学实验。

张文裕在科研和教学中始终重视科学实验，包括对实验方法的研究、实验仪器的设计和制作，以至实验技能的训练。在研究放射性元素的α粒子能谱时，他精心制作α能谱仪，借用了回旋加速器上的磁铁，能量分辨率相当高。后他又制成了最早的火花室来记录α粒子。这个火花室只对游离大的α粒子灵敏，对β粒子不灵敏。当α粒子进入时，肉眼可以看见火花，还可以在强磁场和低真空中使用。这个火花室的设想是罗森布鲁姆提出的，张文裕进行了设计、加工，使它成为现实。他用这台能谱仪作了钋、镭的α谱测量，测出的能谱主峰位置和前人的结果完全一样，但更准确。奇怪的是，在低能方向有若干条弱谱线，强度约为主峰的万分之一。这些低能谱线用过去的射程测量办法是测不出来的。它们是从哪儿来的？很难把这些α粒子解释为由核内来的。后来，密执安大学韦迪（Wadey）用比较小的α能谱仪也观察到了类似的现象。理论物理学家伽莫夫（Gamow）对此很感兴趣，张文裕和他讨论过，想出的几个机制都被否定了。看来，这些α粒子可能是在核外形成的，或由α粒子与源的白金支柱固体表面作用而成，或者只是统计涨落，但这种可能性很小。本来想对这一现象作进一步探索，由于第二次世界大战结束，在国防方面工作的人员陆续回到实验室，借用回旋加速器的磁铁又要归还，这项工作也就中断了。

在研究宇宙线和物质相互作用时，张文裕制作了一个多层云雾室系统。其独到之处，是采用了不同材料的多层薄金属片，分别用铅片、铁片、铝片做三次实验，用以鉴别穿过云室的各种低能粒子。同时，采用的金属片很薄，它们的厚度分别为 0.018 英寸（Pb）、0.028 英寸（Fe）、0.032 英寸（Al），使 15 MeV 或能量更低的质子可以穿过，提供了深入研究 μ 子与物质相互作用的可能性。为了增加照相时的反光，他在铅片和铁片的两面都镀上厚度为 0.002 英寸的铝箔。张文裕对实验进行了精心设计，使只有停止在云室内的粒子径迹才被照相。该实验还可以根据质子、μ

子和电子在穿过金属薄片前后电离密度变化不同的特点,准确地辨认粒子。为了确证整套实验装置运行的可靠性,张文裕作了许多检验,其中之一是从工作时间、金属片的原子序数和质量、云雾室的立体角获得 μ 子的绝对停止率是 1.5×10^{-6}/(克·秒·立体角),与其他实验结果完全一致,这说明实验所用的多层薄膜云雾室系统运行可靠。

张文裕重视科学实验不仅身体力行,而且倡导这个观点。他曾在第五届全国人民代表大会常务委员会会议上发言,强调"发展科学技术,必须加强科学实验,解决好科研、教育与工业三者的关系"。他曾多次在报刊撰文,谈"科学实验与现代科学的发展""纠正轻视实验工作的偏向"等。在为科学专著撰写的序言中,他更一再强调科学实验的重要性。

张文裕在总结他60年教学科研的体会时,就以切身经历着重总结了对科学实验重要性的认识。他认为:"科学实验是科学理论的源泉,是自然科学的根本。"

五、重视队伍培养,关心青年成长

现代科学实验发展至今天,任何科学实验都不是一两个人的力量所能完成的。高能物理是一门大学科,一个实验往往需要几十人、上百人的通力合作。张文裕深深懂得这一点,他把培养一支具有高素质的科研队伍作为他后期工作的主要目标。1978年我国实行改革开放之初,他就积极利用他在海外的关系,打通渠道,将我国从事高能实验物理及加速器的科研人员派往世界各大高能物理研究中心进修、工作,使他们较快地掌握国外最新技术,了解到国际前沿的发展动态。这支队伍后来成为我国高能实验物理及加速器建造的中坚力量,他们成功地建成了北京正负电子对撞机及北京谱仪,并开展高水平的研究工作。

张文裕对年轻人既循循善诱,又严格要求。他要求研究生首先要学会使用实验中用到的各种设备,逐步学会制造实验需要的各种设备。他很重视学生对物理概念的理解,要求他们有清楚的物理图象。张文裕还要求他们下工夫学习数理统计,以便学会从分析数据中找出本质的东西。他认为一个高水平的实验人员既要能提出物理问题,又要能自己制造实验所需设备,把实验设备安装调试出来,还要会做实验,会取数据、分析数据,并从实验数据中找出新现象,得出新结论。他认为:

"改理论就实验天经地义、理所当然；改实验就理论则荒谬绝伦、众所不容。"

张文裕曾长期在学校工作，在国内、国外都培养了不少学生。1958年起，他在中国科学技术大学任兼职教授，主讲"普通物理"这一重要的基础课程。以后，他又兼任中国科学技术大学近代物理系主任，对该系的建设和学生的培养都给予了极大关注。

张文裕十分爱护学生、晚辈，热心帮助他们成长。对于年轻科研人员，他总是耐心地指导他们；对于年轻人提出的新的科学想法，他都给以热情鼓励，积极指导。他鼓励年轻人总结工作，写成专著，热情为他们写序言，给以推荐。有时外单位的科研人员来找他写序，他也热情帮他们审核书稿，认真写出序言。他还应报刊的邀请，为青年人写文章谈学习问题，谈治学经验。总之，他把培养年轻一代作为一个老科学家应尽的责任。

1992年11月5日，张文裕在北京病逝。

（汪雪瑛）

张文裕主要著作：

1. W. Y. Chang（张文裕）: Air-earth electrical current measurement of atmospheric conductivity, 本科毕业论文，1931年5月1日。
2. W. Y. Chang: Some thermo-magnetic electrical and thermo-mechanical electrical properties of iron, 硕士毕业论文，1932年11月。
3. W. Y. Chang, William Band: Thermomagnetic hysteresis in steel, *Proceedings of Physical Society of London*, **45**（1933）602.
4. W. Y. Chang, C. S. Wang（王承书）: Continuous records of the atmospheric potential gradient at Yenching, 中国物理学报，**1**（1934）93.
5. W. Y. Chang, Y. M. Hsieh（谢玉铭）: Electrical insulation of baked soapstone, 中国化学学会志，**III**（1935）183.
6. W. Y. Chang: Some properties of baked soapstones, *Science*, **83**（1935）376.
7. J. R. S. Waring, W. Y. Chang: The formation of radio-phosphorous (^{30}P), *Preceedings of Royal society of London*, **A157**（1936）65.
8. W. Y. Chang, A. Szalay: The formation of radio-aluminium ^{28}Al and the resonance effect of Mg^{25}, *Proceedings of Royal Society of London*, **A159**

(1937) 72.

9. W. B. Lewis, W. E. Burcham, W. Y. Chang: α-Particles from the radioactive disintegration of a light element, *Nature*, **139** (1937) 24.

10. W. Y. Chang, M. Goldhaber, R. Sagane: Radioactivity produced by gamma rays and neutrons of high energy, *Nature*, **139** (1937) 962.

11. C. L. Smith, W. Y. Chang: An accurate determination of the range distribution curve of the radioactive α-Particles from ^{8}Li, *Proceedings of Royal Society of London*, **A166** (1938) 415.

12. C. S. Wang (Mrs. W. Y. Chang), W. Y. Chang: Analysis of beta-disintegration data, Part I. The sagent curves and Fermi K. U. Theories of beta-radioactivity, *Science Record*, **I** (1942) 98.

13. W. Y. Chang, C. S. Wang: Analysis of beta-disintegration data, Part II. The probability of B disintegration and the complexity of the atomic nuclei, *Science Record*, **I** (1942) 103.

14. W. Y. Chang: The regularities in energy levels of light nuclei, *Phys. Rev.*, **65** (1944) 352.

15. W. Y. Chang, S. Rosenblum: Two simple apparatus for measuring the cyclotron (vertical) magnetic field with high accuracy, *Review of Scientific Instrument*, **16** (1945) 75.

16. W. Y. Chang, S. Rosenblum: A Simple counting system for Alpha ray spectra and the energy distribution of Po Alpha-particles, *Phys. Rev.*, **67** (1945) 222.

17. W. Y. Chang: Short-range Alpha-particles from Po, *Phys. Rev.*, **67** (1945) 267.

18. S. Rosenblum, W. Y. Chang: A simple counting system for Alpha-ray spectra, *Phys. Rev.*, **67** (1945) 58.

19. W. Y. Chang: A study of the Alpha-ray spectra by the cyclotron magnet, *Phys. Rev.*, **67** (1945) 589.

20. W. Y. Chang: A study of the Alpha-particles from Po with a cyclotron magnet Alpha-ray spectrograph, *Phys. Rev.*, **69** (1946) 60.

21. W. Y. Chang: Low energy Alpha-ray spectra and mechanism of Alpha-

decay, *Phys. Rev.*, **69**（1946）254.

22. W. Y. Chang: Low energy Alpha-particles from radium, *Phys. Rev.*, **70**（1946）632.

23. W. Y. Chang: Alpha-ray spectra of RaC and RaC', *Phys. Rev.*, **74**（1948）1195.

24. W. Y. Chang, T. Coor: Alpha-ray spectra of RaTh, Th and ThC', *Phys. Rev.*, **74**（1948）1196.

25. W. Y. Chang: Search for heavy particles from stopped mesons, *Phys. Rev.*, **74**（1948）1236.

26. W. Y. Chang: Evidence of low energy gamma-rays（1～5 MeV）from stopped negative mesons, *Phys. Rev.*, **75**（1949）1315.

27. W. Y. Chang: A cloud-chamber study of meson absorption by thin Pb, Fe and Al foils, *Review of Modern Physics*, **21**（1949）166.

28. W. Y. Chang, J. R. Winckler: Cloud-chamber equipment for study of infrequent cosmic-ray processes, *Review of Scientific Instrument*, **20**（1949）276.

29. W. Y. Chang: Further experiments on slow μ mesons stopped at thin Pb foils, *Phys. Rev.*, **76**（1949）170.

30. W. Y. Chang: Further experiments on slow μ-mesons stopped at thin Al foils, *Phys. Rev.*, **79**（1950）205.

31. G. Del Castillo, W. Y. Chang: Study of showers produced on lead, carbon and beryllium, *Phys. Rev.*, **81**（1951）323.

32. W. Y. Chang, G. Del Castillo, Leon Grodzins: Penetrating showers produced in beryllium at sea level, *Phys. Rev.*, **84**（1951）582.

33. W. Y. Chang, G. Del Castillo: Penetrating showers produced in carbon and lead at sea level, *Phys. Rev.*, **84**（1951）584.

34. W. Y. Chang, G. Del Castillo, Leon Grodzins: Further results from the study of sea-level penetrating showers, *Phys. Rev.*, **89**（1953）408.

35. L. Grodzins, G. Del Castillo, W. Y. Chang: On the two-particle showers from Be, *Phys. Rev.*, **90**（1953）361.

36. W. Y. Chang: Sea level mesons stopped in thin Pb and Al foils I, possible emission of charged nuclear particles and related events,

Phys. Rev., **95**（1954）1282.

37. W. Y. Chang: Sea-level mesons stopped in thin Pb and Al foils Ⅱ, low energy （1~5MeV） gamma rays, *Phys. Rev.*, **95**（1954）1288.

38. G. Del Castillo, A. Snyder, L. Grodzins, W. Y. Chang: Nuclear interaction of sea level cosmic ray particles with carbon and lead, *Phys. Rev.*, **98**（1955）1163.

39. Ishwar C. Gupta, Allen L. Snyder, W. Y. Chang: Further results from the the study of V°-particles, *Bulletin of American Physical Society*, Ⅱ（Ⅰ）（1956）186.

40. I. C. Gupta, W. Y. Chang, A. Snyder: Double-plate cloud-chamber study of V° particles, I, classification, *Phys. Rev.*, **100**（1956）1264.

41. A. Snyder, W. Y. Chang, I. C. Gupta: Double-plate cloud-chamber study of V°-particles, II. mean decay time of $\theta°$ and $\Lambda°$ particles, *Phys. Rev.*, **100**（1956）1264.

42. Ishwar C. Gupta, W. Y. Chang, Allen L. Snyder: Double-plate cloud-chamber study of V°-particles: Classification and related results, *Phys. Rev.*, **106**（1957）141.

43. Allen L. Snyder, W. Y. Chang, I. C. Gupta: Double-plate cloud-chamber study of V° particles: Mean lifetimes of $\theta°$ and $\Lambda°$ particles, *Phys. Rev.*, **106**（1957）149.

44. 张文裕：《由宇宙线（1011~1014 eV）引起的高能核作用》，《物理学报》，1961年第17卷，第271页。

45. В. Ф. Вишневский, Ду Юань-цай, В. И. Мороз, А. В. Никитин, Ю. А. Троян, Цзянь Шао-цзюнь, Чжан Вэнь-юй, Б. А. Шахбазян, Янь У-гуан: О возможной схеме обазования Λ-гиперонов через изобары в π-р -взаимодействиях при энергиях 7~8 ВеV, ЖЭТФ, **46**（1964）232.

46. В. Ф. Вишневский, Ду Юань-цай, В. И. Мороз, А. В. Никитин, Ю. А. Троян, Цзянь Шао-цзюнь, Чжан Вэнь-юй, Б. А. Шахбазян, Янь У-гуан: К вопросу о применимости изобарной модели образования Λ-гиперонов в π-р-взаимодействиях, Ядерная Физика, Т. 1. ВЫП, 6,

1965.

47. В. Ф. Вишневский, Ду Юань-цай, В. И. Мороз, А. В. Никитин, Ю. А. Троян, Цзянь Шао-цзюнь, Чжан Вэнь-юй, Б. А. Шахбазян, Янь У-гуан: Упругое рассеяние Λ-гиперонов со средним импульсом 2.7 Гэв/с на протонах, Ядерная Физика, Т. 3. ВЫП. 4, 1966.

张文裕的回忆

毛主席在《实践论》中曾透彻地阐述了"理论来自实践,又反过来指导实践"的认识论原理。前几年,党中央又进一步强调"实践是检验真理的唯一标准"。这些提法也是对科学发展史的高度概括和科学总结。此外,我们党又一贯倡导学习唯物辩证法,倡导认真严肃、实事求是的工作作风,所有这些对科学发展都有着极重要的意义。

自然科学发展的基础是实践。由于历史的影响不同,在西方学术界,一般认为这是不言而喻的,而在我国却不是一下子就能接受的。我国经历了几千年的封建制度,从隋朝初期开始实行科举制度。从世袭制到开科取仕的科举制,在当时是个进步,但科举制的内容主要是研究人与人的关系,至于人与"物",人与"自然"的关系,是极少研究的。科举制持续了1200多年,直到清朝末年才结束,所产生的影响是根深蒂固的,不是几十年革命就能扫除的。

自然科学研究的对象是"物"。要研究"物",必需变革"物",并观测其变革后的反应,以这些反应的现象作为依据,经思维加工而推出结论。全部自然科学包括物理学的内容,包括物理事实和由事实推出的规律,都是由科学实验得出来而不是由脑子臆造出来的。西方科学界流行着这种看法:改理论迁就实验,是天经地义、理所当然的;要否定一个实验,必须有新的、更准确的实验结果。他们普遍承认科学实验是理论的源泉,是自然科学的根本,也是工程技术的基础。反映在教育上,培养学生也是从科学实验着手,把重点放在实验上,非常重视实验课,不管培养的学生将来要成为理论家或实验家。据说这种教育方法在欧洲是由 J. C.麦克斯韦(Maxwell,英国剑桥大学卡文迪什实验室第一任主任)亲自奠定基础的,他非常强调要学生重复别人的实验。像麦克斯韦这样的大理论家首先想到的仍然是"物",而不是"数"(数学符号)。

我从20岁出头就开始从事科学研究,但是对上述西方科学界的看法,特别是对科学实验的重要性,是十年之后在普林斯顿工作时才开始认识到的。到把这种看法变成了习惯,恐怕还要经历几次摔跤的实践经验,我才能真正把握住。

选著《张文裕论文选集》主要汇集了我在燕京大学、剑桥大学卡文迪什实验室和普林斯顿大学亨利实验室这三个地方的工作。这三个地方有一定的联系,在教学与科研的风格上有类似的传统。燕京是美国人办的一所典型的教会学校,以美国大学作为规范和模拟。美国的大学在物理学的教学和研究方面又是跟普林斯顿学的,普林斯顿被认为是美国物理学的中心。但是,普林斯顿的传统,又是由卡文迪什来的。他们的共同特点是认为物理学是一门实验科学,在物理学的教学和研究中,特别强调科学实验。

我将结合选著中涉及的工作,回忆我的一些经历,同时回顾一下我两次回国的不同感受,最后谈谈我对教学与科研的一些体会。

一、燕京大学

燕京大学是美国教会办的,以美国式的大学作为规范和模拟的一所大学。在物理学的教学中强调实验,在实验教学和理论教学的关系中以科学实验为主。这所大学有一定的实验设备,由一位教授负责实验课,配合若干位助教,具体讲解每一个实验的原理、要求和做法,怎样收集数据,怎样做成一个实验报告,并看着学生做实验。实验报告要经过助教签字,特别注意有效数字的取舍和误差的处理,不合格的要退回修改(return for correction)。常常一个报告要退回修改两三次才被接受。分数不及格要补考,或者不给学分。对每一门学科(如光学、电磁学、力学、原子物理、核物理等),基本上每星期有三小时授课(往往含有实验演示)和半天相应的实验课。实验室还设有几台机床,鼓励学生自己动手去做一些零件。这些做法都与美国的相同,只是程度和水平可能有些差异。

这一段的研究工作,主要围绕科学实验的基本功和工作态度的训练,物理问题的意义不是主要的。强调练习难以驾驭的仪器,如迈克逊干涉仪、康普顿静电仪等,培养学生的实际动手能力。

凡是燕京大学出身的都比较清楚,物理系的教师们,如谢玉铭、杨盖卿、孟昭英、褚圣麟、班威廉(William Band)、安得逊等先生,对系的建设、对学生的培养都作出了很大的贡献。对我个人来说,谢玉铭先生用的工夫最多。他实验很灵,光学、近代物理都是他教的。研究生的题目,多由训练的角度挑选。我与谢玉铭教授是同乡,接触比较多。没有他的关心、鼓励,恐怕不会有我的今天。当然还有其他前辈,如叶企孙、吴有训、饶毓泰、严济慈、杨石先、姜立夫、赵忠尧等先生,我经常回忆起他们对我学业成长的关心和帮助。其中来往时间最长和最密切的要算赵忠尧先生。我在1930年左右就认识他,到剑桥后我们经常通信,他给了我许多鼓励和帮助。

燕京的另一个特点是举办讨论会(seminar),每星期一次,每次一或两个人讲,接着讨论,共用半天。讨论会主要是由学生讲国际近况,有时报告自己的工作。当时燕京讲课用英文,讨论会也是用英文,这样可以一边学英文,一边学物理。

二、英国剑桥大学

我是1934年考上第三届"中英庚款"到剑桥大学留学的,1935年夏天到剑桥,按规定为期三年,若有必要可延长至四年。到剑桥后,我在该校的卡文迪什实验室攻读博士学位。当时实验室主任是著名的物理学家卢瑟福,也是我的导师。他继承了他的三位前任 J. C.麦克斯韦、L.瑞利(Rayleigh,原名 J. W. Strutt)和 J. J.汤姆逊(Thomson)的传统并发扬光大,把卡文迪什实验室办成一个在世界上很有影响的近代物理研究基地。

我在卡文迪什实验室时,该实验室共有三个大组。

第一个是 C. D.埃里斯组,利用铀和镭做的 α、β 放射源进行天然放射性的研究。埃里斯本人是研究 β 放射性的,β 比 α 复杂。他发现从放射源出来的 β 射线有线谱,也有连续谱。线谱是从核外出来的(轨道电子吸收核内出来的 γ 并放出电子),连续谱才是从核内出来的。W. E.泡利(Pauli)就是根据他的工作,分析了三体衰变,提出了中微子假设。泡利对埃里斯的工作很赞赏,说他应该获得诺贝尔奖金。李国鼎在剑桥就是跟埃里斯作 β 衰变研究的。

第二个大组是 J. D.考克饶夫(Cockcroft)组。这个组围绕1932年自造的 500 KeV的考克饶夫—沃顿倍加器作核物理工作,后来委托荷兰的菲利浦(Philips)公司造了一台更大的倍加器(能量为 1.25 MeV)。

第三个大组由卢瑟福和 M. L. E.奥利芬（Oliphant）等组成，人数不多，研究有关中子的问题。

我一开始在埃里斯组工作，可以说埃里斯是我在核物理和技术方面的启蒙老师。名义上我的导师是卢瑟福，但真正的导师是埃里斯。我在这个组的工作是用α粒子轰击轻元素如铝、镁等，研究所形成的放射性同位素的产额与α粒子能量的关系，由此来研究原子核的结构。当时对原子核结构的了解还不很清楚。卢瑟福和玻尔有二十几年的师生和合作关系，他们提出了原子模型。玻尔提出原子核的液滴模型后，我们就想用α粒子作探针去研究核的结构。当时已经认识到不同能量的α粒子都可以进入核，但有选择，有的能量进去得多一些（即有共振现象），表明核不是光滑的，不是一个点，而是有大小、有连续性的；不是一个刚球，而是一个软的东西。

埃里斯对工作很负责，对学生很关心，他亲自教我制备放射源的方法。为了制备氡放射源，我清早四五点就开始工作，他都来帮助我。他教我如何写文章，每篇文章都经他修改后才送给卢瑟福审阅，然后再送出去。我们相处得很好，后来他要到伦敦大学当教授，建议我跟他一块去。他走后，我就转到考克饶夫组了。

1972年，我们中国科学家代表团访问英国时，听说埃里斯还健在，可惜没有机会看到他。

我在考克饶夫组参加过两个小组的两项工作。其中一个小组由 W. B.刘易斯领导，用倍加器产生放射性的^{8}Li和^{8}Be，研究它们的衰变机制。^{8}Li的半衰期比较长，接近1秒。^{8}Be是一个激发态，退回基态时放出两个α粒子。我们测量α的能谱，发现它是一个连续谱，由此判断激发态的分布很宽，半衰期仅约10^{-16}秒。另一个小组是M.哥德哈伯(Goldhaber)组，由他、我和一个日本人，叫嵯峨根的，共三个人组成，利用倍加器产生的γ和快中子去打不同的元素，形成许多种放射性元素，观察(γ, n)和(γ, $2n$)反应，以及^{16}O(n, p)^{16}N等过程。这些过程现在早已熟悉，可在当时还完全不清楚，是头一次研究。其中，中子和^{16}O的反应在反应堆的设计中要非常小心地考虑，因为冷却水里有氧，产生出来的^{16}N有放射性。

刘易斯比我大一两岁，搞电子学和探测器的能力都很强。他后来担任加拿大原子能委员会主席。1972年中国科学家代表团访问加拿大时，我们住在多伦多中国大使馆。他得知后，亲自驱车从乔克里弗（Chalkriver）赶到多伦多找我。三十几年未见面了，大家非常高兴，畅谈了一个晚上，谈完他又开车回去。哥德哈伯后来到美国当教授，做过一任布鲁克海文（Brookhaven）高能所的所长和美国物理学会会长，曾来中国访问过。

卡文迪什实验室的研究方向、领域，以及每年的题目都是主任和几位副主任讨论决定的。他们还经常与研究生和其他人员商量讨论，民主风气很浓。作为实验室主任，卢瑟福很关心研究的进展，每个星期总要到各个组了解情况，询问遇到了什么问题并亲自想办法。他平易近人，每个月邀请我们到他家里作客，他的夫人是农村人出身，非常朴实、善良，待人热情。

1937年，卢瑟福去伦敦做手术，不幸逝世。他的逝世是科学界的巨大损失。噩耗传来，卡文迪什的气氛立即改变。从伦敦举行的隆重的葬礼中可以看到他的影响。同我去伦敦参加葬礼回来的同事们都惊奇地说，没想到我们有这么伟大的人物。

1937年抗日战争开始，南京失陷，日寇大屠杀，奸淫妇女，无恶不作，英国报纸登载得很详细。在剑桥，国内去的几个同学天天用很多时间看报，看完就讨论，完全没有心绪作研究或学习，都想回国参加抗日。跟别的同学一样，我写信给"中英庚款"董事会，申请提前回国参加抗日。董事长朱家骅回信说，回国可以，但必须完成学业，得到博士学位才予以考虑。于是，我向研究生院提出了提前考试的要求。

卢瑟福对我要求提前考试，提前回国很不以为然。大约六月初的一天，他到实验室来看我，说："……听说你要回中国，不要这样。我想中国应忍着，等以后强大再说。硬打牺牲太大。至于你，还是留在这里继续作研究好。这是我最关心的事。你若有经济困难，我可以想办法。"我立刻回答："经济上一点困难也没有。"至于他其他的话，我没吭声，但心里反感，不愿意听。不久，他就去伦敦治病了，没想到我们的这次谈话竟成了最后一次。

经申请后，剑桥研究院同意我提前考试，由考克饶夫主考。事先我一点准备也没有，总认为这种考试主要是考论文，把已发表的论文综合一下就成为博士论文，心里想，对我所做的论文我比谁都清楚得多。

结果考论文没几分钟就过去了，然后转向考基础课。大部分问题涉及基础实验课内容，如：一束光穿过一条狭缝或两条狭缝，在后边屏上形成什么样的花纹？怎样用图大致表示光的极化、衍射？用牛顿环怎样求波长？还有低温等等问题。我回答得很不完美，连自己也很不满意。当时很激动，算了！不考就回国吧！

考克饶夫很平静、耐心地规劝我："还是准备再考吧！这结业考试对你有好处。你不是本校毕业的，是中国第一个在这里考博士学位的人。你的研究工作没有问题，但我们对你过去在中国训练的情况并不清楚。考核一个人的水平，考试是个好方法。中国是世界上第一个发明考试的国家，我们英国的文官考试就是从中国学来的。听说中国别的同学也不重视考试，李国鼎就跑掉了。我考虑还是请你再准备一下，用三个月功夫，再考一下好不好？"我看他这么诚恳，只好答应了。

到1938年春，我再次参加考试。三个月间我把过去本科学的基础课，特别是实验基础课，彻底复习了一遍。复习中参考、学习了剑桥本科的学习内容。虽然燕京是强调实验的，但仍不够，要求仍不一样。这次考了约一个钟头，考克饶夫就说可以了："You are through！"这样考试就通过了。

颁发博士证书的典礼要到夏天和别人一块进行。院方要我先准备典礼所需要的礼仪，并进行预演。

到7月，距领学位证书还有三四个月。我就利用这个时间为回国后的工作做些准备。由李国鼎与国内联系，以防空学校校长黄振球的名义介绍我到柏林AEG工厂学习探照灯技术（但要自费）。我在AEG公司实习了一段时间，7月初回到剑桥参加颁发博士证书典礼后，又回到AEG工厂继续实习。

1938年10月底，我回到剑桥。结束了四年的留英生涯，抱着回国参加抗日救亡的强烈愿望，11月初，我离开剑桥经马赛坐船至河内，回到昆明，而后到贵阳。回国后，我方得知防空学校已搬至桂林。

促使我提前回国的另一个原因是王承书已好久未给我来信，下落不明，使我放心不下。这时我们已经要好五六年。回国后，我知道她已逃到贵阳，在湘雅医学院教书。

我在贵阳等了一个多月，才接到黄振球回信说：现在情形很不安定，你可另觅高就。

三、美国普林斯顿大学亨利物理实验室

1943年，我由西南联大来到美国普林斯顿大学的帕尔麦实验室工作。这个实验室是美国历史最长的实验室（几年以前已改名叫亨利实验室）。这个实验室继承剑桥卡文迪什实验室的传统，它的物理教学和科研的精神、办法，与卡文迪什很相似。有一个时期，本身的教师约四分之三在卡文迪什作过研究。当时的研究教授R.莱登伯(Ladenberg)和前任研究教授A. H.康普顿都在剑桥卡文迪什工作过。因此，在教学和科研中都很强调科学实验的重要性。美国老一辈著名的物理学家大多是由这个实验室出身的。A. H.康普顿的哥哥(K. T.康普顿)也是普林斯顿的。与卡文迪什

相同，这个实验室不收本校毕业生为研究生。

我去普林斯顿，与卡文迪什有点关系。我在剑桥时，有一年莱登伯到卡文迪什参观，卢瑟福介绍我和他认识。1943年初，那时局势很乱，没有多少书可教，我由西南联大写信给他，说希望到普林斯顿工作。他当时已转做国防工作，研究基本上停止了，但在普林斯顿还有一点工作。他还记得我，很快回信叫我去。

与此同时，加州理工学院的院长密立根教授要周培源、孟昭英和我到加州理工学院。两个学校都不错，一时很难决定。我和王承书到美国后，请教了王的导师、统计物理学家乌伦贝克教授，他立即说：当然到普林斯顿。于是，我决定了去普林斯顿。我想乌伦贝克是对的，我有机会去普林斯顿工作是幸运的！

我在普林斯顿工作七年，实验室对我的工作非常支持。他们对科学实验很重视，对科学的发展和科学工作者非常爱护，我对这一段的工作也很满意。

由选著中可看出，在普林斯顿我与同事们做了两方面的工作：一是与 S.罗森布鲁姆合作建造了一台 α 粒子能谱仪，并利用这套仪器测量了几种放射性元素的 α 粒子能谱；二是设计建造了一套自动控制、选择和记录宇宙线稀有事例的云室，并利用这套仪器做有关 μ 子吸收和宇宙线的其他研究工作，如贯穿簇射和 V^0 粒子的研究。

α 粒子能谱仪利用了普林斯顿回旋加速器80厘米直径的磁铁（加速器的其他零件已拆去作国防研究用了），所以能量分辨率相当高。谱仪呈半圆形，在通过中心一直线的一端放置 α 放射源。α 放射源以白金为支柱，用窄缝限制 α 束流的方向，作为"物"空间。在另一端的"象"空间可以形成线状能谱。从窄缝出来的 α 粒子经过磁铁偏转，不同动量的粒子聚焦成一条一条的线段，用多丝 α 火花室或核乳胶片作记录。核乳胶片与 α 粒子的入射方向有一定的倾斜度，在乳胶片上可以分辨 α 粒子的径迹是否来自 α 源。

这 α 火花室由八根丝组成，只对游离大的 α 粒子灵敏，对 β 不灵敏，当 α 粒子进入时，肉眼可以看见火花。这是最早的火花室探测器。这种探测器的主意是罗森布鲁姆提出的，我不过做了些工作，完成了设计、加工，使它成为现实，特别是在强磁场与真空中可以使用。有的文章谈到这种新型探测器时只提到我，没提到罗森布鲁姆，这是不公道的。

我们知道，α 粒子在重物质中散射得很厉害。为了减轻 α 粒子的散射，谱仪的真空盒要选用尽量轻的物质。当时，真空盒是用透明的有机玻璃造的，探测器的移动可以从外面看见，特别是多丝室的火花，都可以清楚地看见，非常方便。与计数器比较起来，乳胶片扫描麻烦，但径迹可以永久保存，而且空间分辨率高。

创造物理教育奇迹的大师

饶毓泰　吴有训　叶企孙　朱物华　赵忠尧　周培源　霍秉权
郑华炽　孟昭英　吴大猷　**张文裕**　王竹溪　马仕俊

罗森布鲁姆是法国人，比我年长13岁。他是居里夫人多年的助手，也是长射程 α 粒子的发现者，是一位很有经验的前辈。他比我早一年多到普林斯顿。α 谱仪的主体设计和几个部件的加工是他和实验室有经验的工人共同完成的。除了在普林斯顿工作，他还在纽约兼一个工厂的工作。我和他在一起工作的时间只有九个月，他就回巴黎了。我跟他学了很多东西，要是他不回去，工作可以做得更好，我可以向他学得更多。他走后，我在实验室技术人员和工人的帮助下完成了谱仪的设计加工和安装调试，使全套仪器运转工作，并初步测量了钋、镭等元素的 α 谱线。

随着谱仪建造的进展，学校在人员很缺的情况下还给我配了两位助手。一位是研究生，另一位是女士，帮助扫描乳胶片。

头一个做的是钋的 α 能谱。测出的能谱主峰位置和前人的结果完全一样，只是更准确一些。奇怪的是，在低能方向有好几条精细结构，强度约为主峰的万分之一。我们很难把这些 α 粒子解释为核内来的。这些 α 粒子是从哪里来的呢？后来，密执安大学韦迪教授的小组用比较小的 α 谱仪也观察到了相似的现象。理论家 G.伽莫夫(Gamow)对此很感兴趣，我和他讨论过，想出的几个机制都被否定了。看来，它们可能是在核外形成的，或由 α 粒子在源的白金支柱固体表面作用形成，抑或由于统计涨落。但后者的可能比较小。

这时正是1945年，实验室由国防工作转回来的人越来越多。他们要恢复回旋加速器作研究，催了好几次，最后不得不拆掉 α 谱仪。所以上面所介绍的现象未能深入观察、研究，始终未得到答案，这是我不满意的一个方面。直到现在，我想到这事心里仍很不安，因为问题没有解决，不知是什么东西。

我是1943年秋天到普林斯顿的。当时除我所在的组外，科学研究差不多都停顿了，有经验的教师基本上都出去了，教学的还有一部分，我有时候代莱德伯上核物理课。到1945年至1946年间，一切又开始恢复正常。

这个阶段有一个人找我好几次，说现在有一个单位对 α 能谱的研究工作很感兴趣。不仅天然放射物可放出 α 射线，人工产生的物质也可以放出 α 粒子，都需要测量它们的能谱。这个工作可以做一辈子，或许还完不了，待遇也很好。他问我是否有兴趣去工作，而且可以把当时正在用的一套仪器带去。我知道这个单位与国防有联系，进去就出不来，以后回国就麻烦了。我回答说，要在普林斯顿可以考虑，其他地方我哪里都不去。以后这人就没有再来了。

另一个工作是自制一套记录宇宙线的云室系统，作 μ 子被物质吸收的研究。这项研究从1946年开始设计建造仪器，1948年底、1949年初有了初步结果，发表在

《近代物理评论》上。第一个结论是：μ子和原子核没有强作用。当时还不清楚μ子的性质，若μ与核有核作用，就会放出α粒子或质子，这在云室中易于检查出来。我们的实验室没有观察到这种情况，或者说有很少的迹象，但是又不像。第二个结论是：发现当μ停止在薄板上，有低能电子发出，低能电子的方向指向μ停止的地方。不过这种事例不多，到1954年再次总结，μ-核作用照样没有，μ停止并放出低能电子的事例共有十几个。

这种现象后来被称为μ介原子。我们的结果传出去，有的单位有钱，就议论要赶快造μ子工厂来深入研究原子核。实验室的负责人之一 G. A.惠勒对此很支持，此人很有卡文迪什作风，也给了我很多鼓励。哥伦比亚与普林斯顿很近，两家也常来往，我们就鼓励他们造μ子工厂。1953年，哥伦比亚的μ子工厂建成了，第一个实验就是检验上面提到的宇宙线的结果。没有几天他们就告诉我，定性的结果与我的报导完全一样，我们都很高兴。

μ子工厂可以产生大量的慢μ$^-$，可以用它与核作用产生的辐射来研究核的结构。比如要研究铅核，铅核的电子有一定的轨道，μ$^-$进来有的取代一个电子停在定态轨道上，就成为μ介原子。这些电子轨道用普通量子力学可以算得很准。由于μ子的质量比电子大200倍，μ子的某一轨道只应为电子相应轨道的1/200，即μ子比电子离核更近。所以，用μ子作为探针来观察核结构要准确得多。事先假设一种核结构模型，用量子力学可以计算出μ子的轨道、跃迁及辐射的情况，与实验的测量相比较，就可以知道模型的好坏。

μ子在原子核外边可以处于不同的轨道，有很多种跃迁，放出的X光有时能量很相近，要求探测器有很高的能量分辨率。20世纪60年代以前只有碘化钠，能量分辨率太差，影响了这方面的研究。1964年发明了半导体探测器，能量分辨率可以提高几倍、几十倍。吴健雄从1964年就开始用半导体探测器研究μ介原子。全世界这样的组共有六个，吴健雄是第一个。他们花了20年功夫，差不多把所有的核都做了。吴健雄和希尔总结了这个领域的工作结果，写了三大卷书——《μ子物理》（*Muon Physics*），其中首先提到了我们的工作。

我的一个体会是：像这种定量的工作靠宇宙线是不行的，宇宙线作出定性的工作就可以了。用宇宙线做十年，用加速器一两分钟就可以了。定量的研究要让加速器做。发现一种新的物理现象只是认识的开始，不是完了。而物理学的发展，定量的研究是很重要的。

另一个感想是：探测器的分辨率很重要，没有半导体探测器的发展，就不会有

今天 μ 介原子的深入研究。

后来，因为客观的条件，我不得不转到普渡大学工作。在普林斯顿几年，我深感他们继承了卡文迪什的不少传统，恐怕还有发扬光大之势，主要的可以概括为以下几点：第一，十分重视科学实验而又希望研究工作者和学生都了解一些物理；第二，充分认识物理学本身是实验科学；第三，各类技术人员齐备，加工设备更多，组织管理更强；第四，各级有经验的实验和理论工作者相互配合密切，富有协作精神。最后一点最重要。各级负责人一心一意为发展科学而工作，诚心诚意爱护科学工作者。我做的 μ 子吸收工作，从制订方案和实验方法，到仪器的设计、加工、建造、安装、初步运转，不过用了一年多一点的功夫，许多工作都是大家做的，我不过综合一下。

我离开时，普林斯顿又将我使用的整套仪器全部送到普渡大学，让我有机会继续进行 μ 子吸收的工作。选著中关于这项工作的后两篇论文（1954年）就是在普渡写的，包括了研究生的博士论文。

我离开普林斯顿以后，还一直和那里的学者保持着联系，他们也一直关心着我的 μ 子实验。惠勒曾在1955年6月10日给我写信，邀我去讨论我的工作。

到普渡后我又做了两套仪器，以增加事例的统计量。

四、两次回国的对比

1938年，我从剑桥回国，在四川大学工作了一个短时间后，转到昆明西南联大工作。

抗战期间的西南联大，虽是全国最知名的高等学府，但工作条件很差，根本不可能搞科学研究。我和赵忠尧先生想建造一台静电加速器，一有时间就上街去跑杂货摊，想凑一些零件。跑了两年，除了找敲水壶的工人做了一个铜球，得到一点输送带做了个架子外，其他一无所获，最后不得不放弃这个计划。两年的努力算是徒劳了。我们感叹地说：这项工作只有留给后代去完成了！

由于工作条件不具备，我就改做宇宙线。有三个年轻人帮我的忙，其中一个叫郭一真，一个叫黄永泰。我们什么都从零开始，自己准备吹玻璃的工具，自己吹玻璃制作盖革计数管。当时在昆明大普吉，清华有个无线电研究所，我们在它旁边找了个仓库，测量了宇宙线强度随天项角和方位角的变化，在中国物理学会的年会上作了报告。

张文裕与夫人王承书在一起探讨问题

接下来的一项工作是与王承书合作，分析当时的核物理数据，分析了β衰变中的禁戒衰变、容许衰变和核能级数据。

此外，我在联大开了核物理课程，这是头一次在国内教核物理。课程的名称是"天然放射性和原子核物理"，对象是助教和研究生。听的人还不少，虞福春、唐敖庆、梅镇岳（他们当时是助教）、杨振宁（当时是研究生）都参加过听课。这门课开了两次，我也从开课中学了不少东西。

我第二次回国是1956年。

新中国成立之初，我在美国接到叶企孙、吴有训先生的电报，要我去东德参加中国的代表团，庆祝东德的科学院成立300周年。当时王承书再有两个月就要生孩子了，我不能抽身前往，只好回电表示歉意。朝鲜战争开始后，回国就困难了。这时有人给我出了个主意：由英国回国。我就给当年剑桥的老师考克饶夫写了信。考克饶夫当时主持英国原子能事业，他建立了哈威尔（Harwell）研究中心，卢瑟福实验室可能也是他主持筹建的。西欧中心的 J. B. 阿达姆斯（Adams）当时就是他的助手。按照美国的规定，在大学工作七年，就可以休假一年。我给他写信的意思是，希望到他那里工作一段时间。到了英国后，我再设法回国。

当时在考克饶夫手下工作的人有跑到东德和苏联的，听说美国和英国都对他有意见。我写了信后，也不抱多大希望，估计他可能不理我。不料他很快回了信，叫我到英国去，安排我在牛津大学作宇宙线研究，经费由哈威尔支付。但是，办出境手续遇到了困难。英国领事馆的一名官员坦率地告诉我说："我劝你不要再试了。"

考克饶夫倒是宁愿冒险也要帮我的忙。我现在还保存着1955年5月25日考克饶夫给我的第二封信。在这封信里，他希望我9月底之前能到英国。但是我想，如果我到了英国再回来，一定会给他多添不少麻烦。在普渡大学的几年，我的处境比较困难。因为我要求回国，联邦调查局对我很注意，台湾的人经常到这个学校活动。他们一来，要会餐什么的，我就借故走开，有时在外面没事，只好到电影院消磨时光。所幸和我一起工作的几位年轻人对我非常好，经常和我在一起，否则我是很难在那里呆下去的。

我第二次回国时，已解放六年多了，突然感到人的精神面貌不一样了，发展科学的气魄、工作的规模都完全不一样了。大学里学生很多，研究所也很大了，与过去相比真是天壤之别。我回来时，按照当年在昆明的条件，买了一点仪器带回来。回来一看，国内都有，都不好意思拿出来了。

给我印象最深的是云南大学。抗战时，熊庆来先生当云南大学校长，托华罗庚拉我去兼课一年。当时云大条件很差，我在数理系教三年级的光学，学生少得很。这次回来去昆明，云大杨桂宫先生带我参观物理实验室，大不一样了。全校有1000多人学普通物理，实验仪器有很多是由学校工厂生产的，做了很多套，没有三个人、四个人同用一套仪器的。我返回北京去看熊庆来先生，告诉他这些变化。他回忆说：那时在中国做一个学者很难很难啊，什么都得自己来。

回来后，我看到国内很重视唯物辩证法的学习，提倡实事求是，提倡科学的思想方法和工作方法。这些从前都是不大讲的。我很赞同毛主席关于"理论来源于实践，又反过来指导实践"的思想，很赞成"实践是检验真理的唯一标准"的提法。我深深感到，新中国成立以后，党为我国科学的发展打下了雄厚的底子。

五、教学和科研的体会

美术界举办"吴作人艺术活动六十周年"展览，吴老邀请我去参加开幕式。我不懂美术，但看到吴老对记者介绍他六十年执教和创作的体会，却深有同感。表面看来，搞美术和搞自然科学差别很大，实际上有许多共同的基本规律。

吴先生提倡启发式教学，他不轻易给学生改画，而是指出思路，或带领学生到现场与实物对比、考察、讨论，让学生对客体有一个确实的了解，由学生自己去思考、去创作。到现场看，等于我们做实验，通过科学实验的实践，让学生对自然现象有一个确实的了解，并通过脑子的思维加工，产生对自然界客观规律的认识。

为了培养出有创造精神的人才，吴先生认为要经常掌握好严与宽、博与专、放与收这三个关系。这三对矛盾是对立的，又是统一的，其基本点是启发、调动学生的自觉性和独创性，让学生的"内因起作用"。自然科学的教学和研究也一样。有的要严，基本功、基本概念一定要严，基本关系（如实验和理论的关系）一定要弄清，基本的实验一定要严，要让学生真正弄懂。但有的就不必那么严了，有的知识性、消息性的东西（所谓 informative knowledge），像看报一样，看过就可以了，不必要那么严。博与专的关系，总是要先专后博。一个人不可能一开始就博，否则就没有底了。基本的知识掌握了，就可以在一个方面深入，其他需要的知识再慢慢补进去。我在理论方面的一些知识就是后来慢慢补的，开始不可能有那么多工夫学。放与收的关系，放是需要的，充分发扬学术民主，集思广益，但也不能无休止。就像讨论一个问题，应该放开讨论，但如果争论不休，再讨论两天也不一定有结果，就需要收。

吴作人先生几十年为我国美术界培养了数以千计的画家和美术工作者，他的教学思想、教学方法是值得进一步发扬光大的。

六、结束语

在以上回忆中，我着重强调了科学实验的重要性。我们不要夜郎自大，要承认我们有几千年封建社会和一千多年科举制度的影响，要承认我们搞科学实验没有传统，要努力除掉旧的影响。

有一个例子很说明问题。十几年前，一次美国费米实验室的 L. M. 莱德曼（Lederman）教授问我，毛主席接见李政道时谈了些什么。我告诉他，据说谈了实验和理论的关系问题。他立刻说：我不相信会谈这个显而易见的问题。所以在西方，毛主席关于理论和实践关系的论述，被认为是"显而易见"的，而在中国，确实具有重大的现实意义。

无数事实证明，我们中国人是行的。有正确的指导思想，给他们一个环境，便可以做出好成绩来。党的领导很重要，不然一盘散沙做不了什么。在党的领导下，中国人没有几年就做出了原子弹、氢弹、人造卫星。我们中华民族只是一时落后，补救起来必将是很快的。

（张文裕口述，丁林垲整理）

数学、物理、文字学兼攻 教学科研编字典严谨精通：
理论物理学家王竹溪

王竹溪（1911～1983），湖北公安县人，物理学家、文字学家和教育家，我国热力学与统计物理学研究的先驱和开拓者，1955年当选中国科学院学部委员。他学识广博，造诣深厚，对我国理论物理课程建设贡献巨大。他长期主持《物理学报》的编辑和物理学名词的审定，卓有成效。他文理兼通，创新部首法，编撰《新部首大字典》，对汉字研究和汉字检索机械化作出开创性贡献。他教授指导过的有林家翘、杨振宁、李政道等多位后来国际知名的物理学家。

王竹溪

一、家世与童年——打好旧学的基础

王竹溪先世祖籍江西南昌，明万历年间移居湖北公安，在麻豪口镇潭子湾定居。他的曾祖父曾考取贡生，祖父是补廪秀才。他的父亲王才俊同治十年（1871年）入邑庠成秀才，民国初年曾任公职于乡里。王竹溪的母亲黎雨生生于光绪二年（1876年），是同县杨家厂南五洲人，性格温顺善良，是一位勤俭持家的贤妻良母。出生在这样一个水乡中的书香门第，得自父母的遗传和家庭的影响，加之环境的熏染，铸就了王竹溪待人真诚实在、正直善良的品德，养成他一生节俭朴素、勤奋务实的作风。王竹溪不仅自己生活十分节俭朴素，而且也处处为公家节省，在他心中公家也是家。后来他率代表团出国开会访问，公家按规定发给他"置装费"，他悉数退回，说自己有西装，这其实是当年留学时的旧衣裳。

王竹溪兄弟姐妹六人，他行五，而在兄弟三人中行三，1911年6月7日生。他三岁起就跟父兄和姐姐学《三字经》《百家姓》和《千家诗》，后来还读了《增广贤文》。四岁时父亲取《诗经·卫风》中"瞻彼淇奥，绿竹猗猗"之义，为他取学名治淇，字竹溪，后以字行。六岁时，王竹溪进过麻豪口小学，但不久就退学回家。直到八岁之前，王竹溪都是在家随兄念家塾。大哥耀怀在家教学，收附近的孩子入学。八岁那年秋天，耀怀入武昌农学院深造，不久即因伤寒早逝。竹溪接着随二哥铭西一起上学，跟一位监利来的老师读《诗经》。九岁那年王竹溪到麻豪口附近的淡头从塾师章怀之读《四书》，十岁到麻豪口西堤随塾师范德亮读《左传》，后因水灾回家，自己读《唐诗三百首》和《古唐诗合解》。除了这些正课，他还读了《封神演义》等文学读物。可以说，王竹溪接受了旧学比较完整的基础教育，这为他后来成为兼通文理、学贯中西的学者打下了初步的国学基础。

1922年春，11岁的王竹溪再次进入麻豪口小学，但只念了半年。

二、中学阶段——接触当代文化的开端

1922年秋，王竹溪随铭西到武昌，进了荆南中学。王竹溪先在己班的补习班，他国语基础较好，但需要补习数学与英文。次年他升入正式己班，物理老师是罗少玉，英文老师是戴艺农。戴的哥哥戴芳澜后来是著名的生物学家。除了在学校学习外，王竹溪还常去基督教青年会打乒乓球，并在那里学会下围棋。

1926年夏，念满初中旧制四年，从荆南中学毕业后，王竹溪乘船赴上海，打算进一步升学。但他在船上就着凉生病，王才俊赶到上海照顾。病愈后他回家休养，在养病期间读了《汉魏丛书》和《礼记》，还浏览式地读了《幼学琼林》《庄子》《老子》《史记》和《汉书》，以及《聊斋志异》《红楼梦》《阅微草堂笔记》等小说和文学读物。

王竹溪自小对书法就有特别的兴趣，写得一手好字，一到逢年过节或喜庆日子，就有麻豪口的商店和住家来请他写楹联。他甚至也为人写过碑文。在荆南中学期间他学过何绍基字体和《魏碑》，以及清道人的字。在家养病期间他又学习李石岑的字，那是康有为的字的变体。他还学过王羲之的《黄庭经小楷》，以后学过孙过庭的《书谱》和《怀仁集圣教序》。王竹溪对汉字的兴趣陪伴他的一生。

在那段时期，王竹溪学习了《康熙字典》的切韵法。学习《康熙字典》，是他对汉字检索问题发生兴趣的开始。这个兴趣的发展，最终导致他后来简化汉字部首、提出汉字新部首、编撰《新部首大字典》，并且进一步提出汉字检索机械化，成为研究和推动电脑汉字输入法的先锋。而学习切韵法，则为他后来进一步学习音韵学，在英、德、法、意、俄等外语中纵横驰骋准备了条件。

1927年春，王竹溪离家拟赴上海继续求学。到武汉后，路费为好友借去，他只好留下，在武昌考取了第二中山大学理预科。第二中山大学是武汉大学的前身，而其前身则是武昌师范大学。学校有两三台破旧的英文打字机，王竹溪借了一台，学会了英文打字。这是他后来提出汉字检索机械化的一个契机。

从1927年秋季开始，王竹溪到上海求学。1928年春，他进入上海麦伦书院（Medhurst College）。麦伦书院有高中、初中和小学，凭第二中山大学的学历证明，王竹溪插入麦伦中学的高二。在麦伦书院的教师中，白约翰（John Barr）是英国人，做三年级班主任，教英文历史、英文作文、英文文学和化学，王竹溪与他接触最多。教物理的老师是张庭潮，教算术的是校长夏晋麟。

王竹溪在麦伦书院期间，课外看过梁启超的《饮冰室文集》的一部分、《清代学术概论》以及许多散文，中文作文很受梁的影响。此外，他还看了当时鲁迅、郭沫若、郁达夫、蒋光赤、叶灵凤、老舍、茅盾等人的许多新文艺书和潘汉年的短文，到清华大学后又看了科学与玄学之争。

麦伦书院是教会学校，有一个礼拜堂，礼拜天上午学生必须去做礼拜。在这种教会学校，教学与日常生活都用英语，有一个良好的英语语境。王竹溪在麦伦书院短短一年半就打下了很好的英语基础。所以王竹溪在进大学之前已经获得中、西两种文化比较全面的初步基础。

记性和个性都极强，这是王竹溪禀赋中两个显著的特点。他博闻强记，从小就表现出来。在麦伦书院时写中文作文，他总是先在胸中把全篇句子都想好，然后提笔一气呵成。一篇文章长的有两千多字，他能够从头到尾在心中记住。后来王竹溪讲课作演讲，也从不用讲稿。两个小时的课，两手空空就去了。备课只是从家到教室的几分钟，骑在自行车上一边骑车一边想想就行。两堂课讲下来，阶梯大教室上、下两层的两排四块大黑板都不够用，满满的公式推演，一步一步工工整整清清楚楚，从不出错。遇到重要的公式，他还能随口说出是他书上第几页的第几式。通常的理科教学都强调理解，认为理解是记忆的基础。而王竹溪还注重记忆，他反复强调若不记住一些基本内容和重要公式，则根本无法在头脑里进行思考，也就谈不上深入的理解。

"文化大革命"期间在一次专业性的大会上，有人发言说："王竹溪是资产阶级专家权威，我们不能听他的。"王竹溪上去作答，并没有直接反驳。他平心静气，从最基本的量子力学薛定谔方程开始，一步一步严格推演，最后给出了被那位发言者批评的结果。讲完后王竹溪放下粉笔走下讲台，全场鸦雀无声。那个年代在那种场合，没人敢鼓掌，沉默无语就意味着心服口服地接受。若没有丰富的积累和过人的记忆，在那种猝不及防的情况和政治高压的氛围下，能够有勇气和胆量毫无准备就信心十足成竹在胸地走上那个讲台吗？所以说，很好的记性是成就一位学者的重要条件之一。

成就一位学者的另一重要条件，是具有很强的个性。一次过年，王家宾朋满座，街上舞龙灯、耍狮子、骑竹马，吸引了大人孩子们夹道围观。幼年王竹溪竟然不为所动，而专心致志地在墙上描摹大门的对联。客人惊奇地问："你怎么不去看龙灯？"他一本正经地回答："白日莫闲过，青春不再来。窗前勤苦学，马上锦衣回。"俗话说，三岁看大，七岁看老，从一个人的蒙童时代，就可以看出他将来的性情与作风。他小小年纪就有如此志向，对自己认定的事这般投入而不为环境所左右，不为潮流所动摇。这种独立不羁的个性和特立独行的作风在他后来对学问的探索与研究中得到了充分的表现。这种独立而不从众的思考与判断是作为一个学者最重要的品性之一。王竹溪后来选择清华和选择物理，都是他独立思考做出的判断与抉择。

三、清华园——进入中国物理的主要圈子

王竹溪1929年同时考取中央大学和清华大学。当时梁启超在清华主持国学研究所，王竹溪读过他的许多文章，仰慕其名，想做学问，所以选择了清华。进清华后，他想学物理。二哥铭西劝他学工程，说将来好找事做。听了铭西的话，王竹溪进清华后第一年注册在土木工程系。他在上海读书的费用都是他二哥负担的，所以他懂得做事赚钱的重要。但是他真的很想学物理，于是第二年就转入了物理系。亲属的劝说和现实的压力都不能改变自己的判断和抉择，这就是王竹溪的个性。还值得提到的是，入学后的考试，他成绩最好的是数学。数学有一题是解析几何的椭圆问题，他用平面几何方法证出，给教师孙光远很深的印象。所以孙多次劝他入数学

系。但是他的兴趣在物理，也没有接受孙的劝说。

选择清华的物理，是王竹溪走上学术生涯最关键的一步。那时的清华物理，在叶企孙的努力经营下蒸蒸日上，成为中国主要的物理学中心之一。中国物理学会就是1932年由李书华、叶企孙等十九人在清华科学馆210号聚会宣告成立的。可以说，那是中国物理学发展由小溪开始汇聚成大流逐渐形成气候的时期，叶企孙则是引领这一潮流的一位主帅和掌门人。王竹溪学物理而选择清华投到叶企孙麾下，就直接接触和进入了中国物理学界的主要圈子。特别是遇到周培源，他成为周的"一代相知"，后来辅佐周主持北大和中国物理学会，与周培源结成了持续一生的深厚的师生情谊。专业的选择，会影响一个人将来从事的领域，而圈子的选择，则能决定他将来的活动范围与主要人脉。

求学清华园。左起：王竹溪、赵九章、傅承义

周培源是叶企孙主持清华理学院和物理系时最早聘到的教授之一，他很快就发现王竹溪"能深入理解物理概念并具有数学计算的特殊才能"。而王竹溪早就显露出对于数学的特殊天赋与兴趣。他很小就跟堂姐治英学珠算。在荆南中学念书时，又跟父亲的朋友周成武学会不定方程的解法。当时家中有一本几何书，王竹溪从中学了割圆法，即由外切和内接多边形求圆周率。他初中毕业时曾在武昌买到一本程大位的《算法统宗》，学习了珠算开方法和其他中国传统算术的方法，并且发现，中国算术的开方法实质上与西方的笔算法是一样的。在南京考中央大学时，有一道阿波罗尼（Appolonius）圆的几何题，他未能做出。考完后回武昌等待发榜期间，他就到母校第二中山大学图书馆查资料，找到了这个题目的解法。可以看出，王竹

溪自小就一直对数学抱有极大的兴趣。这种兴趣，决定了他在物理学中选择理论物理，而在理论物理中选择与数学关系更密切的基本理论。他选择物理纯粹是出于浓厚的兴趣和爱好，而不是作为一种谋生的职业和手段，不含追名逐利的动机。

因为有浓厚的兴趣，他学得十分主动和投入，有三点与一般人不同。首先，他不是单纯地获取和堆积物理知识以及前人的物理经验，而是把学习当作自己来研究和发展物理的过程。所以他每学一门新的理论，都会写出详尽而系统的笔记，按照自己的思路和逻辑整理成一个完备和自洽的体系。同学们很快就发现，要想深入地理解和学好一门课，最好的途径就是借阅王竹溪的笔记。后来他做了教授，他的分析力学、电动力学、量子力学、热力学、统计力学和数理方法的笔记，都是历代弟子必读的经典。他量子电动力学重正化的算稿和笔记，也曾在熟人圈中传阅。而按照自己的逻辑和思路来把理论整理成一个完整适用的体系，这对于研究基本理论的人来说是特别重要和必须的。比起众多的实际物理问题来，基本理论的问题既稀少又困难。一旦问题成熟和显现出来时，对理论体系有全面系统了解的研究者，就能不失时机地把握和解决问题作出贡献。

与一般人不同的另一点是，对于遇到的问题，在其物理、数学以及一般思考等不同方面，他都有清晰的分析和判断，绝无含糊与混淆。"文化大革命"中有人以R. E. 克劳修斯（Clausius）的"热寂说"为由，写文章批评热力学，把"热寂说"与热力学混为一谈。江青、张春桥和姚文元都作了批示，企图继批相对论之后借此再搞一场批热力学的运动。经办人员来找王竹溪，王看后说这文章是错的，克劳修斯用错了热力学，"热寂说"是克劳修斯的错而不是热力学的错。他为此在《自然科学争鸣》上发表论文《"热寂说"不是热力学第二定律的科学推论》，一锤定音，从而使这场批判胎死腹中。

与一般人不同的第三点是，他不仅是跟随教授和从书本来学习，而且很早就开始从原始论文来获取最新的知识和经验。王竹溪进清华时，正是20世纪物理学飞速发展、英雄辈出的黄金时期。由 M. 普朗克（Planck）量子论所引起的物理学观念变革，最终导致量子力学的建立。总结这一新理论的专著和教科书于1928至1932年期间才相继问世。王竹溪学习量子力学的具体方法，是跟随和阅读创立量子力学的所有原始论文。L. 德布罗意（de Broglie）的论文是用法文写成的，P. A. M. 狄拉克（Dirac）的论文是用英文，而 M. 波恩（Born）、W. 海森伯（Heisenberg）、P. 约旦（Jordan）以及薛定谔的论文则都是用德文发表。王竹溪不仅英文很好，而且在学习音韵学的基础上又选修过德语、法语和意大利语。他后来说，德布罗意的博士论文有200多页，他从头到尾仔细看过。狄拉克那篇建立电子相对论性波动方程的论文发表于1928年，这个方程现在叫做狄拉克方程，其中包含四个4×4的矩阵，称为狄拉克矩阵，他当时看完这篇论文，就记住了这些矩阵，几十年都不忘。而因为看过和熟悉狄拉克的论文和工作，为他带来了去剑桥留学的契机。

四、留学剑桥——与世界物理接轨

1935年7月，狄拉克应邀访华，来到北平。他在清华分别就"电子理论"和"正电子理论"做了两次演讲，这是使他获得诺贝尔奖的主要工作。王竹溪早已认真读过狄拉克1928年的那篇经典论文，以及他前后相继发表的一系列论文，了解和熟悉他的工作。所以狄拉克对王竹溪印象很好，把王竹溪推荐给他自己的老师 R. H. 福勒（Fowler, 1889~1944）。

福勒1914年起在剑桥任教，1925年当选为英国皇家学会会员。他的工作主要是在统计力学和热力学方面，于1922年提出著名的达尔文（Darwin）-福勒法，即最速下降法，这是今天统计物理讲授的基本算法。他是理论天体物理学的奠基人之一，1926年他根据费米-狄拉克量子统计法断言，白矮星是由高密度的简并气体组成的，使之保持稳定的原因是泡利不相容原理。他又发展了相变和磁性物质、合金以及溶液中的集体现象的理论。他还运用量子统计和电离理论研究了高温高压下物质的状态。1928年，他根据量子力学的隧道效应说明了电子从金属上冷发射的现象，这被称为福勒-诺德海姆（Nordheim）模型。

福勒学派当时的兴趣集中在金属、合金以及溶液中的集体现象和相变问题。王竹溪的第一项研究，是气体通过金属的扩散。在金属薄片一边的气体，在高压下会透过金属而逸出到另一边去。O. W. 里查孙（Richardson）用统计理论推出的公式表明，气体分子的扩散率与压强的平方根成正比，与金属片的厚度成反比，比例系数与温度有关。斯米色斯（Smithells）和冉斯莱（Ransley）做了一系列实验，发现对于氢气通过镍片的扩散，即使压强加到112个大气压，扩散率都像里查孙公式那样与压强的平方根成正比，但在压强低时扩散率比里查孙公式给出的要高。

王竹溪仔细检查原来推理的每一步，没有查出问题，所以认为问题可能出在作为推理出发点的物理模型假设上。他想到，进入金属的氢原子也可能又回到金属表面，与吸附于表面的原子结合成氢分子，回到氢气中，这是原来的推导没有考虑的。原来有五个方程，王竹溪又加上两个。联立这七个方程，可以解出扩散率与压强的关系。结果表明，在压强很高时，扩散率与压强的平方根成正比，与里查孙的公式一致。而在压强很低时，扩散率与压强成正比，比里查孙公式预言的要高。他的公式与斯米色斯和冉斯莱的实验相符，这就解释了里查孙公式与实验的偏离并对它作出改进。

驱车苏格兰。右二起：王竹溪、张文裕、吴征铠、李国鼎、初大告

氢原子吸附在镍片表面形成一种吸附膜，它包含了新的重要的物理。所以在完成气体通过金属的扩散这个工作后，王竹溪接着就来研究吸附膜的性质。福勒和R.派尔斯（Peierls）1936年研究了近邻吸附原子间有吸引的情形，表明当温度低于一临界值时，表面吸附膜的覆盖率会突然从小变大，发生不连续的改变，即二维体系的相变。王竹溪则进一步用贝特（Bethe）-派尔斯近似来计算近邻吸附原子间有排斥的情形。他通过几个数学变换巧妙地证明了，在温度一定时这种情形的覆盖率与压强的关系没有临界点，从而表明不存在相变。

考虑近邻相互作用只是一种初步的近似，进一步的研究需要考虑吸附原子间次近邻以上的相互作用，即存在长程相互作用的情形。王竹溪的第三个工作，就是推广现有统计理论到吸附粒子间有长程力的情形。

王竹溪的这项研究，把气体与其在固体表面的凝聚物合起来作为一个统一的体系来处理，是一个统计理论，给出的是气体凝聚和凝聚物蒸发达到平衡时的平均性质。另一方面，若把气体与凝聚物分别作为两个体系，从微观过程的动力学分析来研究，就可以直接研究它们之间的相互作用以及如何达到平衡，即吸附作用的分子运动论。这是王竹溪的第四个工作。他这个工作最后落脚到气体通过金属的扩散上，把所得的蒸发率与凝聚率的公式运用于气体通过金属的扩散，发现相互作用的效果并不改变他先前在略去相互作用时所得扩散方程在压强很小和很大时的结论。

上述四项研究所涉及的都是平面点阵，构成点阵的单元也只有一种原子，例如镍或钨。王竹溪进一步的研究包括两方面。一方面，要把研究从二维平面点阵推广到三维立体点阵。另一方面，要把构成点阵的单元从一种原子推广到两种原子，即从单纯的元素推广到合金或化合物。

对于二元合金超点阵，贝特于1935年给出了两种原子数相等的超点阵的统计理论，不过只限于考虑近邻原子间的作用。1936年，派尔斯把贝特的理论推广到两种组元的浓度不相等的情形，但是仍然只考虑了近邻原子间的作用。1937年张宗燧把贝特的理论推广到包括了次近邻原子间的作用，不过是限制在两种组元的浓度相等的情形。王竹溪现在所做的理论，既能处理组元浓度相等，也能处理组元浓度不等的情形，而且不限于近邻与次近邻原子之间，它所包含的是一种普遍的长程相互作用。

王竹溪做了具体计算，相互作用势能取与距离的幂次成反比的形式。幂次6给出中性原子间的范德瓦尔斯吸引，而幂次无限大对应于贝特的第一级近似。算得的体系有序度随着温度增加而下降，在临界温度附近一个很小的温度范围内有序度急剧地下降到零，发生从有序到无序的相变。贝特的第一级近似给出的相变温度范围比较宽，王竹溪算得的结果有所变窄。他最后讨论了相互作用的形式对于结果的影响，考虑了比与距离的幂次成反比更符合实际的相互作用势能。

王竹溪在剑桥三年共完成六篇论文。1938年7月，他以论文《吸附理论及超点阵理论的一个推广》获剑桥大学哲学博士学位。

五、西南联大——学者的象牙塔

相变是统计物理研究的重要前沿，王竹溪回国后一直跟随这个领域的进展进行研究。首先，他继续研究晶体有序-无序相变，推出了贝特理论中自由能的公式。贝特理论并没有计算配分函数，有序度的平衡值是用一种间接的办法得到的。然

饶毓泰 吴有训 叶企孙 朱物华 赵忠尧 周培源 霍秉权
郑华炽 孟昭英 吴大猷 张文裕 **王竹溪** 马仕俊

而，对于某些问题，为了确定有序度的值，需要知道赫姆霍兹（Helmholtz）自由能或与之等价的配分函数。在贝特理论的基础上，王竹溪从配分函数的一个近似公式出发，求得了赫姆霍兹自由能的表达式，并具体讨论了吸附作用的问题。接着，他对这个理论又作了改进。采用局域巨配分函数，在推广到包含长程相互作用的贝特理论里，他得到配分函数的一个近似公式，处理了高阶近似，并且运用于吸附作用的问题。这个理论是完全普遍的，计算量也大为减少，可以实际运用于具体问题，1945年发表于美国《物理评论》。此外，他紧紧跟随国际上超点阵领域的发展，很快就熟悉和掌握了1938年他离开剑桥后新提出的基尔库德（Kirkwood）方法，用来研究吸附作用中的超点阵问题，并对这个方法进行深入的分析。

在西南联大期间，王竹溪对热力学进行了系统和深入的研究。这些研究涉及活塞两边气体趋于平衡的过程、范氏气体的性质、高级相变、勒夏特列原理、平衡与稳定之理论等。前三个工作是对热力学中一些专门问题的具体探索，后两个工作则关系到热力学基本理论的逻辑与表述，属于真正基础性的研究。

在早期的热力学中，有一条由 A.勒夏特列（Le Chatelier）提出而被 F.布劳恩（Braun）推广了的勒夏特列原理或勒夏特列-布劳恩原理：把系统平衡态的某一因素加以改变之后，将使平衡态向抵消原来因素改变的方向转移。这个原理回答的问题是：系统平衡态在外界扰动下的变化方向。这个问题可以根据热力学第二定律来回答，王竹溪做了仔细的分析。他把这个原理涉及的具体情形分成三类，指出这三类情形的严格分析都依赖于平衡态的稳定条件。他发现，在大多数情形勒夏特列原理的回答都与热力学理论给出的一致。但他也举出两个要用到热力学麦克斯韦关系的例子，勒夏特列原理的回答与热力学理论给出的相反。于是王竹溪得出结论：

王竹溪与妻子涂福玉在昆明

"由于不能毫无歧义地应用这个原理，看来最好是把它完全忘掉，在所有的情形都采用热力学的严格推导。"现在在严谨的热力学书中，已经不提这个原理了。

平衡与稳定是热力学最基本的一个主题，是经典热力学的基础与核心。对这个问题，热力学的奠基人 J. W. 吉布斯（Gibbs）和普朗克都已经透彻地研究过。王竹溪的工作，是对他们的理论的改进、推广与运用。改进是在理论的逻辑结构与推演方面。

达到平衡的力学、热学和化学三个必要条件，可以从热力学基本原理推出来。吉布斯的推导用的主要是能量极小判据，需要保持总的熵与体积不变。而普朗克的推导用的判据是熵增加原理，需要保持总的内能与体积不变。王竹溪指出，吉布斯的理论普遍而且完整，但论据不是十分直接，跟随起来相当困难。普朗克的理论表述非常清晰，而其数学处理却相当繁重，因为在熵的表达式中温度出现在分母。王竹溪倾向于普朗克的熵判据，因为对于孤立系统来说，容易满足能量和体积不变的条件，而很难保持熵为常数。这两个判据导致相同的结果，人们自然会选择数学上更方便的做法。吉布斯证明了这两个判据是等价的，但是在他的证明中没有明确说出总体积不变这个条件，而且只考虑了变化为无限小的情形。王竹溪按照普朗克的思路，从熵定理出发推出了吉布斯判据，并且是考虑有限大小的变化。这个做法十分清晰简洁，用他论文中的话说，"我相信是更清晰地表现了基本的思想"。当然这里没有对与错的分歧，王竹溪追求的是思维的简单与逻辑的完美。在20世纪初期那一代物理学家中，玻恩是数学功底最好，也最注重理论的数学结构与形式表述的一位，玻尔则更欣赏物理的直观与直觉。王竹溪显然是玻恩而不是玻尔的类型。

王竹溪还与植物生理学家汤佩松合作，研究了植物细胞的水分关系（water relations）。细胞如何与外界交换水分，涉及细胞壁内外的水分穿过细胞壁的流动与平衡。作为一个热力学体系，这就是压强、温度和化学势趋向平衡的过程。生物学家测量细胞内外的压强，逐渐形成了一些关于压强的概念，用压强来分析和判断水分流动方向。压强的概念虽然简单直观，但是因素复杂，很难发现简单的经验规律。在另一方面，化学势的概念虽然抽象不直观，但比较简单容易运用，特别是对细胞的水分关系这样单纯的问题。汤、王二位明确提出，水分化学势在细胞内外的差，可以作为水分是倾向于流入或流出细胞的量度，并称之为细胞水分流动的趋势。这个工作1941年在美国《物理化学学报》发表之后有如石落深山没有反应，植物生理学界仍然继续使用压强的概念。

十多年后的1956年至1958年间，中国植物学界有过一次关于植物细胞水分运动的讨论。这次汤、王再次联手。为了检验和印证他们的热力学理论分析，汤佩松与梅慧生用浸泡在蔗糖水溶液里的马铃薯做实验，在恒温下测量不同浓度的糖水中马铃薯的膨胀。王竹溪则先把汤-王理论从细胞浸泡在水中的特殊情形推广到浸泡在溶液中的更一般情形，接着把理论表述成生物学家通常惯用的渗透压形式。王竹溪的论文在《科学记录》1958年的中文与英文版同时发表，汤-梅的实验则发表于1957年《植物生理学年报》。遗憾的是，汤、王这次的努力仍然没有得到响应。

两年后，与汤、王相同但独立地，R.O.斯莱梯耶（Slatyer）和S.A.泰勒（Taylor）在英国《自然》杂志上著文，提出用水分化学势描述植物含水状态，用水分化学势梯度描述植物细胞水分运动的趋向和限度。六年后，P.J.克拉默（Kramer）等人进一步在美国《科学》杂志发表文章，肯定和完善了水分化学势的描述体系。自此，用水分化学势描述植物水分关系的热力学体系才取代了用压强描述的力学体系，成为植物生理学界的主流。现在植物生理学界把水分化学势简称为水势。从1941年到1966年，汤、王的工作领先了整整四分之一世纪！

六、指导研究——引杨振宁到相变问题

王竹溪从剑桥归来后，围绕相变的统计力学研究，作了一系列演讲，在当时引起了轰动。受他演讲的影响，林家翘、应崇福、杨振宁、李荫远、梅镇岳和徐亦庄等就来跟他研究统计力学，在超晶格相变的不同方面进行研究，迈出了他们做物理学研究的第一步。

林家翘1937年从清华大学物理系毕业后，留校做助教。在王竹溪的指导下，他研究合金超点阵的问题，写出他的第一篇论文。在统计物理里的这段研究经历，对他后来研究天体物理有很大帮助。林家翘1940年赴加拿大多伦多大学，1941年获多伦多大学硕士学位，1944年获美国加州理工学院博士学位，1962年当选为美国国家科学院院士，在力学、天体力学和应用数学领域都有重要贡献。

应崇福是比杨振宁早一年的研究生，他在王竹溪指导下研究吸附作用，用王竹溪关于确定吸附层组分配分函数的近似理论，对于具有偶极相互作用的超点阵，采用两种方法计算了组分配分函数以及吸附等温线和吸附热。他后来回忆说："王先生有好几件事令我留下深刻印象。精心指导论文，却只让在文章发表时写上'gratitude for very kind help'，这是其中之一。"（见《应崇福论文选集》的前言，中国科学技术出版社1999年版）

在王竹溪带过的研究生中，后来最有影响的当然是杨振宁。下面是杨振宁的一段回忆：

> 我在统计力学和多体问题方面的兴趣起源于我在西南联大读书时跟王竹溪先生学习的时候。大概讲起来是这样的，1942年我进入昆明西南联大研究院，那时在研究院念两年，就可以得到硕士学位。为获得硕士学位，需要写一篇论文，我为此去找王竹溪先生。那时王先生从英国念完博士学位回国，他曾是福勒的学生。他所研究的课题是相变问题，所以很自然地，他把我引到相变问题这个研究方向上来。（宁平治等主编：《杨振宁演讲集》，南开大学出版社1989年版，第531页）

王竹溪让杨振宁研究铜与金的二元合金CuAu。这种合金的超点阵在无序时是面心立方结构，而在有序时是四面体结构。分别计算它们的相互作用能，就可以研究晶体相互作用能如何随着晶格常数和有序度的改变而改变。这是晶体有序-无序相变的问题，王竹溪回国后已经推出了贝特理论中自由能的公式，杨振宁用王竹溪的公式来算这个问题，写成了一篇论文。

福勒与古根海姆在一项研究中表明，原本是用于正常溶液理论的准化学方法，同样适用于具有长程序的超点阵理论，但其原始的形式只能处理近邻原子对，而且没有给出一个自洽的逐级近似方案。杨振宁针对这两个问题进行了研究。他发展了一个新的形式，把准化学方法推广到可以处理更多的近邻原子团。用这种推广了的新方法，能够得到晶体自由能的逐级近似，还可以用一个勒让德（Legendre）变换来避免繁重的积分运算。杨振宁的这一工作，写成了又一篇论文。这篇论文与上一篇论文合起来，构成了他的硕士论文的主要部分。

第一篇论文，是用已有的理论公式来算具体的物理问题。第二篇论文，则是推广和发展已有的理论。对于初入道的研究生来说，这是训练的两个阶段和层次。可以看出，王竹溪指导研究生进入研究状态，是按部就班、循序渐进的。而青年人往往少年气盛，一开始就想做发展理论的开创性工作。他后来指导过的一位研究生，自己选择了一个发展理论性的题目，久久做不出来。王竹溪耐心引导，告诉他不必担心："作为研究生的论文，即便得不到正面肯定的结果也是有意义的，可以让后来者知道此路不通，不再走弯路。"而在这位研究生终于解决问题以后，王竹溪才告诉他："最好是有了一定研究经验以后，再来做这种类型的题目。"

七、讲堂授课——传道、授业与解惑

西南联大物理系的课程，分本科与研究院两大类。王竹溪到校后，为本科讲授普通物理、热学和微子论。其中普通物理不仅为本系学生，也为工学院等外系学生讲授，是物理系最重要的基础课。热学是与普通物理分开的一门单独的课程，而微子论也就是气体分子运动论。实际上，王竹溪也讲授过力学，李政道和黄祖洽就听过他的力学课。黄祖洽后来回忆说：

> 王先生治学严谨，上课时讲述清楚、板书工整。他讲理论力学的后半部分，包括刚体运动和分析力学，要求有偏微分方程和变分法的数学基础。他建议同学们学习古萨（Goursat）编著的一套三本关于数学分析的书。当时听高班同学说，王先生曾亲自作过这套书上的习题，大家都觉得很了不起。这学期中，课后向王先生请教的问题越来越多。期末，在和他讨论到非完整系统的力学方程时，他建议我看阿佩尔（Appell）的法文原著，当得知我大二选修的第二外语是德语而不是法语后，告诉我法语并不难学，于是借了一本《完整法语语法》（Complete French Grammar）给我，并且教了我法文字母的读音和拼法，建议我利用暑假自学法语。（黄祖洽：《三杂集》，北京师范大学出版社2004年版，第27页）

后来王竹溪还多次讲授过力学。1951年春他参加高等教育部组织的赴东北教育参观团，在当时的东北工学院长春分院为教师作了系列演讲，持续一个多月，内容主要就是牛顿力学，包括广义坐标、正则变换、刚体动力学、拉格朗日方程、哈密顿方程、哈密顿–雅可比方程等。

一些较深但基本而且重要的内容，即便学生不能完全懂得，也应该让他们知道，这是王竹溪授课中一贯的指导思想。"文化大革命"后期开始招收的学生，多数都没有完成高中学业，而且程度参差不齐。为了避免学生听不懂，让多数学生能跟上教学进度，当时一般的做法是删去较深内容不讲。王竹溪不赞成这样做。以下是林纯镇的一段回忆：

当时的工农兵学员文化水平比较低，有一个"欧勒动力学定理"我不想讲了，一是这个定理讲起来有难度，二是讲完了他们也不会听懂。我准备放弃，跟王先生商量，没想到他不同意。他说即使学生听不懂，但知道有这么个定理在那儿，将来他有能力有条件时可以回过头来再搞懂。他说西南联大时给杨振宁、李政道讲课涉及的一些内容，后来他们都有所发展。（李俊兰：《吾爱吾师》，《北京青年报》，2002年12月10日，B3版）

在西南联大的研究院，吴大猷、王竹溪和马仕俊是开课最多的三位教授。王竹溪讲授统计力学、量子力学和动力学。杨振宁在西南联大时，就听过王竹溪的量子力学，这使他后来轻松地通过了泰勒的口试。杨振宁后来在一次演讲中说到了这件事：

他（泰勒）说："我们先散散步吧。"于是，我们就一起散步。散步时，他问我氢原子基态的波函数是什么。这个问题对于我来说是易如反掌的，因为我在国内时已经念过量子力学了。我马上答了出来。他说："你通过了，我接收你做我的研究生。"他这样做是有道理的。因为有很多学得很好的人，不会回答这个问题。照他看来，能够回答这个问题的人，才是可以造就的。（宁平治等主编：《杨振宁演讲集》，南开大学出版社1989年版，第477页）

在西南联大听课的情形，杨振宁有如下的叙述：

总的说来，课程都非常有系统，而且都有充分的准备，内容都极深入。直到今天，我还保存着当年听王先生讲授量子力学时的笔记，它对我仍是有用的参考资料。（杨振宁：《读书教学四十年》，三联书店香港分店1985年版，第3页）

他在这里提到了王竹溪讲授的量子力学，但是没有细说，而在1978年的庐山中国物理学会年会上，他讲得就比较具体。在庐山大礼堂的全体大会上，王竹溪代表理事会作过关于修改会章的报告后，杨振宁有一个关于规范场的精彩演讲。他在演讲中说，他关于在曲线坐标中的量子化的知识，最早就是王竹溪先生的授课内容。

量子力学中的量子化，是指如何界定坐标算符与动量算符，如何确定它们相乘

饶毓泰　吴有训　叶企孙　朱物华　赵忠尧　周培源　霍秉权
郑华炽　孟昭英　吴大猷　张文裕　**王竹溪**　马仕俊

的交换规则。而坐标与动量的具体表述，与所用的坐标系有关。在直角坐标系中的表述，不同于球坐标系。在球坐标系中的表述，又不同于柱坐标系。通常的做法，是先在直角坐标系中进行量子化，然后通过坐标变换，再把所得的公式变换到球坐标或柱坐标等曲线坐标系。换

1971年，在北大物理楼前。左起：杨振宁、周培源、王竹溪

句话说，量子化的原理是在直角坐标系中表述的，只给出了在直角坐标系的量子化规则。

直接在曲线坐标系中进行量子化的做法，除了 B.珀多尔斯基（Podolsky）1928年的原始论文，早期只有泡利在他1933年的名著《波动力学一般原理》中提到。在这本书的一段注释中，泡利给出了曲线坐标中的量子化公式，但并没有逻辑的推导与分析。如何直接在曲线坐标中进行量子化，国内对这个问题直到20世纪80年代还在《大学物理》杂志上进行热烈的讨论。这就可以看出王竹溪在西南联大讲授量子力学的水准与层次。他讲授的内容中有他自己钻研过而鲜为人知的东西，所以数十年后杨振宁还要翻阅他当年的笔记。

王竹溪不仅思维敏捷、记忆力超群，而且对问题有清晰准确的判断。哪些问题已经解决，解决到什么程度，哪些问题尚未解决，难点与症结何在，他都清清楚楚。没有解决的问题，就记下存疑，留待以后时机与条件成熟时再行研究。20多年后，在指导研究生读狄拉克的名著《量子力学原理》时，他还强调指出，按照狄拉克的讲法，量子化只在直角坐标系中进行。言外之意，为什么狄拉克不讨论在曲线坐标中的量子化，这还是一个值得认真思考研究的问题。

王竹溪与狄拉克的风格与品味相同，具有同样的境界与追求，像狄拉克一样追求理论的普遍与完美，以逻辑和数学的美作为判断的重要标准，在他的教学中，学生自然会受到这种境界和追求的影响。听他的课，就不仅仅是在学一些精巧严谨的技艺，而是在接受这种科学境界与求索精神的培育与熏陶。

八、为人师表——对青年的爱护

王竹溪一生追求理想与完美,为人同样真诚、正直、回归天然。做人的严谨意味着坚持原则,关系的简洁表现为率直与真心。下面是黄祖洽回到北平以后的一段回忆:

> 大三选的专业课有热力学、光学和物性论,分别由王竹溪、余瑞璜和叶企孙教授授课。王先生讲热力学使用的教材主要是他自己编写的英文讲义(新中国成立后,他根据此讲义的主要内容编写出版了一本《热力学》,1955年由高等教育出版社出版),也指定一些在校图书馆可以借到的参考书。上课时他在黑板上书写笔记,同时还口头解释。他板书很快,字迹秀丽,抄写下来就是一本不错的讲义,内容包括一部分他自己的研究成果,像关于多元系统的稳定性条件等。王先生不但治学严谨,教学认真,而且热心帮助学生。上面我说过他帮助我学法语的事,我在这里还要讲一讲他对我生活上关心的事。有一次上过热力学课后,他跟我一起走出教室,问我为什么最近面黄肌瘦。我告诉他是因为近来吃食堂的硬饭,消化不良,导致腹泻的关系,他就让我上他家去吃几天软食调理调理。平常我也常上他家请教问题,知道王师母贤惠、慈祥,所以接受了他的好意邀请,在他家调理了一段时间,直到腹泻痊愈。王先生出的热力学习题既可以帮助学生深入理解有关学习内容,又可以培养学生运用数学工具、解决物理问题的能力,做起来有相当的难度,也很有趣。一般每次留的习题总要用一个晚上的自修时间才能完成,同学间常就这些习题自发地进行讨论。(黄祖洽:《三杂集》,北京师范大学出版社2004年版,第30页)

王竹溪对学生的关爱不含私心。黄祖洽毕业后想考研究生,找王竹溪咨询。王竹溪没有门户之见,并不是把好学生都留在自己身边,而是希望他们能够进入各个新的前景更加看好的领域。所以他告诉黄祖洽,钱三强新近从法国回来,在清华做教授,建议黄祖洽报考钱三强的研究生,在核物理方面做研究。正是这个建议,导致黄祖洽后来进入核科学与技术领域，为我国核武器的研制做出了重大的贡献。而当核武器研究工作完成后黄祖洽准备离开时，他再一次请教王竹溪。王竹溪说："与其锦上添花，不如雪中送炭。"遵循王竹溪的建议，他放弃北大、清华和中国科学院理论物理研究所，到了北京师范大学。

王竹溪对弟子的这种关爱深深发自内心，不仅不含私心，也不受外界环境与氛围的影响和左右。20世纪60年代初，一位作者给《物理学报》投稿。通过审稿后，副主编钱临照劝作者改用笔名，因为作者在"反右"中被定为"内控右派"，按上级规定不能发表文章。作者请钱代为取名，于是文章以"王允然"的名字发表。此事在"文化大革命"中受到追查，因为"王"字既是姓氏，也可作最高当权者解，"造反派"想从中附会出可以"上纲上线"的"曝料"。而钱解释说，"王允然"意即王竹溪同意，王竹溪是主编。

还可以举出王竹溪直接帮助"右派"的例子。以下是武汉大学何建鄂的一段回忆：

> 后来院系调整时王先生和我都来到了北大，不幸的是在我最年轻有为的时候被打成了"右派"，从此步入了漫长的坎坷人生。1961年回到武汉，找不到工作，一度在街头卖茶度日。我走投无路时怀着试一试的心情写了封信给王先生，不料王先生立即回信，并介绍我给高等教育出版社修订《福里斯普通物理学》（此书"文化大革命"后才出版），当时我还是"戴帽右派"呢！以后我每次去信他都及时回信，并为我向上面反映情况解决工作问题，但未成功。1979年初风向一转，北大开始给错划"右派"改正。我不敢去信申诉，怕说我翻案。正在这时，王先生主动来信谈北大改正"右派"情况并鼓励我去信申诉。他怕我不敢写，又主动向北大物理系总支反映我的情况和地址。很快，北大物理系党总支来信告诉我北大党委已决定给我彻底改正。我知道这是王先生的帮助，因为只有他知道我的住址。（《我的恩师》，《王竹溪传》，华文出版社2006年版，第125页）

这真是感人肺腑，也让人感同身受。在那个走火入魔的极"左"年代，王竹溪不受潮流与风向的左右，不顾个人的安危与得失，恪守真善美的传统和做人美德，足令许多人感到惭愧汗颜。而他对我们传统美德的恪守，既展现了他心灵的善良与纯美，也是他严谨做人坚持原则的表现。"文化大革命"中批林批孔，有人不顾史实，编出"柳下跖痛斥孔老二"的谎话，他在小组会上就严正地指出："柳下跖比孔子晚生一百多年，根本说不上什么'痛斥'的事。"唐山地震后江青到北大作秀，找一些名人去座谈照相为自己唱赞歌，王竹溪冷漠地坐在一旁，一言不发。事后有人问他江青讲了些什么，他说："我听不懂！"（周培源：《从爱国科学家到共产主义战士——悼念王竹溪同志》，《人民日报》，1983年4月3日）

做文章做学问的根本在于做人，而做人要真诚。在这一点上，王竹溪继承了他的古代同乡、明朝著名文学家、中国文学史上公安派创始人袁宗道（伯修）、袁宏道（中郎）和袁中道（小修）为人的风格与品性。

九、笔耕不辍——笔记、讲稿、教材和专著

理论物理虽然分为几个不同分支，但其物理和理论本质是相通和统一的。大师们授课，并不局限和专注于个别领域，而是遍及每一分支，从而写出全面和系列的专著。普朗克是这样，A.索末菲、泡利和 L. D.朗道（Landau）也是这样。

还是在学生时代，王竹溪的笔记就在同学中间流传。在他执教以后，无论是在西南联大，还是在清华，学习理论物理最好的途径，就是借阅王竹溪的笔记和讲稿，这已经成为学生中相传的一条重要经验。他的分析力学、电动力学、量子力学、热力学、统计力学和数理方程的笔记和讲稿，都是历代弟子必读的经典。他量子电动力学重正化理论的算稿，也曾在熟人圈中传阅。

到北大后，王竹溪的热力学、统计力学和数理方程笔记和讲稿相继成书问世，广为流传，这就是他的名著《热力学》《统计物理学导论》和与郭敦仁合著的《特殊函数概论》。而其他的笔记和讲稿，却一直未能整理付梓以使更多读者受惠。"文化大革命"中在血吸虫病疫区鄱阳湖鲤鱼洲牧牛时染上的恶疾，最终于1983年1月30日夺去了他的生命。有感于他的不幸辞世，彭桓武等早就发出呼吁："希望北京大学的同志们能够注意收集、保存和整理他的笔记，以便在适当的时候加以出版。"（彭桓武等：《物理学史和物理学家业绩永存——悼念王竹溪同志》，《物理》，1983年第12卷第7期，第443~444页）现已整理和准备出版的有：《量子力学中一些重要理论》《量子电动力学重正化理论大要》和《复变函数大要》三部。

在"文化大革命"后期杨振宁回国探亲访友时，得到王竹溪与郭敦仁的《特殊函数概论》，就立即推荐给世界科学出版公司（World Scientific Publishing Co.）出英

文版，同时还极力向国内推荐出版王竹溪早年在西南联大的量子力学讲稿。王竹溪则着手准备写一部量子力学专著。1973年春节过后不久，他开始给北大物理系的部分教师讲授量子力学，写出了一份基本完整的讲稿。而在这前后，王竹溪还写了大量量子力学的研究笔记。当时听讲的阎守胜至今还清楚记得，王竹溪从五条基本原理出发一步一步推演，给他留下了深刻的印象。

讲稿《量子力学中一些重要理论》的内容、讲法和深度都超出了本科生的量子力学水平。其中第八章《角动量》的第七节《刚体的能级》，讨论了刚性陀螺这一宏观模型的量子力学。而在王竹溪关于这个问题长达30页的笔记中，有从经典分析力学到量子力学的详尽处理，包括对索末菲的结果的推广，与 E. T.惠塔克（Whittaker）的符号的比较和泡利-珀多尔斯基量子化，后者正是杨振宁在庐山中国物理学年会上提到的问题。这些笔记中还有王守竞1929年在美国《物理评论》发表的论文的摘录，这篇著名的开创性论文是这方面的经典。笔记中还追溯和摘录了 E. E.威特麦（Witmer）1927年的论文、H. A.克拉麦斯（Kramers）和 G. P.伊特曼（Ittmann）1929~1930年的论文，甚至Von F.瑞舍（Reiche）1918年的论文。

上述讲稿和笔记，包含一些很难在文献中找到的内容，例如第九章《近似方法》的第三节《密集能级的微扰》。而第八章第六节《三个和多个角动量的耦合》，其中对拉卡（Racah）系数或6-j符号表达式的推导，长达十多页，经过反复修改，这就完全是王竹溪自己的工作和成果。这在一般量子力学的著作中都不细讲，只能查阅拉卡1942年的原始论文或关于这个论题的少数专门著作。而有些简洁的用词，如薛氏方程、薛表象、海表象、狄表象、基组、全集、正一性等等，则表现了王竹溪一贯简洁的文风。

量子电动力学的重正化理论在1965年获诺奖之前就早已被普遍接受，而王竹溪却说："重正化是要赖皮，明明有一项无限大，硬是被死皮赖脸地拿掉了！"凡是初次听到这种评论的人，心中莫不感到十分的震惊，并由此看出王竹溪完全以科学的基本原则和理想追求为依据，不受风向、潮流和人气所左右的真正的独立思考和判断。

《量子电动力学重正化理论大要》初稿写成于1968~1969年，这是"工、军宣队"接管学校的第一年。在这一年里，王竹溪默默地完成了他以前多年工作的总结。一年之后，他被送到鄱阳湖鲤鱼洲牧牛，有将近一年的时间，那是"文化大革命"动荡最激烈的时期。王竹溪得以从鲤鱼洲脱身，缘于杨振宁第一次回大陆探亲访友。当时虽然电弱统一模型和量子色动力学都已确立，量子场论经历了被诺奖得主 M. 文尔特曼（Veltman）称之为"扭转心灵的转变"，但是 G. T. 胡夫特（Hooft）和文尔特曼关于纯规范场可重正化的证明还没有出来，重正化问题正是当时关注的焦点。王竹溪回来见过杨振宁之后，就立即对放下了两年多的重正化问题进行重算和改写，正是这次会见必然的逻辑结果，由此也可看出他的关注所在和执着追求。

这份手稿的重正化计算，采用 R. 费曼（Feynman）的方法，引入收敛因子使积分收敛。这在物理上相当于引进光子有效质量，属于泡利-维拉斯（Villars）正规化。文稿只用五十多页就简明扼要地完成了从自由场、量子化直到微扰论费曼图的铺垫，直奔重正化这一主题。而对于重正化，则不仅依次详尽讨论了电子自能、真空极化、散射的辐射修正、电子反常磁矩以及红外发散的消除等问题，并给出了兰姆移动具体和完整的计算。特别是兰姆移动的计算，因为用到相对论的束缚态波函数，计算相当复杂，一般量子场论的著作很少涉及。在这份文稿中，所有计算都是一步一步写出，包括数值计算，很少跳跃。由于相关的实验精度是近代物理之最，所以数值计算也要相应算到十多位有效数字。那时电脑尚未普及，电子计算器也还没有面世，王竹溪的这些计算全是用对数表手工进行的。这在文稿中有具体和深切的反映。在这个意义上，这既不是一份教材或讲稿，也不仅仅是一份详尽的专题论述，而更像是一份记录研究工作的笔记。思路的清晰透彻和表述的严谨简洁，是王竹溪一贯的风格与品味。特别是，与那个年代国内量子场论普遍采用的时空坐标1234不同，他这份文稿采用的是1230，与今天通用的0123实际上相同。为什么不采用在狭义相对论中传统的1234，文稿给出了最好的解释。

《复变函数大要》是《数理物理方法》第一部分的讲稿。1952年全国高等学校院系调整后，仿照苏联的课程设置，北大物理系新设这门必修课，包括复变函数和数理物理方程两部分。1953年秋季学期，分别由王竹溪和数学系的胡祖炽讲授，对象是院系调整前一年入学的那一级本科生。所以，这可以说是我国大学物理系数理物理方法（现在叫数学物理方法）课程最早的一份讲稿，是我国物理系数学物理方法课程产生形成和发展演变的一个源头。饮水思源，这份讲稿除了学科内容本身的价值外，在历史沿革的研究上也有很大的参考价值。

由于是当时新开设的课程，国内还没有合适的参考书。王竹溪主要参考的是剑桥惠塔克和 G. N. 华生（Watson）的《现代分析教程》、巴黎 E. 古萨的《数学分析教程》和牛津 E. C. 梯奇马仕（Titchmarsh）的《函数论》，这都是在学界至今还广为流传长盛不衰的国际经典。此外，他也参考了苏联普里瓦洛夫的名著《复变函数引论》。王竹溪有深厚的数学功底，早在西南联大时就和数学家华罗庚、陈省身共同主持过李群讨论班，王竹溪因此在数学家中也出了名，参加讨论的严志达还选修了他讲授的量子力学。要准备和开出这样一门物理系数学方面高深的新课，王竹溪（与数学家胡祖炽合作）自然是最优人选。

王竹溪身后留下了数十本书写工整的笔记和手稿。除了上面三份完整的手稿外，在"文化大革命"期间为部分教员讲过量子力学之后，他接着又讲超导和量子统计中的格林函数方法，其中有很多王竹溪自己的工作。此外，还有大量阅读原始论文和专著的笔记，大部分是英文、德文和法文。但愿这些讲稿或笔记能被一一整理编辑出来，让更多的读者有机会阅读和学习。

在王竹溪生前出版的著作中，专著《热力学》既是对热力学理论系统、完整和严谨的表述，也是对他的研究工作的全面总结，书中对 C.卡拉氏（Caratheodory）理论的介绍和关于热力学方法论的讨论体现了王竹溪理论物理研究的风格、品味和一生的追求。这是长期以来一直在流传的经典著作，对我国热力学的教学与研究有着深远影响。该书在1987年获高等学校国家级优秀教材特等奖。为了纪念王竹溪对提高我国物理教学和教材质量作出的历史性贡献，继承大师优良传统，鼓励后学，高等教育出版社于1998年捐资设立了"王竹溪物理学讲习基金"。

十、服务学界——物理学会、学报与名词

中国物理学会1932年成立后，主办的《中国物理学报》就于1933年正式创刊，用英、法、德三国文字发表原创性论文，由两位干事主持日常工作。王竹溪从1943年开始与钱临照共同担任干事，主持《中国物理学报》。1951年学报改设主编一人，副主编二人，委员若干人，王竹溪任主编。1953年改名《物理学报》，王竹溪仍任主编，继续为物理学界服务与奉献，勤勤恳恳，兢兢业业，直到他1983年初不幸辞世。可以说，他为《中国物理学报》倾注了一生的心血。

王竹溪把学报的水准与信誉当作自己的水准与信誉一样珍惜与爱护，所以事必躬亲，发表的每一篇文章都一定要亲自仔细审阅。学报涵盖物理学各个领域，隔行如隔山，每篇文章都自己过目审阅，实非易事，这耗去他大量的时间与精力。他在"文化大革命"中曾对人说起："胡慧玲和夏蒙棼的一篇超导方面的文章，当时觉得有问题，压下了没有发表。现在没有事，找出来仔细推算，才发现问题并不大，没有发表

可惜了。"胡慧玲与夏蒙棼是王竹溪在北大理论物理教研室的同事，在同一个研究组。这件事既可看出他严格把关不循私情，又可看出他对后辈的提携与爱惜。

"学会"一词的英文是 Society，也就是社会，是由一群人汇聚而成的圈子或团体。藉以维系学术圈中一群成员的，就是定期或不定期举行的各种学术会议，以及由学会编辑出版发行的学报。在那个年代，学会组织的会议很少，出版学报几乎成为学会唯一的作为。而在实际上，学报不仅仅是会员的同仁刊物，它面向更加广大的读者群，所以王竹溪事实上是为这一更大圈子服务的干事。

如果说学会的成立、活动和出版学报意味着物理学开始在华夏落地生根、发芽长大的话，那么把物理学也融入我们的文化，成为我们文明的一部分，而不只是简单地当作一门实用的技艺，则是一个长期和并不容易的过程。

物理学传入东方时，都是使用西方的语言和文字。要把物理学融入我们的文化，首先就要把物理学的术语纳入我们的语言和文字之中。中国物理学会一成立，就设立了译名委员会。20世纪50年代初期，物理学会推荐王竹溪等七人组成物理学名词审查工作小组，在杨肇燫主持下，经过一年紧张的工作，编成《物理学名词》。20世纪60年代初，又组织了《物理学名词补编》的编订和审查。20世纪70年代中期，在王竹溪的主持下，在前两本书的基础上，又补充了新增加的物理学名词，于1974年编成《英汉物理学词汇》，1975年1月由科学出版社出版。1978年8月在江西庐山的中国物理学年会之后，11月成立了中国物理学会名词委员会，由王竹溪主持，直到他逝世。可以说，编订物理学名词，是王竹溪为之付出毕生心血的又一大贡献。

审定物理学名词，实质上是在做中西方文化的交流，既要有深厚的传统文化和中文功底，又要熟悉西方文化和多种外文，而且要精通物理学和熟悉相关学科。王竹溪兼有这三方面的长处，是主持这一工作难得一遇的最佳人选。

1974年底，丁肇中和 B.李希特（Richter）几乎同时意外地发现 J/Ψ 粒子，证实了粲夸克的存在。理论家们1970年就设想存在这个夸克，用来解释粒子物理的一个重要现象。这一发现打破了粒子物理学十年来的沉寂，大家惊喜若狂。这个夸克英文名为 charm quark，简称 c 夸克。根据 charm 的字义，中文最初有人建议叫美夸克，也有人译成魅夸克。在1975年初版的《英汉物理学词汇》（科学出版社1978年版，第48页）中定为魅夸克，但大家并不满意，嫌这个魅字俗了一点，又略带主观性，不太像一个学术名词。后来王竹溪根据《诗经·唐风·绸缪》中的"今夕何夕，见此粲者"句，取粲字既有美好之意，又与 charm 音近，典雅古朴，带学术气，建议译为粲夸克，立即被大家接受。（赵凯华：《自然科学术语研究》，1985年第1期，第20~24

页）这首诗的全文是：

绸缪束薪，三星在天。今夕何夕，见此良人。子兮子兮，如此良人何。
绸缪束刍，三星在隅。今夕何夕，见此邂逅。子兮子兮，如此邂逅何。
绸缪束楚，三星在户。今夕何夕，见此粲者。子兮子兮，如此粲者何。

诗的意境，还真符合当时粒子物理学家们意外发现期待已久的粲夸克时的心情。

又如 classical physics，从字面上看，可以仿照已经广为流行的古典音乐、古典文学等名词，译为古典物理学。事实上，有不少人在使用古典物理、古典力学这类名词。但是王竹溪指出，从含义上看，与古典音乐、古典文学等完全不同，classical physics 并非特指古代某一时期的物理，而是指以牛顿力学和麦克斯韦电磁学为基础的物理，丝毫没有古的意思，在当代仍然是很活跃的领域。所以在这里更恰当的译名，是取 classical 的另一含义——经典的，译为经典物理学。可以看出，王竹溪选择和审定物理名词，不是简单地从字面上来翻译，而是要根据这个名词的实际物理含义来决定。

十一、服务国家——鲜为人知的工作

一个看似基本理论的研究，其实却具有军事应用的背景和推动力，这是物理学史上屡见不鲜的事。王竹溪在20世纪60年代发表的两篇论文（1962年在《物理学报》发表的《物质内部有辐射的热传导问题》和与章立源合作1965年在《物理学报》发表的《由实验数据计算氢气的维里系数问题》），就是这种情形。

《物质内部有辐射的热传导问题》一文，研究在透明物质内部有辐射的热传导问题，首先得到了普遍的传热方程。接着详细研究了稳定情形下普遍传热方程在平面、圆柱体、球体和长椭球四种特殊形状物体中的解。在平面问题中进行了数值计算，所得结果与以前 B. S.开勒（Kellet）所得的不同。本文指出，开勒忽略了热向各个方向辐射的性质，而只考虑了辐射在温度变化的方向，因而所得的传热方程不同。

在《由实验数据计算氢气的维里系数问题》这篇论文中，对于气体物态方程中维里系数的计算方法，王竹溪与章立源作了全面的探讨，提出了如何判定物态方程中项数的四个原则，并进一步建议在计算中使用什么条件，不用什么条件。此外，他们还讨论了用压强展开和用密度展开的问题、级数展开式中省去奇数幂次项问题、维里系数的有效位数问题、若干实验数据的修正问题等。他们根据上述原则和建议,重新计算了氢气的维里系数,把结果与国外所得的进行比较。论文中的几百个数据点,都是章立源先用机械的电动计算机算出来后,王竹溪又用对数表逐一重新计算和核对。(章立源:《我用王先生的治学精神教育学生》,《王竹溪传》,华文出版社2000年版,第123页)

这两项工作都秉承了王竹溪一贯的传统和风格,从一般和普遍的原理和公式出发,用到具体问题,逐步简化和近似,最后求得所要的答案。求解过程也是先作数学变换,然后再求积分。并且这两项工作都算出了可以与实验比较的、详细而具体的结果。作了哪些假设,用到什么近似,都清清楚楚,整个理论完整、干净而且利索,即使不是专业的读者,也可以一步一步地跟随下来,能够顺利地看懂和学会。

不过,这两篇文章又与王竹溪历来的工作有些不同。首先,虽然也是热学的问题,但它们在王竹溪的所有工作中像是两个"孤立奇点",与其他工作没有连续和传承关系,不是以前工作的继续和延伸。其次,不像他以前的工作,这两项工作不是偏重物理或理论,而是侧重技术与应用,目标和重点不在于寻求未知的物理或创建新的理论,而是要解决具体应用中的技术和细节问题。而且,文章中多次出现"在实际问题中"和"在处理实验数据时"这类字句,明显表明工作具有实际的目的和用途,却又语焉不详,耐人寻味。

20世纪80年代许多事情的解密,才为上述疑惑的解答提供了思考的线索。原来,在1955年至1966年期间,王竹溪参与筹建并在原子能研究所(现在中国原子能研究院的前身)二部兼职。这件事在北大严格保密,只有主管的副校长一人知道。另一方面,他以前的研究生徐锡申那时在核武器研究所做物态方程的事,在物理上遇到了具体问题自然会找王竹溪讨论。

有了这两条线索,这两篇文章就很容易理解。物质内部有辐射的热传导,这是反应堆与核武器设计中的一个重要问题。王竹溪得到的普遍的传热方程是非线性积分方程,他先作线性近似,再求级数解,给出可以进行数值计算的解析表达式,并在平面的情形算出了具体的数表。同时王竹溪为什么在文中讨论高温陶瓷材料,而且计算球体和长椭球这类几何模型,也就清楚了。

苏联核武器的设计,也遇到了热传导方程的数值积分问题。懂点数值计算的人都知道,非线性方程数值积分的稳定性是一个非常严重的问题。若是用数值积分,就必须面对和解决。而王竹溪是用线性化和级数,找到了近似的解析公式,从而绕过了这个问题。

同样，高密度气体的物态方程，是核武器设计中的又一个重要问题。由实验数据计算气体的维里系数，从而给出精确适用的物态方程，就为爆炸过程的动力学计算提供了基础。特别是氢气的物态方程，是氢弹计算中的一个重要的输入函数。

当然，仅仅从发表的这两篇文章来看，并不能说明王竹溪所直接参与的工作的性质和深度。只能说，这两篇文章的背景与起因，第一篇是王竹溪在原子能研究所的工作，第二篇则可能是受到徐锡申的影响或启发。

原子能研究所一部在中关村，是民用部分；二部在北京房山坨里，是研究的主体。1956年还在兴建时，钱三强就考虑，二部要设八个研究室，分别是低能物理、中子物理、高能基本粒子、理论物理、放射化学、金属物理、放射生理学、同位素应用。（葛能全：《钱三强年谱》，山东友谊出版社2002年版，第126~127页）其中第六研究室金属物理，也就是核材料，主要从事核材料的辐射损伤研究。

实际上，王竹溪从1955年起就参与了这个原子能研究机构的筹建，与葛庭燧共同负责核材料研究室。1956年，他还在理论物理室统计物理组兼职。在金属物理研究室，实际上葛庭燧未能到任，王竹溪除理论组外，还管物理组，统管全室工作。王竹溪做北大副校长以后，改由李林做室主任，他每周还去，一直到"文化大革命"开始。就是这样，王竹溪为我国的原子能和核武器事业勤勤恳恳，默默无闻，甘当配角，无私奉献地持续工作了十多年。

十二、文化瑰宝——新部首大字典

拼音文字检索的基础是字母。因为文字是字母拼成的，可以根据读音来分解，按照字母的顺序来检索。我们的文字是单音字，而且有四声，即使勉强根据读音来分解，也存在很大的重码问题。可是在另一方面，方块字是由各种笔画单元组成的，可以根据字形结构来分解。于是王竹溪想到，可以把汉字分解为一些组成单元，把这些组成单元与英文字母类比，按照组成单元的顺序来检索。他产生这个具体想法，还是1943年在西南联大时的事。

根据字形结构来分解的想法，源自我们传统的做法。我们历史上的第一部字典东汉许慎的《说文解字》，就是根据字形结构，分解出一些共同的部分。这些共同的部分称为部首，共540个。用它们对汉字进行分类，就可以按照部首的顺序来检索，这种做法一直延续和流传了下来。《康熙字典》把部首归并为214个，后来流行的字典，部首的数目大致也在200个左右。

而王竹溪的想法，并不停留在简单地用部首来对汉字进行分类，他是要用部首来拼成汉字。例如，酉→西一，固→囗十口，然→月犬火，舆→臼车一八……所以确切地说，他分解出来的已经不是原来意义上的部首，而是构成方块汉字的字元。他这是尝试用简单的字元来解读复杂的字形，就像用原子分子来解读各种物质的构成一样。这种想法已经超出了我们的传统，具有西方文化注重把复杂的事情分解成简单成分的色彩。许慎把汉字按照相似的部分来分类，这是一种整体性的综合思维。而王竹溪把汉字用一些基本的字元来分解，则是一种结构性的分析思维，或者说是物理思维。王竹溪在这里所用的是物理思维，是用简单的方式来解读复杂的事情。

按照王竹溪的这个想法，200多个部首就太多，它们并不全都是汉字最基本的组成成分。而且数目太多不容易记住，用起来就不方便。所以，他尝试简化原有的部首，减少部首的数目。这个数目也不能太少，否则对于笔画多的复杂的字，就需要用十多个部首来拼成，拼凑或分解都不容易，并且难以避免重码，无疑为检索增加了困难。

经过反复的尝试，王竹溪最后选定了56个字元，他称之为"新部首"。这个数目虽然比拉丁字母多出一倍多，但人们仍然能够容易地背诵和记住。这56个部首可以分成8组，每组7个。于是可以编出8句歌诀（有些新部首本身不是字，这里用对应的字来表示），以便念诵记忆：

一竖点撇弯乙绕，上十乂冖厂人八。
包几廿阜山小尸，女土口丰止牛踔。
心手犬水木月爪，火日示病目田四。
西虫臼丝衣竹羊，车门言雨金食马。

有了这些构成汉字的基本字元，还要有一套用它们来分解或构成汉字的规则。与西方的文字不同，西方文字是根据读音来分解或组合，用字母来拼音的顺序就自然是字母排列的先后顺序。这是一维空间的线性关系，很容易唯一而没有歧义地确

创造物理教育奇迹的大师

饶毓泰　吴有训　叶企孙　朱物华　赵忠尧　周培源　霍秉权
郑华炽　孟昭英　吴大猷　张文裕　**王竹溪**　马仕俊

定。现在是用构成字形的字元，就需要有一个如何在平面上读取或排列它们的规则。王竹溪选择的规则是先上后下，先左后右。由于平面的图形安排是在二维空间的几何关系，所以还用一些附加的规则来避免歧义。

有了这56个字元和用它们来分解或组成汉字的规则，就可以得到每个汉字与构成它的字元序列之间的对应，就像每个英文字词与构成它的字母序列之间的对应一样。于是，就可以根据字元序列的顺序来检索，就像根据英文字母的顺序来检索一样。这就是王竹溪提出的新部首检字法。

比英文复杂的是，这里还会有重码。例如人与入、土与士、日与曰等等。可以说，重码是王竹溪在选择部首和设计规则时所要克服的主要困难。他提出的这个新部首检字法，基本上满足不能有重码这个条件，但仍然还有少数重码字。用新部首分解五万多个汉字，还有34对汉字的新部首次序全同，需要附加一个符号来分辨。现在大家使用手机或电脑，熟知重码是提高效率的一大障碍，也就能够感受到在五万多字中仅有三十多对重码字是多么大的成就了。

1943年，那时还没有电脑，也没有汉字检索机器化的问题。就是到了1979年，他发表论文《汉字检索机器化的一个方案》时，汉字输入法也才刚刚提到议事日程。把西方科学的分析方法运用于华夏的传统文字，王竹溪这一开创性的研究超越时代30多年。由于把握了先进的思维方法，他走在当代文化发展的最前沿，超越时代地成为研究汉字检索机器化的先锋。

只有把所有的字都分解成字元的组合，才知道哪些字是重码。为了避免重码，就要调整字元。调整以后，又要再用新的字元来分解所有的字。这样一次一次地尝试，才能找出最理想的字元。所以，王竹溪最后选定这56个字元，是无数次反复尝试的结果。而这无数次的反复尝试，实际上就是在一遍一遍地整理排列所有的字。最后选定字元，同时也就选定了所有汉字的一种排序，也就是有了一部字典的骨架。

而要把这个骨架变成内容充实的一部字典，则是一个更加巨大的工程。首先，这样一部字典收字要全，要尽可能包括古今书籍和报刊上所见的字，从而能帮助读者找到普通字典没有收入的生僻字词。而汉字是在随着社会与时代的发展不断演变的。有人统计过，《易经》《尚书》《左传》《公羊传》《论语》《孟子》等13经中不相同的字数为6500多个。因此，秦以前的常用字不过3000左右。 在许慎的《说文解字》中，收入了9353个字条，这是东汉时的情形。历经晋、唐，到宋代司马光的《类篇》，已经是3万多字。而到清代1716年成书的《康熙字典》，收字就超过47000之数。

到了近代，民国初年由徐元浩等主编，1915年出版的《中华大字典》，收字超过48000。1955年，日本诸桥辙次的《大汉和辞典》收字已近5万。1968年，台北中国文化学院张其昀总编，林尹、高明主编的《中文大辞典》，收字也接近5万。而王竹溪生前编撰定稿，在他身后1988年出版的《新部首大字典》收字51100多，超过以上诸字典。可以说，在中文字典的发展史上，王竹溪的《新部首大字典》是收字突破5万的一个里程碑。

搜集和整理各种字词，还只是编撰字典的第一步，接下来要对每一个字精确定音和释义。由于我们只是书同文，还没有语同音，存在各种方言，又经历了上千年的演变，这定音是一件非常复杂和细致的事，需要对每一个字的读音都有完全和准确的了解。在为每个字定音时，除了《新华字典》外，王竹溪还参考了《广韵》《集韵》《康熙字典》等许多其他资料。对古字中一字多音的情况，他都是尽可能只采用一个音，使读音简化。在这里，简化仍然是他的追求。

除了在字义解释上力求明确外，《新部首大字典》还粗略地记录了汉字的演变。凡是《说文解字》上有的字，王竹溪都在字义解释的最后把《说文解字》的解释和基本的篆字录上。凡是甲骨文有可考的，他也都录上，只是没有收录金文。

在日常社会生活中，常用字只有几千个。在用铅字排版的时代，一般印刷厂的铸字铜模也就是1万字左右，对于这部收字5万多的字典，就要现刻4万左右的字模。今天用电脑排版，也要面对同样的问题。电脑软件面向一般用户，字库所收字数也只有1万左右。虽然电脑造字比刻铜模或铅字容易，但要另造数万个字，也是一个巨大的工程。由于上述原因，王竹溪这部字典完稿后迟迟未能出版。最后是在杜晓庄主持下，用手写拍照制版印刷的。

文字是一个文化的基础与核心，对每个字的释义涉及整个文化的方方面面。所以可以毫不夸张地说，一部高水准的字典，就是整个文化的缩影。苏渊雷（仲翔）在为《新部首大字典》作的序中说：

> 竹溪教授以一人之力，四十年间，无间寒暑，终于完成此一巨著。盖自秦统一六国文字，许慎《说文解字》辩五经异同以来，未有若是书之经营惨淡，巨细靡遗；不仅为现代汉字储存信息资料，为历史文献考订名物，且为国际外交、文教部门，提供一部体系完备之新工具。其为中华民族文化之瑰宝，可断言也。

创造物理教育奇迹的大师

饶毓泰 吴有训 叶企孙 朱物华 赵忠尧 周培源 霍秉权
郑华炽 孟昭英 吴大猷 张文裕 **王竹溪** 马仕俊

武昌鲁巷广场的王竹溪铜像（胡希伟摄）

王竹溪于1983年1月30日在北京逝世。《新部首大字典》在他逝世五年之后得以出版，并获得"中华民族文化之瑰宝"这样崇高的称赞，字典编审委员会还建议在字典发行的基础上设立"王竹溪博才奖"。王竹溪在天之灵，可以放心和宽慰了。

学识渊博的大物理学家，他们的著作涵盖物理学的各个重要方面。时势造英雄，出现这样学识渊博的物理学家，是在20世纪初期物理学大发展之前那个历史时期的景观和现象。之后物理学飞速发展，专业细分深化，物理学家往往需要在一个狭小的专门领域付出毕生的精力。在这种情况下，能够把精力和研究范围涵盖到众多的物理分支和领域，并且都取得卓著成就的，就只能是极少数凤毛麟角的天才。而像王竹溪这样不仅涵盖物理、数学与生物，还涉及语言文字和一般历史文化的，则是数百年难得一遇的科学文化奇才，在当代中国学者中很难再找出能与之媲美的第二人。

（王正行）

王竹溪主要著作：

1. 王竹溪：《热力学》，高等教育出版社，1955年第一版，1960年第二版，1987年第14次印刷。（《热力学》，北京大学物理学丛书，北京大学出版社，2005年）
2. 王竹溪：《统计物理学导论》，高等教育出版社，1956年第一版，1965年第二版（修订本），1987年第16次印刷。

3. 王竹溪：《简明十位对数表》，科学出版社，1963年第一版，1966年第3次印刷。

4. 王竹溪，郭敦仁：《特殊函数概论》，科学出版社，1965年第一版，1979年第2次印刷。（《特殊函数概论》，北京大学物理学丛书，北京大学出版社，2000年。Wang Z. X., Guo. D. R.: Special Functions, Singapore: World Scientific, 1989.）

5. 王竹溪编纂：《新部首大字典》，上海翻译出版公司与电子工业部出版社联合出版，1988年。

6. 王竹溪：《统计物理简明教程》，高等教育出版社，1966年。

7. C. C. Wang（王竹溪）: Turbulent wake behind a body of revolution, *The Science Reports of National Tsing Hua University*, **A2**（1934）307~326.

8. Jwu-Shi Wang（王竹溪）: On the diffusion of gases through metals, *Proceedings of The Cambridge Philosophical Society*, **32**（1936）657~662.

9. Jwu-Shi Wang: Properties of adsorbed films with repulsive interaction between the adsorbed atoms, *Proceedings of the Royal Society of London*, **A161**（1937）127~140.

10. J. S. Wang: Statistical theory of adsorption with long-range interaction, *Proceedings of The Cambridge Philosophical Society*, **34**（1938）238~252.

11. J. S. Wang: The kinetics of adsorption with long-range interaction between adsorbed particles, *Proceedings of The Cambridge Philosophical Society*, **34**（1938）412~423.

12. J. S. Wang: Statistical theory of superlattices with long-range interaction I. General theory, *Proceedings of the Royal Society of London*, **A168**（1938）56~67.

13. J. S. Wang: Statistical theory of superlattices with long-range interaction II. The simple cubic lattice and the body-centred cubic lattice, *Proceedings of the Royal Society of London*, **A168**（1938）68~77.

14. P. S. Tang（汤佩松），J. S. Wang: A thermodynamic formulation of

the water relations in an isolated living cell, *Journal of Physical Chemistry*, **45**（1941）443~453.

15. J. S. Wang: Approximate partition function in generalized Bethe's theory of superlattices, *Physical Review*, **67**（1945）98~106.

16. J. S. Wang: Thermodynamics of equilibrium and stability, *Chinese Journal of Physics*, **7**（1948）132~175.

17. 王竹溪：《物质内部有辐射的热传导问题》，《物理学报》，1962年第18卷，第11~26页。

18. Wang Zhu-xi（王竹溪），Chang Li-Yuan（章立源）: On the calculation of the Virial coefficients of hydrogen gas from experimental data, *Scientia Sinica*, **13**（1964）1212~1220.

19. 王竹溪：《"热寂说"不是热力学第二定律的科学推论》，《自然科学争鸣》，1975年第1期，第62~65页。

20. 王竹溪：《汉字检索机器化的一个方案》，《自然杂志》，1979年第2卷，第508~509页。

量子场论硕果累累　执教澳洲英年早逝：
理论物理学家马仕俊

马仕俊（1913~1962），理论物理学家。他毕生致力于理论物理基础理论的前沿探索研究和教育工作，主要从事介子理论和量子电动力学方面的研究，并作出了重要贡献。他以深入渊博的学识和认真严谨的学风，勤恳执教，培养了许多杰出的物理学家。

马仕俊

马仕俊，四川省会理县人，1913年生于北京。1931年入北京大学物理学系学习。1934年，北京大学颁发杨莲府纪念奖学金，授予学习成绩优秀的三名学生每人奖学金120元，马仕俊由于学习优异突出而在其列。1935年，马仕俊毕业，获理学学士学位。

马仕俊毕业后以优异的成绩被北京大学理科研究所物理学部录取为研究生，在吴大猷教授指导下进行学习和研究，于1936年发表了他最早的关于氦原子双激发态变分波函数的计算和关于氦原子双激发态谱线观测的两篇学术论文。1937年1月，马仕俊获北京大学研究生助学金，由于成绩优秀，获得最高额度奖学金每学年500元。

1937年，马仕俊以优异的成绩考取了公费留学英国，入剑桥大学，成为著名理论物理学家 W. 海特勒（Heitler）的学生，研究介子理论，1941年获博士学位。马仕俊回到国内后，受聘于北京大学。从1941年到1946年，他在昆明任西南联合大学的教授，在极端困难的条件下从事教学和研究工作，曾开设微量子论、量子力学、理论物理等本科、研究生课程，独立发表论文5篇，并和薛琴访、虞福春合作发表论文3篇。

第二次世界大战结束后，马仕俊于 1946年至1947年在美国普林斯顿高等学术研究院从事研究工作，1947年至1949年在爱尔兰都柏林高等学术研究院从事研究工作，1949年至1951年在美国芝加哥大学核物理研究所从事研究工作，1951年至1953年应吴大猷之邀在加拿大渥太华国家研究院从事研究工作。1953年美国好几个单位向他发出邀请,虽然他的妻子是美国人,他却全拒绝了,主要因为他不愿意面对美国移民局对待东方人所采取的敌视的、有时甚至带侮辱性的态度。他接受澳大利亚悉尼大学的邀请,去澳大利亚悉尼大学理论物理系从事研究和教学工作。在随后数年里,美国的大学一再邀请他,但他都因为同样的原因拒绝了。

马仕俊是一位杰出的理论物理学家,他将自己精力的大部分献给了理论物理基本理论的前沿探索,一直把自己研究的领域集中在理论物理探索的主流方向上。他从事粒子物理理论和量子场论的研究,主要致力于介子理论和量子电动力学方面的研究,先后发表论文近40篇。他的论著简洁明了,实实在在,没有半点矫揉造作,从中可以洞悉他的人格和他的一生。

1937年马仕俊到英国留学时,汤川秀树的介子理论提出刚两年,介子理论的探索研究是当时粒子物理理论探索前沿的主战场之一。马仕俊从这时起在介子场论的理论及其场论方法等重要前沿领域进行了大量系统的研究,对介子理论中氘核的光磁蜕变及其磁矩、原子核的静电偶极矩、质子对库仑定律的偏离、质子与中子的受激态、以矩阵法对介子散射的计算、在辐射阻尼影响下带电介子的散射及其相对论性公式、散射问题中积分方程的近似解等问题都有深入的研究,取得了一系列重要成果,其中有相当一批工作是在国内西南联合大学工作期间极其困难的条件下进行和完成的。

1945年起,马仕俊对量子场论的基本理论和方法开展了系统的研究。1946年,马仕俊到普林斯顿高等学术研究院工作,那时 W.海森伯的S矩阵理论对物理学的重要影响刚刚开始,马仕俊首先发现了S矩阵的著名的多余零点,这是S矩阵理论发展中的一个重要进展。1949年,他在都柏林指出 E.费米处理量子电动力学方法的一个困难,从而导致一年后重要的古普塔—勃洛勒(Gupta-Bleuler)方法的产生。除了这两项对量子场论理论前沿发展有重要影响的贡献外,马仕俊对S矩阵理论和量子电动力学的基本理论进行了系统的深入研究,其中包括辐射的相对论性量子理论、真空极化理论、正电子理论中的真空极化、纵向电磁场的量子理论、推迟势的相互作用及其边界状态、相互作用表象及束缚态理论、运用正则变换于研究散射问题方法、幺正算符的幂级数展开式、量子场论中的因果函数和因果条件、量子场论中的因果律、三维转动问题、相对论性的多普勒(Doppler)效应等,作出了创造性贡献。

马仕俊是一位杰出的教育家,他在西南联合大学任教授的五年中,先后系统讲授过普通物理、理论力学、微子论、量子力学、原子核与场论等本科和研究生课程，讲授时以深入渊博的学识和认真严谨的学风，勤恳执教，并带领青年教师虞福春、薛琴访等进行理论物理研究。在此期间，马仕俊培养了许多杰出的学者，杨振宁和李政道都曾是他的学生。杨振宁和李政道在《悼念马仕俊博士》一文中说："他是一位极其认真的老师，讲稿准备得非常整齐。我们两人曾在不同时期（1941～1943年和1945年）听过他的课。"杨振宁清楚地记得1943年春从马先生开设的课程中学习过场论。"他的讲课既清楚，又有条理，而且范围广泛。今天我们回想那时的教室，既无暖气，又无御寒设备，窗户被常有的空袭震碎，泥地面由于使用过度而到处凹凸不平。想起这些，我们仿佛仍然可以看到年轻、瘦削、腼腆的马先生站在黑板前，振臂疾书。我们再一次认识到，默然诚意的努力可以战胜物质上的欠缺。"马仕俊治学严谨，论著简洁明了，实实在在，他在S矩阵理论和量子电动力学方面的两篇有重要影响和贡献的论文在《物理评论》上发表时，所占篇幅分别都只有0.6页。马仕俊的治学精神和学风给学生和教师作出了表率，有巨大的影响。

马仕俊于1962年1月27日在悉尼逝世，终年48岁，英年早逝，殊堪叹惜。

（高崇寿）

马仕俊主要著作：

1. Wu Tayou, Ma S. T.: Variation wave function of doubly excited states or helium, *J. Chin. Chem. Soc.*, **4**（1936）344～353.

2. Kiang A. T.（江安才），Ma S. T., Wu Tayou: Attempt to observe the spectrum of doubly excited helium, *Chinese J. Phys.*, **2**（1936）117～123.

3. Ma S. T.: Photo magnetic disintegration and magnetic moment of the deuteron in the meson theory, *Proc. Cambridge Phil. Soc.*, **36**（1940）351～362.

4. Ma S. T.: Electrostatic dipole moment of a nucleus in the meson theory, *Proc. Cambridge Phil. Soc.*, **36**（1940）438～440.

5. Ma S. T.: Deviation from the Coulomb law for the proton, *Proc. Cambridge Phil. Soc.*, **36**（1940）441～445.

6. Ma S. T., Yu F. C.（虞福春）: Electromagnetic properties of nuclei in the meson theory, *Phys. Rev.*, **62**（1942）118～126.

7. Ma S. T.: Calculations of the scattering of mesons by the matrix method, *Phys. Rev.*, **62**（1942）403~411.

8. Ma S. T.: A relativistic formula for the scattering of mesons under the influence of rediation damping, *Proc. Cambridge Phil. Soc.*, **39**（1943）168~172.

9. Hsueh C. F.（薛琴访）, Ma S. T.: Scattering of charged mesons under the influence of radiation damping, *Proc. Cambridge Phil. Soc.*, **40**（1944）167~172.

10. Hsueh C. F., Ma S. T.: Approximate solutions of the integral equations in scattering problems, *Phys. Rev.*, **67**（1945）303~307.

11. Ma S. T.: On the Heisenberg picture in quantum electrodynamics, *Chinese J. Phys.*, **6(1)**（1945）36~49.

12. Ma S. T.: Fourier transforms of retarded and advanced potentials, *Phys. Rev.*, **68**（1945）166~172.

13. Ma S. T.: Redundant zeros in the discrete energy spectra in Heisenberg's theory of characteristic matrix, *Phys. Rev.*, **69**（1945）668.

14. Ma S. T.: On a general condition of Heisenberg for the S matrix, *Phys. Rev.*, **71**（1947）195~200.

15. Ma S. T.: Equivalence of the Reise method and the λ-limiting process for the classical electromagnetic field of a point source, *Phys. Rev.*, **71**（1947）787~792.

16. Ma S. T.: Relativistic invariance of the quantum theory of radiation, *Phys. Rev.*, **72**（1947）1090~1096.

17. Ma S. T., Yu F. C.: Erratum: Electromagnetic properties of nuclei in the meson theory: *Phys. Rev.*, **73**（1948）500.

18. Ma S. T.: Relativistic formulation of the quantum theory of radiation, *Phys. Rev.*, **75**（1949）535.

19. Heitler W., Ma S. T.: Quantum theory of radiation dammping for discrete states, *Proc. Roy. Irish Acad.*, **52A**（1949）109~125.

20. Ma S. T.: Vacuum polarization, *Phys. Rev.*, **75**（1949）1264~1265.

21. Heitler W., Ma S. T.: On the use of canonical transformations for collision problems, *Phil. Mag.*, **40** (1949) 651~666.
22. Ma S. T.: Vacuum polarization in the positron theory, *Phil. Mag.*, **40** (1949) 1112~1128.
23. Ma S. T.: Quantum theory of the longitudinal electromagnetic field, *Phys. Rev.*, **80** (1950) 729~732.
24. Ma S. T.: Retarded nuclear interaction, *Phys. Rev.*, **82** (1951) 275.
25. Ma S. T.: Bound states and the interaction representation, *Phys. Rev.*, **87** (1952) 652~655.
26. Ma S. T.: Bound states and the interaction representation, *Phys. Rev.*, **88** (1952) 1211.
27. Ma S. T.: Power-series expansion of the unitary operator $u(t, t')$, *Phys. Rev.*, **91** (1953) 392.
28. Ma S. T.: Interpretation of the virtual level of the deuteron, *Rev. Mod. Phys.*, **25** (1953) 853~960.
29. Ma S. T.: On the Coulomb and Hulthén potentials, *Austral. J. Phys.*, **7(3)** (1954) 365~372.
30. Ma S. T.: On the vacuum current, *Nucl. Phys.*, **1(2)** (1956) 112~118.
31. Ma S. T.: Contact and core interaction according to Dirac's relativistic theory of the electron, *Nucl. Phys.*, **2(4)** (1956) 347~355.
32. Kaagjarv L., Ma S. T.: Relativistic calculation of the imaginary part of radiative level displacement for the hydrogen atom, *Nuovo Cimento*, **8(3)** (1958) 432~440.
33. Ma S. T.: The causal function and the causality condition, *Nucl. Phys.*, **7(2)** (1958) 163~168.
34. Ma S. T.: Causality in quantum field theory. *Nucl. Phys. Rev.*, **11(4)** (1959) 696~699.
35. Lee E. T. P., Ma S. T.: Relativistic Doppler effect, *Proc. Phys. Soc. (GB)*, **79(2)** (1962) 445~447.